跳脫輸家思維！

……一群 著

創造對策 勝者心態

人生贏家還是輸家
往往只有一念之差

「挫折和不幸，是天才的晉身之階、信徒的洗禮之水、能人的無價之寶、弱者的無底深淵。」——巴爾札克

提升競爭力、效仿成功模式、積極創新求變……
從精神上開始改變的「思維勝利法」！

目錄

第二章 堅韌不屈，苦盡甘來

第三章 積極主動，開拓進取

第六章 自我救贖，困境重生

第九章 改變思維，創造生機

第十章 外圓內方，無往不勝

前言

市場走向成熟，競爭逐漸白熱化，命懸一線之時，危機重重之際，你可曾想過如何保住當下的工作？如何讓自己的職業生涯獲得更好的發展呢？即便失業，怎樣可以快速找到適合自己的新工作？在企業減產、工作量縮減的情況下，我們如何求得生存和發展，讓自己有足夠的能力來化解職場危機和失業風險？如果要想安危度過職場的困境，你就必須提高自己的競爭力，在困境中積極思考妥當的突圍策略，尋求制勝之道。

自古英雄多磨難，在人生成功的旅途上，誰沒有面臨過困境？職場失意的孤獨、官場失位的落寞、商場失利的彷徨等方面的打擊；我們每個人都會經受委屈時的苦悶、挫折時的悲觀、選擇時的無奈，這就是人生。可為什麼大多數人不能成為社會的強者，而是在困境的漩渦中苦苦掙扎而毀滅，或無奈走向平庸？

大浪淘沙，優勝劣汰。職場生涯如逆水行舟，不進則退。人生在世，不如意十有八九，通往成功的道路本就荊棘叢生。身處困境並不可怕，可怕的是沒有挑戰困境的勇氣。在競爭激烈的職場，我們需要努力適應工作的環境，出色完成工作。協調所有的人事關係，集思廣益，化險為夷，把握每一次工作的機會，積極主動，開拓進取；把握機遇，改變僵化的工作方式和

跳脫輸家思維

人生贏家還是輸家，往往只有一念之差

思維，突破困境的桎梏，創造新的生機。全力以赴做好每一件事，為公司創造最大的價值，凸顯出你的競爭優勢，努力獲得你的職場最高分，那麼當困境來臨的時候就可以幫你化解危機。

巴爾扎克（Honoré de Balzac）說：「挫折和不幸，是天才的晉身之階、信徒的洗禮之水、能人的無價之寶、弱者的無底深淵。」任何人的職業經營都需要付出代價，而能夠駕馭困境的人成就最大，他們能發揮最大的潛能，擁有更多的職場競爭力。如果一個人克服困境的能力很低，那麼他的事業就會被扼制；相反，如果能夠戰勝困境，那麼他就會擁有更多的機會，工作也會如魚得水，平步青雲。所以，困境是強者的榮譽，是成功者的讚歌，是勝利者的獎杯，是收獲者的果實。

「寶劍鋒從磨礪出，梅花香自苦寒來。」好運令人羨慕，而戰勝困境則令人驚佩。勇者無敵，狹路相逢勇者勝，在面對困境的時候，突圍是更高的境界，是一種豁達，是一種勇氣，是一種敢於面對一切的精神，是從困境中奮起的最好表現！

本書挑選近百則有關困境的小故事，從多方面總結人們在困境條件下所應運用的突圍策略，向讀者講述一則則如何在困境中開拓進取、扭轉乾坤、敗中求勝，化險為夷，最終成功突圍困境的傳奇故事。

本書故事感人，可讀性和啟發性強，獨特性和實用性高。深入分析當前形勢，透析個人的失敗案例，演繹成功人士的卓越智慧，使讀者獲得最具前沿的危機策略，掌握危機公關技能和實戰策略，在危局中尋求突破，逆風飛揚，使你在困境中走得更遠！

第一章 物競天擇，適者生存

人生猶如戰場，這個比喻似乎有些殘忍，但這也是不爭的事實。作為現實生活中的一員，面對越來越激烈的競爭，你將何去何從？在你遇到各種各樣的難題之時，你將如何面對？不管人生之路有多坎坷，你都必須勇敢面對一切，並不斷改變自我，也只有這樣，你才有可能真正在人生中擁有一席之地，更快走向成功！

◀一舉成名的嘲諷

人生在世，難免會受到他人的嘲諷，甚至侮辱，雖然誰都不願碰到，但你必須做好面對這一切的準備。榮譽可以成為一個人進步的動力，在一定條件下，恥辱也能達到榮譽的功效。

法國化學家維克多．格林尼亞（François Auguste Victor Grignard）曾獲得諾貝爾化學獎，受到舉世尊崇，而這樣一位偉人，原先竟是一位浪蕩公子。

在一次上流社會的午宴上，他見到了一名初次會面的美人，便傲然邀其作舞伴，不料卻遭到她斷然拒絕。當格林尼亞得知，她是來自巴黎的一位女伯爵時，立即上前致歉，女伯爵更加冷漠的對他說：「請站遠一點，我最討厭你這種花花公子擋住我的視線。」這是格林尼亞從來沒有領教過的羞辱。

可是，這令人無地自容的恥辱，並沒有使格林尼亞失去理智。他像一個昏睡的人被猛擊一掌後突然清醒一樣，開始對自己的過去感到悔恨。他留下一封家書，悄悄離開了家鄉。信中寫道：「請不要探詢我的下落，容我刻苦努力學習，我相信將來會創造出一些成績。」果然，八年以後他成了著名的化學家，不久又獲得了諾貝爾化學獎。

受一時之辱並不可怕，關鍵看你如何對待恥辱。一個人蒙受恥辱，往往會有兩種態度：一是不以為恥，更不願意從自己身上尋找蒙受恥辱的原因，這種人只能永遠受辱，永遠不會前進；另一種是產生羞愧之心，於是從自己身上尋找蒙受恥辱的原因，並由羞愧而產生一股巨大的向上力量，戰勝洗刷恥辱，從而獲得成功。

林卜三司建立了一間小小、鮮為人知、絲毫不會引人注目的化學實驗室。一天，許多企業家在一次集會上談論科學和生產的關係。一位大亨高談闊論，藐視科學，認為科學只是一些所謂「科學家」騙飯的手段，並否定科學的作用。

崇拜科學並且稍有作為的林卜三司帶著微笑，平靜向這位大亨解釋科學對企業生產的重要作用。這位大亨對此不屑一顧，還嘲諷了林卜三司一番，最後挑釁說：「我的錢太多了，現在的口袋已經放不下，想找豬耳朵做的絲質錢包來裝，如果你所說的科學能做出這樣的錢袋，大家都會把你當科學家，也都會相信你所說的科學。」

聰明的林卜三司聽出了大亨弦外之音，氣得嘴唇直抖，但還是抑制自己，表面仍舊非常謙

第一章 物競天擇，適者生存

一舉成名的嘲諷

虛說：「謝謝你的指點，我會努力。」

林卜三司回去之後，暗中將市場上的豬耳朵收購一空。購回的豬耳朵被林卜三司公司的化學家分解成膠質和纖維，然後又將這些物質製成可紡織維，再紡成絲線，並染上各種不同的美麗顏色，最後編織成五光十色的絲質錢包。這種錢包投放市場後，頓時被一搶而空。

「用豬耳朵製絲質錢包」這一看來荒誕不經的惡毒挑釁被粉碎了。那些不相信科學是企業的翅膀，同時也看不起林卜三司的人，不得不對林卜三司刮目相看。尤其是那位大亨知道這件事之後，親自登門示歉，並且希望能與他合作。

林卜三司面對挑釁，不露聲色，暗地卻做好準備，收購豬耳朵，並透過科學方法將豬耳朵製成絲質錢包，從而粉碎了大亨的惡毒挑釁。

這說明當一個人受到別人的冷嘲熱諷時，情緒上的對立和反擊，甚至報復是無濟於事的，你並不會因此而得到好處、一絲長進，也不會因此令人折服。最好的做法就是，情緒退，事業進。以事業的成功來洗刷侮辱，讓人對你刮目相看。

我們有理由相信，情緒上的反抗無濟於事，只有把時間和精力花在事業上，才能走向希望和成功。把別人的蔑視當作一種動力，要學會感謝這樣的人。感謝傷害你的人，因為他磨練了你的心志；感激羈絆你的人，因為他強化了你的雙腿；感激欺騙你的人，因為他增進了你的智慧；感激藐視你的人，因為他喚醒了你的自尊；感激遺棄你的人，因為他教會了你獨立。

◀一忍制百辱

忍作為一種處世的學問，對於普通人來說不可缺少，因為工作中我們會與形形色色的人打交道，也並不是所有人都謙恭講理。

有一次，一名紅髮青年往公車地上吐了一口痰，被一旁的乘客看到了，乘客對他說：「先生，為了保持車內衛生，請不要隨地吐痰。」沒想到那男青年聽後不僅沒有道歉，反而破口大罵，說出一些不堪入耳的髒話，然後又狠狠向地上連吐三口痰。

那位乘客是名年輕女孩，此時氣得滿臉通紅，眼淚快掉出來。其他乘客議論紛紛，有為女孩抱不平，有幫那個男青年起哄的，也有擠過來看熱鬧的。大家都關心事態發展，有人悄悄說，告訴司機開去警察局，免得等一下在車上打起來。沒想到那位女孩定了定神，平靜看了看那位青年，對大家說：「沒事，請大家回座位坐好，以免摔倒。」一面說，一面從口袋裡拿出衛生紙，彎腰將地上的痰跡擦掉。

看到這個舉動，大家愣住了。車上鴉雀無聲，那位青年也不自在起來，車到站還沒有停穩，就急忙跳下車，剛走了兩步，又跑了回來，對那女孩喊一聲：「我服了妳了！」車上的人都笑了，七嘴八舌誇獎這位女孩不簡單，不聲不響就把小屁孩制服了。

這位女孩的確很有水準，她面對辱罵，如果與那位青年爭辯，只會擴大事態。與之對罵，損害了自己的形象；默不作聲，又顯得太沉悶。她請大家回座位坐好，既對大家表示關心，又淡化了眼前這件事，緩解緊張的氣氛；她彎腰將痰跡擦掉，此時無聲勝有聲，比任何語言表達都有說服力，不僅感動了那位青年，也教育了大家。

在工作中，我們難免會碰到一些蠻不講理的人，甚至是心存惡意的人，有時還會招來無緣無故的辱罵，時常讓人覺得忍無可忍。可是，不忍就會成為對方的出氣筒，也為自己帶來不必要的麻煩。就像那位女孩，如果她不忍，與那位青年吵起來，甚至對罵或動手，雖然是她有理，可是結果對她有什麼好處呢？即使處罰了那位青年，她充其量表現出也只是一名普通乘客的素養。而忍了一時之辱，則是取得了道德、人格上的勝利，給了那位青年一個深刻的教訓。可見，忍作為一種處世藝術，確實有「一忍制百辱」的作用。

忍是理智的選擇，是成熟的表現，更是應對無禮之人的不二法寶。有一個重要條件，就是眼光放遠，為長遠打算，忍一時之痛，這樣就可以換得風平浪靜、海闊天空。

在職場中，我們對於上司首先是服從，才能有改變。不是讓上司適應你，而是你要適應上司。上司給予的指示和命令必須清楚理解，才可能有效執行。對於上司，他們發脾氣也很正常，不要希望每個上司都冷靜自持。你需要忍受這種壓力，同時要以積極的行動盡量化解這種壓力。

當你面對指責欲望和權力欲望極強的上司時，要學著掌握下列一些「忍」：

1.學會洗耳恭聽，認真聽懂上司的每一句話，在上司發布命令時，不要自以為聰明加入自己主觀理解。

2.稱呼上司時，要完整稱呼頭銜，態度恭敬謙遜，不要顯得勉為其難或語含譏諷。
3.避免一些親昵行為，比如拍上司的肩膀、後背，這會使對方認為你心存不敬，從而使你寸步難行。
4.即使你已經做得非常出色，也不要居功自傲。

◀今日的低頭是為了明日的抬頭

寧折不彎聽起來很有骨氣，但把這種精神運用在事業上，尤其是在你處於不利條件下時，卻會給你帶來嚴重的後果。

學經濟的宋宇，大學畢業後到一所大學教書，雖然已安家立業，但每年都要回一次老家。每一次回家，他的心靈就被震撼一次，因為家鄉的山依舊荒蕪，鄉親的生活依舊貧困。

宋宇決心為家鄉闖出一條致富之路。他毅然辭去大學教職，回到家鄉承包了四十畝荒地，開始建造他的示範農場。

可是，不到兩個月他就和鄉里代表發生衝突。一次，看到代表吃吃喝喝，宋宇當面坦誠說：「論輩分，你們都是我的叔叔伯伯，可民眾生活這麼苦，代表不應該這樣多吃。」代表們一愣，從沒有人敢當面說他們的不是。他們手捏酒瓶，小聲議論說：「這小子，讀了幾年書就自以為是！」

又一次，因為鄉里代表們按親疏遠近，劃分宅基地，宋宇找代表評理，又一次得罪了鄉里代表。

宋宇動用全部積蓄，在山上蓋起了石屋，開始了農場的建造，可是，他遇到了一連串的麻煩：實施計畫需要的炸藥要鄉里代表開證明才能購買，他受到了無端的刁難；農場需要資金，他又遭到鄉里代表的冷眼……

有人勸宋宇，為了你的事業去找代表服軟認錯，以換得他們的理解和支持，或送禮給有實權的部門，換取貸款，否則你將一事無成。宋宇口氣強硬：「我絕不向卑劣的行為卑躬屈膝。」

宋宇最終只能無奈守著空屋，守著他的農場，守著他的人生夢想。宋宇因為不肯低頭，而使自己的夢想落空……

人在屋檐下，不得不低頭。遇到矮檐時，我們要主動低頭，這是為了日後能把頭抬得更高。

低頭起碼會有這樣幾個好處：你主動低頭，不致成為明顯的目標，也不會把屋檐撞壞。要知道，不管撞壞與否，你總要受傷，早有「傷敵一千，自損八百」的古訓。不能因為脖子酸，忍受不了，而離開能夠躲風避雨的「屋檐」。離開不是不可以，但是必須考慮要去哪。一旦離開，再想回來就不那麼容易了。在「屋檐」下待久了，就有可能成為屋內的一員，甚至還有可能把屋內人趕出來，自己當主人。

低頭肯定不那麼舒服，但事到臨頭，該低頭時能低頭，也是追求成功的一種策略。適時低頭是為了保存自己的力量，以便走更遠的路，是為了把不利的環境轉化成對你有利的力量，是一種柔軟，一種權衡，更是高明的成功智慧。

◀正確面對無人認可的窘境

當問題分歧時，無頭無腦的爭論無濟於事，爭論往往會使雙方更相信自己是正確的。

艾瑞克是某木材公司的推銷員，多年來他總是能明白指出那些壞脾氣木材檢驗員的錯誤。他雖然贏得了辯論，可是一點好處也沒有。「因為那些檢驗員」，艾瑞克說，「和棒球裁判一樣，一旦有了判決，絕不肯更改。」艾瑞克看出，他雖口舌獲勝，卻使公司損失了成千上萬的金錢。因此，他決定改變技巧，不再與人爭辯。

「有一天早上，我辦公室的電話響了，一位焦躁憤怒的主顧在電話那頭，抱怨我們運去的一車木材完全不合乎他們的規格。他的公司已經下令車子停止卸貨，請我們立刻安排把木材搬回去。在木材卸下四分之一之後，他們的木材檢驗員報告說，百分之五十五不合規格。在這種情況下，他們拒絕接受。我立刻動身到對方的工廠。途中，我一直在尋找解決問題的最佳辦法。通常在那種情形下，我會以我的工作經驗和知識引用木材等級規則，說服他的檢驗員那批木材有達到水準。然而我又想，還是應用看看課堂上學到的做人處世原則。」

「我到了工廠，發現採購主任和檢驗員悶悶不樂，一副等著吵架的姿態。我們走到卸貨的卡車旁，我要求他們繼續卸貨，讓我看看情形如何。我請檢驗員繼續把不合規格的木材挑出來，把合格的放到另一堆。事情進行了一下後，我知道，原來他的檢查太嚴格，而且也把檢驗規則搞混了。那批木材是白松，雖然我知道那位檢驗員對硬木的知識很豐富，但檢驗白松卻不夠格，經驗也不多。白松碰巧是我最內行的，但我有對檢驗員評定白松等級的方式提出反對嗎？絕對沒有。我繼續觀看，慢慢開始問他某些木材不合標準的理由何在，我一點也沒有暗示他檢查出錯。我強調，我請教他只是希望以後送貨時能確實滿足他們公司的要求。」

「我以一種非常友好而合作的語氣請教他，並且堅持要他把不滿意的部分挑出來，使他高興，於是我們之間劍拔弩張的情緒開始鬆弛。偶爾我小心提問幾句，讓他覺得有些不能接受的木材，可能合乎規格，也使他覺得他們的價格只能要求這種貨色。但是，我非常小心，不讓他認為我有意為難他。」漸漸，他的整個態度改觀了。最後他坦白承認，他對白松木的經驗不多，並且問我從車上搬下來的白松板的問題。我就對他解釋，為什麼那些松板都合乎檢驗規格，而且仍然堅持，如果他還認為不能用，我們會把木材運走。他終於到了每挑出一塊不合用的木材就有罪惡感的地步。最後他看出，錯誤是在他們自己沒有指明他們所需要的是多好的等級。最後的結果是，在我走了之後，他重新把卸下的木材檢驗一遍，並全部接受了，於是我們收到了一張全額支票。

「單以這件事來說，運用一點小技巧，以及盡量制止自己指出別人的錯誤，就可以使我們減少一大筆現金的損失，而我們所獲得的良好關係則非金錢能衡量。」

當問題產生分歧時，沒頭沒腦的爭論無濟於事。為什麼？如果你把對方攻擊得千瘡百孔、一無是處，那又怎麼樣？你也許會洋洋自得，但他呢？你傷了他的自尊，而他會怨恨你的勝利。

真正使他人認同你的方法不是爭論，人的心意不會因為爭論而改變。那麼，如何贏得別人的認同呢?你要明確你要的並不是表面上的勝利，而是別人的好感，一種發自內心的感覺，進而有助於目標的達成。

◀磨練意志，養成好習慣

習慣的力量很可怕，它能改變一個人的命運。只有掌握正確的思想，養成正確的習慣，我們就可以掌握自己的命運。一個人的習慣，往往是別人都知道，自己卻是唯一不知道的人。

美國富豪蓋蒂（Jean Paul Getty）曾抽香菸抽得很兇。一天，他度假開車經過法國，那天正好下著大雨，地面特別泥濘，開了好幾個鐘頭的車子之後，他在一個小城裡的旅館過夜。吃過晚飯後他回到自己的房裡，很快便入睡了。

蓋蒂清晨兩點鐘醒來，想抽一支煙，打開燈，他自然伸手去找他睡前放在桌上的那包煙，發現是空的。他下了床，搜尋衣服口袋，結果毫無所獲。他又搜尋他的行李，希望在其中一個箱子裡能發現他無意中留下的一包煙，結果他又失望了。他知道旅館的酒吧和餐廳早就關門了，心想，這時候要把不耐煩的門房叫過來，太不堪設想了。他唯一能得到香菸的辦法是穿上衣服，走到火車站，但它至少在六條街之外。

情景看起來並不樂觀，外面仍下著雨，他的汽車停在離旅館尚有一段距離的停車場裡。而且，別人提醒過他，停車場是在午夜關門，第二天早上六點才開門。這時能夠叫到計程車的機會也將等於零。

顯然，如果他真的這樣迫切抽一支煙，他只有在雨中走到車站，但是要抽菸的欲望不斷侵蝕他，並越來越強烈。於是他脫下睡衣，開始穿上外衣。他衣服都穿好了，伸手去拿雨衣，這時他突然停住了，開始大笑，笑他自己。他突然體會到，他的行為多麼不合邏輯，甚至荒謬。

蓋蒂站著尋思，一名所謂的知識分子，一名所謂的商人，一名自認為有足夠理智對別人下命令的人，竟要在三更半夜，離開舒適的旅館，冒著大雨走過好幾條街，僅僅是為了得到一支煙。

蓋蒂生平第一次認識到這個問題，他已經養成了這個不可自拔的習慣。他願意犧牲極大的舒適，去滿足這個習慣。這個習慣顯然沒有好處，他突然明確注意到這一點，頭腦便很快清醒，片刻就作出了決定。

他下定決心，把那個依然放在桌上的煙盒揉成一團，放進廢紙簍裡。然後他脫下衣服，再度穿上睡衣回到床上。帶著一種解脫，甚至是勝利的感覺，他關上燈，閉上眼，聽著打在門窗上的雨點。幾分鐘之後，他進入深沉、滿足的睡眠中。自從那天晚上後他再也沒抽過一支煙，也沒有抽菸的欲望。

蓋蒂說，他並不是利用這件事，指責香菸或抽菸的人。常常回憶這件事僅僅是為了表示，以他的情形來說，被一種壞習慣制服，已經到了不可救藥的程度，差一點成為它的俘虜！

由此，我們知道，習慣的力量很可怕，我們每個人都受到習慣的束縛。有些自以為聰明的人總是不在意自己的壞習慣，結果使自己狼狽不堪。因此，只要能養成正確的習慣，我們就可以掌握自己的命運。

李嘉誠在茶樓當伙計的時候，每天都把鬧鐘調快十分鐘，定好鬧鐘，最早趕到茶樓。後來，他一直將這一習慣保留了大半個世紀。而在今天，大家都知道，李嘉誠的手錶永遠比別人快十分鐘，成為商界交口讚譽、津津樂道的美談。正是因為這種良好的習慣，才使李嘉誠獲得成功。

好的習慣可以使你走向成功，而壞的習慣容易耽誤一生。一個人的習慣很難改變，但並不是不可改變，只要摒棄壞習慣，培養好習慣，我們就能把握自己的命運。

蕭伯納是英國傑出的劇作家、世界著名的幽默大師、諾貝爾文學獎的獲獎者。正是由於他養成了良好的生活習慣，他的一生才過得成功快樂。蕭伯納享年九十四歲，他不僅才思敏銳，有「當代人最清楚的頭腦」，還有著可與著名運動員相媲美的強健體魄。

蕭伯納少年時代，父親就對他說：「孩子，要以我為前車之鑒，我做的事你都不要效仿！」原來，他的父親喜歡亂吃東西，一頓飯吃很多肉，喝很多酒，並且整天抽菸，又不愛活動。他聽從了父親的教導，養成了良好的生活習慣，不吸菸、不喝酒。蕭伯納成名之後，財富如潮水般湧來，但他卻毫不奢侈。在服裝方面，蕭伯納講究整潔、舒適、方便，從不追求華麗，而且總喜歡穿棉衣服。

蕭伯納一生都堅持鍛鍊。每天很早起床，天天堅持洗冷水浴、游泳、長跑、散步，他還喜歡騎腳踏車、打拳擊。在七十多歲時，他曾與當時世界著名的運動家、美國人丹尼同住在一家旅館，每天兩人過著一樣的生活：起床後洗冷水澡，接著游泳，然後躺在海邊沙灘上做日光浴，午後還一起散步。

蕭伯納在談到良好的生活習慣時說：「衛生並不能治療疾病，但能防止疾病，如果一個人過著合理的生活，安排適當的食物，就不至於生病。如果能夠數十年孜孜不倦堅持身心鍛鍊，保持樂觀的態度，就一定能保持身心健康，並且獲得事業上的成功。」

要改掉壞習慣，培養好習慣，只需做好三步即可。首先要分清哪些是好習慣，那些是壞習慣。這件事是最容易的，每個人心裡都很清楚。其次是你是否想改變。這是一個比較令人頭疼的問題，因為絕大多數人害怕改變，喜歡安於現狀。儘管他們有時對現狀不滿，但如果真的讓他行動，他就會退縮。你要記住，如果你不想改變，那你就只能看著別人成功，而你卻原地不動。好習慣要繼續保持，對於壞習慣要堅決改掉，對於不具備的好習慣要悉心培養。可以先從小事做起，循序漸進。如赴約時，至少要提前五分鐘到達；如當你決定做一件事時，就應該立刻行動……

我們想要獲得事業上的成功和生活的樂趣，我必須明白習慣的力量是如何強大。我們必須要養成良好的習慣，同時應時時警惕，去除那些危害我們生活的壞習慣。

◀改掉怨天尤人的壞毛病

工作中你可能會陷入不如意的境地，碰到一些你看不順眼的事，在這種情況下，懊惱頹喪無濟於事，你應該要努力適應它。

李明開朗活躍，畢業後考上了公務員，被分配到某個社區工作。這份工作令他非常失望，因為社區辦公室一片死氣沉沉，這裡年齡最小的女性二十八歲，剛休完產假回來。男性工作人員就更不用說了，他的上司三十三歲，是除了他之外最年輕的了。

在剛開始的幾天，他還想努力活躍辦公室的氣氛；但很快他就發現這太難了，他的話題沒人感興趣，他講的笑話別人都覺得很「冷」，有幾次他聲音大了一點，五十多歲的老主任特意告訴他，「上班要有上班的樣子！」他覺得自己實在不適合這份工作。朋友知道他的苦惱後，開導他說：「改變工作氣氛的心願很好，可如果實在辦不到，你也不能鑽牛角尖，在社會上處世就是這樣，無法改變就要學會適應！」李明按照朋友的話做了一段時間，情況果然好多了，他慢慢適應了社區的工作方式，得到了上司的認可。

當李明鑽牛角尖時，他對工作沒有興趣，認為同事面目可憎；但當他學會變通後，就完全適應了工作。很多時候，影響我們成功的並不是事情本身，而是我們面對障礙不知變通的習慣。我們應該明白，社會不會適應我們，是我們要適應社會。

在某城鎮的一條街上，住著兩戶人家。一家是富裕的商人，一家是貧窮的皮匠。富人的屋子非常氣派，高高的屋檐，雕花的門窗，寬寬的走廊，夏天坐在走廊上，讓微風吹著，特別清爽。

皮匠家的房子低低矮矮，窗子小得只能進來一隻貓，門矮得人要低著頭、彎著腰才能進去。富人有那樣的好房子，但他十分鐘也不敢在走廊上坐，因為他實在無法忍受皮匠家裡飄過來的難聞氣味。

皮匠整天工作，於是一張又一張的驢皮、馬皮、豬皮、狗皮……都運到他家。他拿起刀一張一張刮，髒水像小河一樣從皮匠家的屋子裡流出。無論誰走過那裡，都要緊緊捂住鼻子，如果捂得不緊，就會想要嘔吐。

富人在這種臭氣中過日子真是非常難受，於是，他多次來到皮匠的家裡，對他說：「喂，你無論如何也不能再這樣做下去了，如果你不盡快搬家，我總有一天要死在這裡。我這裡有金幣，你拿走快點搬家吧！」皮匠知道，無論到哪裡，人們都不會歡迎他，於是，他對富人說：「老爺，我不要你的金幣，不過請你放心，我已經找好了房子，要不了幾天我就會搬走，請你放心好了。」

一天過去了，兩天過去了，每當富人來催皮匠都是這幾句話。隨著時光流逝，皮匠家的這股臭味彷彿變了，因為富人來催他搬家的次數越來越少。後來皮匠竟發現，富人每天坐在走廊上，又是喝酒，又是吃肉，再也不為難皮匠了，富人的變化使皮匠十分納悶。

有一天，皮匠見到了富人，問他道：「老爺，現在我們這條街有什麼變化嗎？」富人說：「沒有啊，我覺得在這裡住十分舒服。」

原來，富人已經適應這種味道了。

一名不知變通、沒有適應能力的人很難在社會上立足，如果遇到令自己不滿意的情況那就要努力改變，但如果實在改變不了，那就只能像這個富人一樣適應。

美國某所著名的高等學府，入學考試需要平均九十分以上的成績，它一門課的學費可以相當普通家庭整月的開銷，它的學生常穿著印有校名的T恤在街上招搖。但這個學校有著嚴重的困擾，因為它緊鄰一個治安極壞的貧民區，學校的玻璃經常被頑童打破，學生的車子總是失竊，學生在晚上被搶劫不是新聞。

「這些人太可惡了！不配和我們為鄰。」董事會議一致通過，「把那些鄰居趕走！」方法很簡單——以學校雄厚的財力，把貧民區的土地和房屋全部買下來，改為校園。

於是校園變大了，但是問題不但沒有解決，反而變得更嚴重，因為那些貧民雖然搬走了，卻只是向外移，隔著青青草地，學校又與新貧民區相接。加上擴大的校園又難於管理，治安更糟了。

董事會這下可真不知該怎麼辦了，於是請來當地的警官共謀對策。「當我們與鄰居相處有問題時，最好的方法不是把鄰居趕走，更不是將自己封閉，而應該試著了解、溝通，進而影響、教育他們。」警官說。校董相顧無言，啞然失笑，他們發現身為世界最著名學府的董事，竟然忘記了教育的功能。

於是，他們設立了平民補習班，送研究生到貧民區調查探訪，捐贈教育器材給鄰近的中小學，並輔導就業，更開闢部分校園為運動場供青少年使用，沒過幾年，學校的治安環境已經大大改善。

置身在一個不好的環境，光是靠抱怨是改變不了的。要嘛改變它，要嘛適應它。除此之外，別無選擇。為人不能鑽牛角尖，不知變通的習慣會給你的生活、工作帶來極其不利的影響。怨天尤人沒有用，對無力去改變的事我們只能努力適應。

◀應變力就是戰鬥力

蜥蜴是最能適應各種環境的高手，在面對各種各樣的環境時，蜥蜴的身體也能隨之改變。這個物種可以生活於海洋、棲息於樹上、遊玩在沙漠、潛藏在地底，甚至能夠飛翔於空中。同樣，溫商也有「一有土壤就發芽、一有陽光就燦爛」的生存能力。

一九九五年五月，吳建海帶著幾皮箱的樣品和一本叫《絕處逢生術》的書，隻身踏上非洲的漫漫征途。當時的喀麥隆條件極其落後，而他已年逾不惑，並且對非洲的語言、風俗一竅不通。在這種惡劣的條件下，吳建海不僅很快適應了，並且站穩了腳跟。他在喀麥隆創下了首座「中國商城」，並擔任喀麥隆華僑華人工商總會的副會長，成為中國和非洲友好貿易往來的民間大使。「經常聽說喀麥隆是非洲一顆燦爛的明珠，到了那裡才發現，在喀麥隆杜阿拉市還沒有中國商店，但中國商品卻很受當地人歡迎。」吳建海以「敢為天下先」的精神成為第一位在杜阿拉開商店的中國人。

美國通用公司前任總裁傑克．威爾許（Jack Welch）說：「這個世界是屬於弱者的，因為弱者最懂得適應。」有這樣一個強者，他的工廠效益在全市前列，一直是市裡的明星企業；但在某年某月某日他卻自殺了。這是一個令人猝不及防的消息，而調查結果更出乎意料之外。

原來那一年，因為財務管理上出現了問題，工廠無法發獎金給員工，在沉重的心理壓力下，這位企業主選擇自殺。強者的悲哀就在於此。蜥蜴很弱小，比牠大的動物幾乎都是牠的天敵，但牠卻在地球上生活了上萬年，蜥蜴的生存之道就是適應。

這種能力的淵源是「事功之學」的「通世變」的觀點，意思是說，要時時把握客觀世界的發展變化，並根據這種變化和現實條件，不斷改變自己的路徑選擇，順勢應時，與時俱進，方能求得「真功」、「實效」。正如三星集團首席執行官兼會長李健熙所說：「要具備世界一流的競爭力，就必須勇於改變，除妻子和兒子以外，其他什麼都要變。」

達爾文曾經說過這樣一句話：「應變力也是戰鬥力，而且是重要的戰鬥力。得以生存的不是最強大或最聰明的物種，而是最善變的物種。」

「變」每時每刻都在發生，世界唯一不變的就是「變」。

中國溫州的鞋企走的就是一條自主創新、謀求發展的道路。據了解，溫州鞋企擁有實用型專利的已不在少數，很多鞋企都設立了專門的研發機構。康奈非常重視設計隊伍的建設，僅設計專業人員就有一百多人，在康奈研發中心聽到最常聽到的詞就是「創新」。負責研發工作的集團副總裁鄭萊毅和公司副總經理沙民生，帶領研發人員八次遠赴歐美市場調查，研究世界皮鞋流行趨勢與最新鞋材的科技運用，並將康奈申報成功的包括鞋底透氣等十幾項專利技術，分別融入到產品設計。為了適應皮鞋消費個性化、時尚化、休閒化、時裝化的趨勢，康奈一年推出的男女皮鞋款式達到兩千九百多種，平均每天面世八款，康奈的技術創新引起了媒體關注。

堅持「健康、環保」理念，以「科技創新、品牌行業」為導向，溫州雅浪鞋業利用高科技技術改造傳統皮鞋產業，成功開發了具有抑菌、除臭、養腳功能的保健功能性皮鞋，已取得十五項有自主智慧財產權的專利技術及國際專利P.C.T，成為中國鞋業首家獲得「雙綠色」認證的企業，其工藝技術已開始向韓國、日本、印度等國輸出。公司董事長陳一敏說：「當前企業發展的主要任務，是進一步加強技術改造和創新，深入實施品牌策略。」

有位經濟學家說：千規律，萬規律，經濟規律僅一條：就是適者生存。決定一個人的生活境況、富貴貧賤的因素，始終脫離不了適者生存，不適者淘汰的原則。有位富翁這樣總結他的一生：每當我遇到困難時，耳邊就會想起上帝的聲音：孩子，這不是我讓你來人間的意圖，我讓你來人間，是為了成功，是為了享受。奉著上帝的旨意，我總是調整自己到最佳狀態，以最舒服的姿態生活。

溫商的適應精神是一種水的精神，隨勢而變，不拘一格。社會瞬息萬變，變化速度日益加快，被人稱之為「十倍速時代」。只有快速反應，提高應變力，才能生存。恐龍高大，但在地球上絕跡，弱小的蜥蜴卻生存下來。正是有蜥蜴般的適應精神，溫商才能像沙漠中一粒曬乾的種子，只要一場小雨，就會生根發芽、蓬勃生長。所以，每一名成功人士都要像蜥蜴學習，像溫商學習，只要不斷適應新的環境，才能在社會中永遠立於不敗之地。

◀在苦難中磨練自己

偉大人物無一不是由苦難造就，一個人如果好逸惡勞，就無法戰勝困難，也不會有什麼前途。「生前沒有經歷困難的人，他的生命是不完整的。」

福勒出生在美國路易斯安那州一個貧困的黑人家庭，他五歲就開始勞動，福勒的大多數夥伴都是佃農的孩子，他們都很早就參加勞動。這些家庭認為貧窮是命運的安排，因此並不要求改善自己的生活。

小福勒有一點與其他小朋友不同：他有一位不平凡的母親，母親不肯接受這種僅夠糊口的生活。她時常對兒子說：「福勒，我們不應該貧窮。我不願意聽到你說：我們的貧窮是上帝的意願。我們的貧窮不是上帝的緣故，而是因為你的父親從來就沒有致富的願望。我們家庭中的任何人都沒有過出人頭地的想法。」

「沒有人產生過致富的願望」，這個觀念在福勒的心靈深處刻下深深的烙印，以至改變了他整個的人生。他決定把經商作為生財的一條捷徑，最後選定經營肥皂。於是，他挨家挨戶出售肥皂達十二年之久。

後來他獲悉，供應肥皂的那個公司即將拍賣出售，福勒很買下，他依靠自己在多年經營活動中樹立的良好信譽，從朋友那裡借了一些錢，又從投資集團那裡得到了幫助，籌集到十一點五萬美元，但還差一萬美元。當他漫無目的走過幾個街區後，看到一家承包事務所的窗子裡還亮著燈。福勒走了進去，看見寫字台後面坐著一個因深夜工作而疲憊不堪的人，福勒直截了當地對他說：「你想賺一千美元嗎？」這句話嚇得這位承包商差一點倒下去，「想，當然想。」

「那麼，請你給我開一張一萬美元的支票，當我還這筆借款的時候，將另付出一千美元利息給你。」當福勒離開這個事務所的時候，口袋裡已經有一張一萬美元的支票。

後來，他不僅得到那個肥皂公司，而且還在其他七個公司和一家報館取得了控股權。當有人與他一起探討成功之道時，他就用母親多年以前所說的那句話回答：「我們是貧窮的，但不是因為上帝，而是我們從來沒有想到致富。」

貧窮雖然不能為人帶來任何利益，但能磨練人的品性、意志。許多人憑藉這些來衝破困境、阻力，打開一條從沒有人打開過的成功之路。

法蘭克．伍爾沃斯（（Frank Woolworth））是美國著名的商品零售高手，他於一八七九年開辦了美國第一家零售店。

在他沒經商以前生活非常貧困，無論怎麼努力，也很難改變困窘的狀況。於是，他離開了農場，沿著鎮裡的店鋪挨家訪問，想謀求一份店員的工作，然而，老闆嫌他沒有銷售經驗，沒人願意雇用他。後來，他來到一個小副食店，因為沒有經驗，老闆只同意提供食宿，但沒有薪水。

再後來，他到了一家布料店，老闆認為他沒有經驗，不能接待客人，命令他大清早到店裡生爐火，然後擦窗戶、送貨，而且半年內不能領薪水。他說，他在農場工作了十年，才存得了五十美元，這些錢只能維持三個月的生活費用，那麼至少從第四個月開始，請付我日薪五十美分吧！

老闆答應了，但條件是每天必須工作十五小時，也就是每小時薪水三分錢，他的事業就這樣開始了；一年後，他用借來的三百美元，開設了一家商品零售店，銷售的全是五分錢的貨物。十幾年後，他建造了當時世界第一座高樓，即伍爾沃斯大樓。

貧窮好像運動機器，可以鍛鍊人，使人體格強健，所以，貧窮是我們成就事業最有利的基礎。安德魯．卡內基說：「一個年輕人最大的財富，莫過於出生於貧窮之家。」貧窮本是困厄人生的東西，但經過奮鬥而脫離貧窮，便是無上的快樂。

為脫離艱難的境地而奮力打拚，是擺脫貧窮的唯一方法。如果人一生下來口裡就有一支湯匙，就不會迫於生存而去奮鬥，那麼恐怕人類文明直到現在還處於十分原始的階段。

第二章 堅韌不屈，苦盡甘來

在不順利的境遇中，抱怨和消沉都無濟於事。境遇越是艱難，越要讓自己堅強。百折不撓，歷經磨難而不屈服，意志堅強而不頹廢消沉，做事專一，不達目的誓不罷休。正所謂「苦盡甘來」，美好的前途來自你對困難不屈不撓的開拓精神，只有堅持打拚的人才有取得成功的機會。

◀不要喪失生活的勇氣

生活需要勇氣，知名學者梁漱溟說：「沒有智慧不行，沒有勇氣也不行。」有了勇氣就能不為外力所懾，能夠擔負任何艱巨的工作。當我們遇到挫折和打擊時，對困境要有精神上的優勢，這就是勇氣。

生活需要勇氣，我們的才華、我們的潛力、我們的前途，如果沒有勇氣推動的話，那我們可能永遠也不能在職場上有所作為，更談不上什麼事業上的成功了。職場本身就是一個戰場，沒有人會永遠成為勝利者，也沒有人會永遠成為失敗者，只有那些樂觀而勇敢的人，最終才能成就一番事業。

跳脫輸家思維

人生贏家還是輸家，往往只有一念之差

查爾斯小時候家裡非常貧困。在他五歲的時候，貧困之極的母親拋棄了他和弟弟。查爾斯後來回想說：「我是出生在一間沒有電、沒有自來水的木屋裡，我們窮得不可能再窮。我從小沒有鞋穿，冬天也沒有。」在一家好心人的收養下，他十九歲時加入了空軍。在第二次世界大戰期間，有一次他駕駛飛機剛起飛就失事了，大火燒上他全身。當他屏住呼吸，勉強拉開側面的窗子爬出去時，已被燒得面目全非。

他被送回美國住院治療，因為傷勢太重，醫生為他做了多次手術。九個月之後，當他臉上的綳帶拆下來的時候，他的臉是一片紅色，上面全是水泡，沒有鼻子、耳朵、頭髮和眉毛。他幾乎已沒有人形，但這並沒有讓他失去生活的勇氣，他感謝命運讓他活了下來。

五年之後，他經過六十多次的手術，終於出院了。他勇敢面對生活，進軍建築業，開始了艱難的創業。他用自己僅有的錢買了兩輛車，後來又用車作抵押做建築生意。他的生意不斷擴張，很快使他成了阿拉巴馬州東南部最大的建築商。之後，他又把賺來的錢多元化投資，很快賺了更多錢，成為了億萬富翁。

查爾斯的樣子很難看，但這不僅沒有使他喪失生活的勇氣，自己反而調侃說：「我這個樣子，不好看卻引人注目。我可以不需要化妝就能扮演一個外星人。人們見過我之後，永遠不會忘記。」勇氣不僅使他活了下來，而且還成就了一番事業。

莎士比亞說：越是缺少擔負悲哀的勇氣，悲哀壓在心頭越是沉重。失去金錢的人損失甚少，失去健康的人損失甚多，失去勇氣的人損失一切。當自己遭到困境打擊時，且不要喪失了

生活的勇氣。

◀東山再起，捲土重來

最驍勇善戰的將軍，不是每戰必勝的將軍，而是在每一次失敗的時候都能保存實力的將軍。

以樂觀的態度面對生活，你會發現玫瑰；以悲觀的態度面對生活，只能看到玫瑰花下的刺。生活似一面鏡子，你對它笑，它就對你笑。生活不是一杯美酒，不是一帆風順的航船，也不是一首抒情的歌。生活充滿了酸、甜、苦、辣，有歡樂也有痛苦，有幸福也有不幸。只熱愛生活的人，才會成為一個成功者！然而，就是因為生活充滿了五顏六色，才使人感到有挑戰性，有競爭性。

當然，生活同樣是與別人相處的過程，誰能正確把自己的潛力充分發揮、發掘出來，誰能和諧與不同的人平等相處，誰能做到這兩點，誰就能贏來美好的未來。從而為自己創造美好的生活環境。

莎莉．拉斐爾（Sally Jessy Raphael）是北美最著名的電視節目主持人之一，她曾兩度獲得相關的大獎，並且有自辦的電視節目。在美國、加拿大和英國，每天都有八百萬觀眾收看她的節目。

她原來是一位電台廣播員，在她的三十年職業生涯中，竟然被辭退過十八次。對於大多數人來說，這樣的打擊無法忍受，可以徹底摧毀一個人的自信心。然而拉斐爾並沒有被這樣的遭遇壓垮，每一次發生這種事後，她都看得更遠。

長期以來，美國的無線電台都認為，女性不能吸引聽眾，所以沒有一家電台肯雇用她，她只好遷到波多黎各去學習西班牙語。當她在一家通訊社工作的時候，多明尼加共和國恰好發生一次震驚世界的暴亂事件，出於種種原因，通訊社的負責人拒絕派她到多明尼加共和國去採訪，但這位倔強的女士自己湊夠了旅費飛到那裡，然後把自己的報導出售給電台。

一九八一年，正當她在紐約的事業逐步有了起色的時候，卻又遭到了電台辭退，原因是她的上司認為她的思想過於保守，跟不上時代的要求，這一次失業長達一年多。

在這一年內，她曾向一位國家廣播公司電台職員推銷她的清談節目計畫。「很妙的構想，我相信公司會有興趣的！」那人說。但此人卻在不久之後就離開了國家廣播公司，拉斐爾失望極了。接著，她找到該電台的另一位職員，再度提出她的構想，同樣獲得了對方的認可，可是此人也在不久之後失蹤了。最後她說服第三位國家廣播公司的職員，這人表示願意聘用她，但要求她主持政治台節目。

「我不太懂政治，我擔心做不好。」她對丈夫說，而丈夫勸她嘗試一下。

一九八二年夏天，她的節目終於開播了。她對廣播節目主持早已駕輕就熟，在經過一番深思熟慮之後，她決定沿用平易近人的主持風格。在七月四日美國國慶的特殊日子裡，她在節目中大量加入了自己對這一節日的深刻感受，也請聽眾透過電話暢談他們的感受。這種全新的主持風格很快引起了聽眾莫大的興趣，積極參加節目的聽眾也非常多，幾乎一夜之間，人們都知道了她的節目和她本人，是她事業上的又一個里程碑。

拉斐爾說：「我被辭退達十八次之多，很多人都以為我會堅持不住，他們以為我從此會一蹶不振，可是結果恰恰相反，這成了我不斷努力的動力。」

生活是可愛的，但生活也是無情的。當工作中的厄運鋪天蓋地壓來時，有的人會哭泣，有的人會憤憤不平，有的人會徹底崩潰，但這都沒有用，解決不了任何問題。聰明的辦法當然是退後一步，仔細思考一下問題的本質，然後捲土重來，東山再起。

生活是有限的，在我們有限的生活經驗中，總會有無限的意念不時從我們的心頭掠過，就像滿天繁星，不觸摸生活，我們永遠找不到答案。生活也是一部內容浩瀚的天書，但生活最精彩的章節便是強者人生的奮鬥，要學會從容不迫、不屈不撓的堅定心態，所以想要嘗試生活最精彩的那章，就用好奇感觸生活吧！

◀有毅力才啃得動硬骨頭

土光敏夫是日本經濟界赫赫有名的人物，當年他重整東芝公司的時候，曾經遇到資金嚴重不足的困難。當時正是戰後，要籌到資金非常不容易。

一天，他去了一家最可能貸款給他的銀行，但是主管貸款的部長對他十分冷淡。後來，經過他不斷努力，雖然部長的態度稍微有所好轉，但對貸款問題卻絕不鬆口。

終於到了最危急的時候，如果在兩天內仍然沒有資金投入，那麼公司將不得不全線停工了。沒有辦法，土光敏夫決定破釜沉舟：「怎麼也得迫使部長就範！」

他讓祕書找來一個大包，在街上買兩盒便當放在裡面，然後趕到銀行。一見部長，他就開始糾纏，希望貸款給他，但對方就是不答應。

雙方又展開一場舌戰，不知不覺已接近下班時間了。當營業部的下班鈴聲拉響時，部長如釋重負，提起公文包準備回家吃飯。

然而令部長意想不到的是，土光敏夫像變魔術似的，從袋子裡拿出兩盒便當，說：「部長先生，我知道你工作辛苦了，但是為了我們能夠長談，我特意把飯準備好了。希望你不要嫌棄這寒酸的便當，等我們公司好轉後，我們再感謝你這位大恩人。」

面對他這份「無賴勁」，部長真是無可奈何，無話可說；不過，他也開始有些欣賞土光敏夫的這份執著。這樣堅毅不屈的人，相信他應該有還貸的能力，最終批准了土光敏夫的貸款申請。

土光敏夫的經驗告訴我們，只要肯堅持，沒有攻不破的難關。很多俗語，比如「精誠所至，金石為開」、「車到山前必有路」都說明了毅力和忍耐在解決問題中的重要作用。有時，我們就要學學土光敏夫那種鍥而不捨的精神。

不過，採用這種拖、磨的辦法來攻克難關時，我們也要注意以下幾個問題：

第一，要剛性與韌性相結合。不要一味堅持己見，不要有攻擊性，那就給人無理取鬧的印象了。而是要採取溫和、和平的辦法，不要給對方造成負擔。

第二，要謙虛謹慎，把自己擺在下位，讓對方居於上位。這樣就使對方有一種心理上的優勢感，從而放鬆了對自己的戒心。

第三，要抓準時機。既要堅持不懈，不給對方「喘息」的機會，也要在對方稍有鬆口時，緊緊抓住這個機會，實施下一步計畫。

工作中，我們越是覺得事情難辦，越要盡最大努力，有「非啃動硬骨頭不可」的志氣，自然會折服、感化對方，自然會「熬」到問題「投降」。每當我們說自己「不行」的時候，實際上我們並沒有把全部潛力發揮出來！所以我們永遠不要先把問題分成「能解決的」和「不能解決的」，而要先問一問自己：我們是否已經竭盡全力了？

米丘林（Ivan Vladimirovich Michurin）出生於俄國中部的一個小村莊裡，小時候他特別喜歡讀書，渴望與其他孩子一樣上學，但是由於家裡特別貧窮，很晚才上學，十七歲那年他才從小學畢業。雖然他的伯父資助他考上了省立中學，但是當時的校長比較貪婪，因為米丘林沒有送禮給他，就找碴把米丘林開除了。這使米丘林受到了很大的打擊，從此結束了學生生涯。然而，這沒有讓他放棄學習，他到科茲洛夫火車站當了一名小職員，一邊工作一邊自學。

米丘林鍾愛園藝，因為他的父親喜歡養花栽樹，而且還擁有一座小小的果園。米丘林自小就在這小果園裡長大，跟隨著父親學了些園藝知識，並且像他的父親一樣熱愛這份工作。他在火車站工作的時候也沒有放棄對園藝的追求，幾乎把所有的業餘時間和精力都花在研究栽培果樹上面。米丘林有自己的想法，因為大多數果樹都不宜在俄羅斯中部寒冷的氣候中生長，他便想改變果樹的本性，培育出一種耐寒的優良果樹品種。

要實現這麼大的計畫，似乎太難了一些，首先就是資金問題。米丘林的收入本來就不多，既要維持日常生活，又要用來培育果苗，這使得他的生活異常拮据。為了補貼生計，他利用業餘時間修理鐘錶賺錢。他的妻子非常支持他，把一塊荒地變成了整齊的苗圃，成了他的育苗實驗地。

然而，要成就這番事業，光有一腔熱血遠遠不夠。起初為了培育新品種，他按照當時流行的各種方法來實驗，結果都失敗了。當然，這些失敗並沒有打垮他，反而促使他從失敗中吸取教訓，加強了對科學知識的學習，系統掌握包括氣候、土壤、遺傳等相關知識。他外出向人求教，並閱讀了大量科學著作，其中達爾文的《物種起源》和進化論學說給了他莫大的啟示。經過刻苦努力，他找到了培育新品種的新思路。接下來，他便一次又一次實驗，終於研製出培育新品種的方法，這就是著名的雜交育種法，圓了他多年的夢想。

一個人不管做什麼事情，都需要執著的毅力。毅力讓我們能夠迎難而上，朝著自己的目標奮進，征服工作上任何一個困難。

◀ 一顆永不服輸的心

當你發覺自己根本沒有優勢可言時，最重要的是要有一顆永不服輸的心，要堅信只要成功

第二章 堅韌不屈，苦盡甘來

一顆永不服輸的心

一次就能大功告成。

有一天，鈞佑和朋友們一起玩紙牌，其間一個人已經出局了，還剩兩位。但就在這時，鈞佑突然把牌一亮，認輸了。原因是他一看手中剩下的牌太差了，就認定自己肯定會輸。這一下可讓另一位非常高興，原來另一位手中的牌更差，但是由於鈞佑主動認輸，別人就坐享勝利的果實。如果鈞佑不是主動丟牌，慢慢出下去，勝利一定是屬於他的。

當然，這只是娛樂，並沒讓鈞佑損失什麼。可是，如果這是人生的一場交鋒呢？那就記住：必須擁有一顆永不服輸的心！沒出完手中最後一張牌，還說不清誰勝誰負，還是有勝出機會。有人專門調查百萬富翁，得出的結論中有這樣一條：事情沒有到最後，誰也不肯認輸。

有一位總經理講了他一生中難忘的一件事：他的公司在最困難的時候，資金非常緊張，公司經營受到市場衝擊，眼看就要維持不下去了，這時有人提出跳槽，可是他對別的行業既不精通也不感興趣。又有人提出把公司轉讓，但他不忍心捨棄多年經營的公司。在公司管理層的常務會上，他對其他人說，事情還沒有到最後的地步，相信公司一定能渡過難關，並鼓勵其他員工採取積極的應對措施。

儘管公司一度在風雨中飄搖，但公司最終還是生存了下來。經過那一番折騰，這位總經理也學到了不少管理經驗，渡過難關後的公司在他新的管理模式下比原來更興旺。

這位總經理後來感慨，要想獲得成功，就不要輕易認輸。雖然人們常說「不見棺材不落淚」，諷刺那些偏執的人；但是如果你輕易就認輸了，那就等於放棄最後的機會。僅憑自己手裡的牌，就匆匆認輸是不明智的。

有個人成功的經歷可以值得我們深思：

一八三二年，這名男子失業了，這使他很傷心，但他下決心要當政治家，當州議員，糟糕的是他競選也失敗了。在一年裡遭受兩次打擊，這對他來說無疑很痛苦。

他嘗試自己創業，但因為管理不善，結果不到一年企業又倒閉了。在以後的十七年間，為償還企業倒閉時所欠的債務，他不得不到處奔波，歷盡磨難。

這一年，他再一次決定參加競選州議員，這次他成功了。他內心萌發了一絲希望，認為自己的生活有了轉機：「可能我可以成功了！」

一八三五年，他與自己心愛的女友訂了婚，但離結婚還差幾個月的時候，未婚妻不幸去世。這對他精神上的打擊實在太大了，他心力交瘁，數月臥床不起。

一八三六年，他還得過神經衰弱症。一八三八年，他覺得身體狀況良好，於是決定競選州議會議長，可他又失敗了。一八四三年，他又參加競選美國國會議員，這次仍然沒有成功。

他一次次嘗試，一次次遭受失敗，但他沒有放棄。一八四六年，他又一次參選國會議員，最後終於當選了。

兩年任期很快過去了，他決定要爭取連任。他認為自己作為國會議員表現很出色，相信選民會繼續選舉他。但結果很遺憾，他落選了。

因為這次競選，他賠了一大筆錢，他申請當本州的土地官員，但州政府把他的申請退回來，上面有州長的批示：「本州的土地官員要求有卓越的才能和超常的智力，你的申請未能體現這些特點。」

他還沒有服輸，一八五四年，他競選參議員又失敗了，兩年後他競選美國副總統提名，結果被對手擊敗，又過了兩年他再一次競選參議員還是失敗。

這個人嘗試了十一次，可只成功了兩次。這個在九次失敗的基礎上贏得兩次成功的人，便是亞伯拉罕．林肯，他一直沒有放棄自己的追求，他一直在做自己生活的主宰，終於在一八六〇年當選為美國總統。

作為一個渴望成功的人士，當你發覺自己根本沒有優勢可言時，最重要的是要有一顆永不服輸的心。要堅信只要成功一次，我們就能大功告成。而在這次成功前的每一次失敗，都只能算是我們為了這次成功應該付出的代價而已。

◀絕不輕易放棄

在失敗重重打擊一個人時，最簡單、最合邏輯的方法就是放手不做，尋找新出路，大多數人都這麼想。但成功者的不同之處，就在於始終不輕易放棄，就算在絕境中，也會穿過重重烏雲，看到太陽，看見希望，依靠自身的努力走向成功。

美國淘金熱時，達哈比的叔叔也在西部買到一塊礦地。辛苦了幾週後，他發現了閃閃發光的金礦，但他需要用機器把金礦移到地面上。他鎮靜礦坑掩埋起來，去除自己的腳印，然後火速趕回馬里蘭州威廉斯堡的老家，把找到金礦的消息告訴他的親戚和幾位鄰居，大家湊了一筆錢，買來了所需的機器，叔叔和達哈比也動身回到礦區工作。

第一車的金礦挖出來，送到一家冶金工廠，結果證明，他們已經挖到了科羅拉多州最富的一個礦源，只要挖出幾車金礦就可以償還所有的買地欠下的債務，然後就可以大賺特賺。

叔叔和達哈比高高興興下坑工作，帶著無限的希望出坑，但這時候，發生了他們料想不到的事：金礦的礦脈竟然不見了。他們已走到彩虹的末端，黃金沒有了。他們繼續挖下去，想要挖出礦脈，但完全沒有收獲。又經過一段時間的努力，叔侄倆都放棄了。然而根據一位工程師的計算，只要從達比和他叔叔停止發掘的地點再往前挖九十公分就能找到金礦。

果然，就在工程師所說的那個地方找到了金礦。請工程師的人是一位銷售員，他賣掉從礦坑中挖出來的金礦，獲得了幾百萬美元。他能發財，是因為他懂得尋找專家協助，而不輕易放棄。這件事過了很久之後，達哈比先生從失敗中獲得了成功，賺進了超過他損失的金錢的數倍，這是他推銷人壽保險後取得的。

達哈比記得他曾經在距離金礦一公尺遠的地方停下，而損失了一大筆財富，所以現在他吸取了這個教訓。他對自己說：「我在距離金礦一公尺遠的地方停下來，如今，在我向人們推銷人壽保險的時候，我絕不因為對方說『不』就停下來。」

達哈比後來成為少數每年推銷出一百萬美元以上的人壽保險推銷員，他鍥而不捨的堅忍精神，應歸功於他挖礦時輕易放棄的教訓。所以，每個渴望成功的人士要想在社會上占有一席之

第二章 堅韌不屈，苦盡甘來

絕不輕易放棄

地，就必須有達哈比這種鍥而不捨的堅忍精神，只要堅持下去，自己就一定可以成功。

美國發明家愛迪生，認真總結了前人製造電燈的失敗經驗後，制定了詳細的試驗計畫，分別在兩方面試驗：一是分類試驗一千六百多種不同耐熱的材料；二是改進抽空設備，使燈泡接近真空，他還研究了新型發電機和電路分路系統等。

愛迪生將一千六百多種耐熱發光材料逐一試驗下來，唯獨白金絲性能量好，但白金價格貴得驚人，必須找到更合適的材料代替。一八七九年，幾經實驗，愛迪生最後決定用炭絲作燈絲。他在一截棉絲撒滿炭粉，彎成馬蹄形，裝到坩鍋中加熱，做成燈絲，放到燈泡中，再抽去燈泡內空氣。電燈亮了，竟能連續使用四十五小時。就這樣，世界上第一批炭絲的白熾燈問世了。

為了研發電燈，愛迪生在實驗室裡常常一天工作十幾個小時，有時連續幾天試驗，發明炭絲作燈絲後，他又接連試驗了六千多種植物纖維，最後又選用竹絲，透過高溫密閉爐燒焦，再加工得到炭化竹絲，裝到燈泡裡，再次提高了燈泡的真空度，電燈竟可連續點亮一千兩百個小時。電燈的發明，曾使煤氣股票三天內猛跌百分之十二。

繼愛迪生之後，一九〇九年，美國奇異公司（General Electric Company）發明了用鎢絲代替炭絲，使電燈效率大大提高。從此，電燈躍上新台階，日光燈、碘鎢燈等形形色色的燈如雨後春筍般登上照明舞台。

一個人要想成就一番大事業，都不可能一帆風順。在成功之前，一定會遭遇到很多挫折。缺乏堅韌力是失敗的主要原因之一，也是大多數人常見的共同弱點，很多人看到不幸或失敗跡象就心灰意冷、拋棄目標投降。眾多的成功者並不是依賴機會或好運氣，而是得力於他們絕不輕易放棄的精神，抱持決心，堅持到底，直到實現他們的目標，好多事業上成功的人士都是在失敗的打擊後獲得成功。失敗是個騙子，狡猾又奸詐，它最喜歡在一個人接近成功之際，為難對方。所以，要想在社會上成就自己的一番事業，就必須做到面對任何困難時絕不輕易放棄。

◀堅持到底就是收獲

堅持到底就是收獲。人們都會信任一個堅韌不拔、意志堅定的人。不管他做什麼事情，就算還沒有做到一半，人們就知道他最終一定會勝利。因為每一個認識他的人都知道，他一定會堅持到最後，直到採摘勝利的果實。

威廉．菲利浦出生於一六五一年，他的兄弟有二十一個，兄弟姊妹共計二十六人，家裡非常窮。

威廉富於冒險而且膽識過人，一心想成為航海家並漫遊全世界。於是他拜師學習造船技術，在師傅的精心指導下，完全掌握了這門技術，他回到了波士頓開始造船，用以從事木材交易。

有一天，有人告訴他，半個多世紀以前有一艘滿載金銀珠寶的船，在波特德拉．普拉塔這個地方遇難沉沒，威廉當即決心打撈這艘船，撈出那些珍寶。

但威廉太窮了，無力從事這一項大事業，他開船來到英國，期望獲得強而有力的幫助，查

第二章 堅韌不屈，苦盡甘來

堅持到底就是收獲

理二世把安基尼玫瑰花號船交給他全權使用。

菲利浦立即率船出發，去尋找那艘西班牙沉船和珍寶。沉船已是五十多年前的事，對於這件事而今已只剩下一些傳聞，別無其他線索。菲利浦到此一籌莫展，但他一點也不氣餒，對前途充滿信心。

這對所有的船員來說是一種巨大的鼓舞力量，他和船員一起用網沿海捕捉、搜尋，一連幾週過去，他們打撈上來不少海藻、圓卵石和許多碎石片，這真是令人失望。這種毫無意義的捕撈使船員們大為不滿，他們低聲抱怨菲利浦讓他們做這種無聊的事情。

終於大家兒的怨恨白熱化，人們已開始公開反抗。有一天，有一個人衝向後甲板，喊著要放棄這種航行，不要白白浪費大家的精力。菲利浦可不是那種輕易被嚇倒的人，面對大家的起哄，他一點也不慌亂。他立即把帶頭的抓起來，把其他人趕回工作崗位。

為了要對船進行維修，必須將船在附近的一個小島上下錨，為了減輕船的負荷，船上大部分貨物也得卸下來。船員們的不滿情緒日益升高，一個新的陰謀正在醞釀。岸上的船員準備把這艘船扣留，把菲利浦丟到大海裡。然後在南海一帶作海盜式巡遊，隨時襲擊西班牙人。

為了實行這個計畫，必須確保船上木工合作，理所當然，木工被告知參與這件事情。有位木工是忠實的人，他立即把這件事報告船長。菲利浦覺得事態嚴重，他當即與這位木工商量哪些人忠實可靠，隨即將這些可靠的人集合，把船上的槍支彈藥運下來，控制海岸線，並立即命令船停下來。當叛亂者出現後，菲利浦警告他們，如果他們膽敢接近儲藏室，他就要開槍了。

叛亂的士兵不敢過來！在槍的掩護下，儲藏室又搬回到了船上。

叛亂的士兵害怕被拋棄在這荒無人煙的小島上，他們紛紛放下武器，請求回到各自的崗位上。菲利浦准許了他們的請求，於是大家都回到船上。

為了防止意外，菲利浦採取了嚴密的警衛措施。菲利浦抓住一切機會，將一些叛亂分子送上岸，把其他可靠的人安置在他們的崗位，確保萬無一失。

但在進一步積極從事搜尋工作以前，他認為必須把船開回英國修理。這一趟航行看似平淡，實則驚心動魄。菲利浦這個人有一個特點，就是越在看不到希望的時候，他愈堅強，他認為真正的希望往往隱藏於堅強的意志中。無疑，他這種頑強的意志和志在必得的信心感染了大家。

有一天，一位船員從船邊清澈的海水向底下看，他發現在海底巖石的縫隙中，長著一種奇怪的海底植物。他叫了一名印度潛水高手下水取一些上來看看。這位印度潛水員撲通一聲潛入了海底，他取上來一些水生植物，並報告說在這兒的海底下有槍支。大家兒起初對這一消息表示懷疑，但進一步的調查，證實了這位潛水員的判斷。這一發現非同小可，大家的精神為之一振。

打撈工作立刻開始，海底探測儀與潛水員配合捕撈。短短幾天時間，打撈上來的珠寶價值三十萬英鎊，這可不是一筆小數目。菲利浦帶著這批珍寶起航回國。他一到英國，就有人向國王建議依法沒收他的船隻和所獲珠寶財物，藉口就是菲利浦在向國王懇請許可時，並沒有提供有關這一行動的準確情報。

但國王認為菲利浦是一個誠信可靠的人。雖然所獲珠寶確實價值驚人，但也應該在菲利浦與其他同去的人之間分配。國王賞賜給菲利浦兩萬英鎊，為了嘉獎菲利浦這一勇敢的行為，讚揚他誠信的品格，國王授予菲利浦「爵士」的光榮稱號，並任命他為新英格蘭郡長，他在任職期間，為了捍衛祖國的利益，曾英勇出擊魯爾港和魁北克的法國殖民者。他曾出任美國麻薩諸塞州的總督，後來他卸任回到英國，一六九五年於倫敦逝世。

有的時候我們距離成功只剩一步，但是因為種種原因只能選擇放棄，當別人在我們的基礎上輕易取得了勝利時，我們又會後悔莫及。因為只要我們再堅持一陣子，所有的付出就會得到應有的回報。可是，事實上我們一無所獲。

如果我們仔細觀察，身在社會大潮流中的我們，這樣的故事也經常發生在我們身邊，所以成功人士一定要具備這種堅持到底的精神，只要這樣，你的人生之路才會越走越成功。

◀克服的困難就是勝利的契機

沒有經過打擊的人，一旦挫折來臨時，就如臨大敵，甚至慌不擇路，容易做出錯誤的選擇。任何困難都有一個突破口，正如任何成功都有一個突破點。聰明者可以輕易尋找到這個點，但事實上可以突破的點很多，關鍵在於你能否集中精力，堅持不懈，實現突破。

克爾曾經是一名不錯的新聞記者，他在一家知名的報社當記者，但他覺得做記者體現不了他的人生價值，他需要一個更有挑戰性的職業，後來，他選擇當廣告業務。於是他辭去現有的工作，在同事和朋友詫異的目光中，來到另外一家報社，當一名廣告業務員。他對自己很有信心，向經理提出不要薪水，只按自己的業績抽取傭金，經理當然樂意答應他的要求。

他從經理手裡要了一份客戶名單，但這份名單比較奇怪，上面每一家都是有實力的企業，但是在這以前，報社去的每一個廣告業務員都無功而返。所有的同事都認為，那些客戶不可能與他們合作，但克爾並不這樣認為。

每次當他去拜訪這些客戶前，克爾總是先把自己關在屋裡，站在一面大鏡子前面，把客戶的名稱和負責人的名字默念十遍，接著信心十足說：「一個月之內，我們將有一筆大交易。」

他堅定的信心成為他成功的催化劑。僅在第一天，就有三個所謂「不可能的」的客戶和他簽約。到那個星期五，又有兩個客戶同意買他的廣告。一個月後，名單上只有一個名字沒有打勾。

每天早晨，只要拒絕買他的廣告的那個客戶商店一開門，克爾就進去，請這個商人做廣告，但是每一次這位商人都面無表情：「不！」可是每一次當這位商人說「不」時，克爾都不放在心裡，然後繼續拜訪，就像拜訪新客戶一樣。

很快又一個月過去了，連續對克爾說了六十天「不」的商人突然有興趣與他交談幾句：「你已經在我這裡浪費了兩個月的時間，事實上我什麼也沒有給你，我現在想知道的是，是什麼讓你堅持這樣做？」

克爾說：「我當然不會故意到這裡來浪費時間，我是到這裡學習的，你就是我的老師，我從你這裡學習如何在困境中堅持，事實上我們都在堅持。」那位商人點點頭，對克爾的話深表贊同，他說：「其實我不得不承認，我也一直在學習東西，你也是我的老師。我們都學會了如何堅持，對我來說，這比金錢更加寶貴，為了表示我的感激之情，我決定向你買廣告版面，這是我付給你的學費。」

在商人很有禮貌的「退讓」下，名單上最後一名客戶被拔除了。當他把打滿勾的名單交回給經理時，經理頓時站了起來，向這位傑出的廣告業務員表示敬意。他說：「以你的能力，不應該繼續做一名業務員，我將向社長提議，專門為你成立一個部門。」

第三個月的第一天，以克爾為經理的廣告二部成立了，三十多名員工成了克爾的下屬。在這裡，克爾找到了一個最適合自己發展的全新空間。

要達到成功的第一條守則就是：開始行動，向目標前進！而第二條守則是：每天繼續行動，不斷向前進！當一個目標成為眾人追逐的對象時，最能堅持的往往會笑到最後。在人們的生活和事業中，往往會因為缺少這種精神而與成功擦肩而過。優秀的人總是坦然面對一時的失利，然後一直堅持到勝利來臨。

傑西三十歲時才轉到房地產業。最初的一年裡，他在房地產投資上還很保守，但很快就嘗到了甜頭，投資得到了回報。這堅定了他在房地產投資的決心。第二年，他便投放了大量資金，這次卻出了問題，與他合作的夥伴因捲入了一場經濟糾紛，中途退出，他一時間籌集不到足夠的資金周轉，工程被迫擱置，為他造成了巨大的經濟損失，險些讓他破產。經過多方求助工程終於完工，他勉強渡過難關。

不過，讓他欣喜的是，接下來的一項工程，由於地皮價格猛漲，他的房地產經營非常興隆，一下子讓他成了房地產大亨。然而，似乎注定要經歷磨難一樣，他再一次受到了考驗。因為房地產業升溫過快，在以後的幾年裡，他投資建設的房產遇到了很大的衝擊，被大量閒置，很久都沒有賣掉。等到房地產市場回溫以後，又因為房屋設計落伍，只好打折處理，僅收回成本價。

在後來的商海競爭中，他有的放矢，很快從低谷中升起，成了房地產界名副其實的大亨。有一次，他被一所大學邀請去演講時，他把自己的經歷歸結為兩句話：培養應變的能力，遇到挫折不要輕易放棄。

沒有一個人的成功是一蹴而就的，每走新的一步都是另一個困難的開始。其實，人生中能夠遇到這些困難，是值得你高興的事情。若沒有了這些，人生就不稱其為人生。雖然困境有令人難以接受的一面，但人生的成長卻又不可缺少困難的磨練。

困難就是激勵你成長的要素。俄羅斯有一句諺語說：「鐵錘能打破玻璃，更能鑄造精鋼。」要像鋼鐵一樣，要足夠堅強作為打造的特質，克服困難，磨練意志和力量。讓球開始滾動，遠比保持這個球繼續滾動所需要的力量來得更多，這個定律也適用在職場和商場上。

第一步往往是最困難的，它需要更多勇氣。當你越接近夢想，你的腳步似乎也越來越快。成功是不斷推進的，你不可能一步登天，成功需要按部就班，一步一腳印、穩健前進，但是當你越接近完成目標的階段，你的腳步似乎也會越來越快。

邱吉爾說過：被克服的困難就是勝利的契機。經一番挫折，長一番見識。一個人的成功，要在反覆沉浮中逐漸壯大。當我們身處職場困境時，如果輕易放棄了，就等於放棄了成功。

◀在困境中成長

困境是精神和意志的磨礪石，能啟發人的悟性，牽引人們走上正確的道路，促使人們更加努力奮發。

心理學家曾經做過這樣一個實驗：他把一隻小白鼠放到水池中心，這水池在小白鼠游泳能力可及的範圍之內。小白鼠落入水後，轉著圈子發出「吱吱」叫聲，用鼠鬚測定方位。牠的叫聲傳到水池邊緣，聲波又反射回去，被鼠鬚探測到，藉此判定水池的大小，自己所處的位置，牠尖叫著轉了幾圈以後，不慌不忙朝著一個選定的方向游去，很快就游到了岸邊。

心理學家又將另一隻剪掉鼠鬚的小白鼠放到水池中心，小白鼠同樣在水中轉著圈子，也發出「吱吱」的叫聲，但由於「探測器」已不復存在，探測不到反射回來的聲波……幾分鐘後，筋疲力盡的小白鼠沉到水底死了。

心理學家這樣解釋：鼠鬚被剪的小白鼠無法準確測定方位，自認無論如何是游不出去的，因此停止了努力，自行結束了生命。心理學家最後得出結論：在生命徹底無望的前提下，動物往往強行結束生命，這叫「意念自殺」。

跳脫輸家思維

人生贏家還是輸家，往往只有一念之差

就像剪去鼠鬚的小白鼠不知道水池的大小選擇了意念自殺一樣，有的人無限誇大了自己所遭遇的困境，認為橫亙在面前的厄運是「無論如何游不出去」。對處境感到無比絕望的他們放棄了最後一搏的信念，鬆開了不該亦不能鬆開的手，任滿腔的理想、抱負、雄心壯志，全部淹死在很淺很窄、根本就不足以傷害到自己的「水池」裡……

同樣面臨困境，有的人跨過去，功成名就；有的人乃至有些高智商人才，卻陷了進去，被淘汰出局。究其原因，就在於他們缺少應對困境、解決現實難題的能力。

一八〇五年，歐登塞城的一個貧苦鞋匠家裡，誕生了一個平凡得不能再平凡的男孩子，他就是十九世紀著名童話作家，世界童話之父——安徒生。

小時候，請不起老師，父親就為他上課，教他哲理，讓他懂得了世間情懷，懂得了憐憫，也懂得了寫作。十一歲時，父親病逝了，酷愛文學的他，獨自一人來到丹麥首都哥本哈根，開始在藝術領域的打拚生涯。終於，在一次偶然的機會中，他的才華展露，獲得了免費就讀的機會，這對於一個家境貧寒的青年是一次多麼難得的機會！五年後，就在一八二八年，他進入了哥本哈根大學。畢業後始終沒有工作，主要靠稿費維持生活。一八三八年獲得作家獎金——國家每年撥給他兩百元非公職津貼。

從此，他開始專注於童話創作，一篇又一篇的優秀作品接連不斷問世，事業一次次達到高峰，但他的生活卻一直處於低谷。他的一生都是在困境中度過，自幼貧窮，早年喪父，終身未娶，貧窮，孤獨，悲痛的窘境無時無刻不在伴隨著他；也可以說，他的一生都是在頑強的打拚

第二章 堅韌不屈，苦盡甘來

在困境中成長

中度過，他不斷與命運周旋抗爭。他的作品為世間帶來了一絲溫暖，為孩子們帶來了幸福與歡樂，自己生活在寒冷的冬天也在所不惜。

困境為人才成長製造困難，形成壓力和壓抑，使人才成長備受挫折。但是，正如《菜根譚》所說：「居困境中，周身皆針貶藥石，石氏節礪行而不覺；處順境時，眼前盡兵刃戈矛，銷膏靡骨而不知。」久處順境，易生驕奢淫逸和惰性。而人在身陷困境時，資源缺乏，精神壓抑，成功欲望迫切，成才動機強烈，因此常常能夠取得在順境中難以取得的巨大成功。事實正是如此，豪門子弟多不成器。而出身貧寒者始終處於憂患之中，困境使人別無選擇，困境給人很大壓力，而壓力能激發出強勁動力。

第三章 積極主動，開拓進取

無論你身處困境或順境，消極被動的心態都會使你慢慢喪失活力與創造力。做事缺乏目標，往往只是跟著感覺走，結果總在一個地方繞圈，整日奔波，忙忙碌碌，大多一事無成。辦事缺少行動，總是拖延自己今天該做的事情。一生坐視憧憬、理想、計劃的幻滅和消失。因此，只有積極行動，才能讓自己走向成功的彼岸。

◀不惜力者有人敬

捷克大教育家康米紐斯（John Amos Comenius）說：「勤奮可以克服一切障礙。」只要勤奮努力就能戰勝遺傳的缺陷，克服自身的弱點。天資聰敏者的優勢往往只在某個方面，而所謂素養差也僅僅是指某個方面。只要反覆訓練，勤奮努力，就能消除這方面的差距，同樣也可以有所作為。

民國二十年，十五歲的王永慶小學畢業後，因家境貧寒不得不輟學。他本想在家鄉找一個幫工的工作，賺些錢補貼家用，但他找了很久也沒有找到，不得已只好背井離鄉，到了糧食集散地嘉義，在一家米店當長工。

第三章 積極主動，開拓進取

不惜力者有人敬

一年後，王永慶已掌握米店經營的奧妙，於是他請父親為他借來兩百塊，自己在嘉義開了一家很小的米店。一開始，因他的米店店面小又偏僻，又沒有知名度，因而很少有人光顧他的米店。為打開銷路，王永慶想起父親常說的一句古訓：「不惜錢者有人愛，不惜力者有人敬。」他沒錢，唯一能做的是不吝惜時間和力氣。

那時候，稻穀加工非常粗糙，稻米裡有不少糠穀、沙粒，這種現象非常普遍，買家賣家都習以為常。王永慶就以此為突破口，改善米的品質，篩簸米中的砂石、米糠，使自己的米純淨質優。同時，王永慶還改善服務品質，不但送米上門，而且還放米進缸，幫顧客清理、洗刷米缸，把新米放下層，陳米放上層。做每一件事情都非常認真，就像為自己家工作一樣，讓顧客很受感動。

另外，王永慶還有一本小冊子，詳細記載了顧客家米缸的容量、人口以及月用米量的多少等，他估計該顧客米快吃完時，就主動將米送去。這樣，時間一長，人們都認可了王永慶的米店，說他的米店品質優良，服務周到，信譽最佳。於是，他的米店開始生意興隆。

王永慶開米店之初，每天只能賣一包米，一年後每天可賣十幾包。他賺的全是辛苦錢，利潤非常低，每包米只能賺一兩分錢。

稍有積蓄後，王永慶又開了一家碾米廠。因他隔壁是一家日本人開的碾米廠，其設備、經驗都比他優越，但王永慶以勤補拙，每天早開工晚收工，比日本碾米廠多開工四個半小時。這樣，他的碾米廠取得了很好的成績，在嘉義米行中有口皆碑。永慶米行在嘉義二十多家米行中排在了第三名，而他隔壁日本人的米行排在第四名。

二次大戰期間，因糧食配給制，王永慶無米可賣，於是轉行經營木材。日本投降後，百業待興，王永慶經營的木材業得到發展的契機，到民國三十五年，他積累的資本已達到五千萬元臺幣。

民國四十年代，王永慶開始經營塑膠產業。他以大無畏的開拓精神，在塑膠產業中獲得了令世人震驚的業績。根據《天下雜誌》調查，王永慶開創的台塑集團已是臺灣各企業集團的龍頭老大，擁有員工近七萬人，營業額近三千八百億元新台幣；台塑集團六輕廠完工投產後，乙烯產量將超過日本、韓國的各大廠商，居亞洲第一，躋身全球十大廠之列。他的競爭對手也不得不由衷佩服王永慶，稱他為臺灣的「經營之神」，由此，王永慶還獲得了「塑膠大王」的美譽。

民國六十四年一月，美國聖約翰大學贈給王永慶榮譽博士學位，他在儀式上說：「我幼時無力進學，長大時必須做工謀生，也沒有機會接受正式教育，像我這樣一個身無專長的人，永遠感覺只有刻苦耐勞才能補己之不足。」

「不惜人力有人敬」。同樣，在職場中的你只要不投機取巧，只要你辛勤工作，你一定會達到光輝的彼岸。

美國哈佛大學一位心理學教授指出，一個人在一生當中能否獲得成功，智商的高低並不是決定性的因素。許多事實已經證明，不少獲得重大成就的人智商其實並不高。他們的成功主要靠後天的勤奮努力。愛因斯坦說：「天才和勤奮之間，我毫不遲疑選擇勤奮，它幾乎是世界上一切成就的催產婆。」這句話應當成為我們每個人的座右銘。

因為勤奮實在太重要了，這裡我們還要舉個商界的成功案例。

這是松下先生和 Panasonic 公司的一位代理商之間的故事。有一次，當松下跟那位代理商聊天時，那人對他說：「最近的生意不太理想，賺不到錢。你可以替我想個主意嗎？」在日本做生意，想站穩腳跟不是件容易的事情。因此松下便問他：「你接掌令尊店面已經有二十餘年，也雇用了四五十位員工，在經濟不景氣中，業績不好這原是很自然的事。可是，到目前為止，你有血尿嗎？」

突然面對松下這個問題，老闆答道：「不，我從來沒有過這種經驗。」

「那你還沒有盡力。」松下真想這麼告訴他。接著他說：「經營事業是一件非常困難的事情。當你碰見困難時，必須徹夜不眠思考該採取什麼對策，才能突破困境。當你心疲力竭，便會出現血尿。由於如此處心積慮，往往會有良好的對策，你會因此發現一絲曙光，困難也將會迎刃而解。這或許是誇張的說法，我認為必須有兩三次血尿的經驗，才能成為一個成功的商人。假如目前你的生意興隆，你當然不會血尿。可是，這家四十年歷史的老店，它的前途完全在你的掌握之中，當面臨困境時，你還沒有擔心到有血尿，卻只會向我訴苦，我認為你還沒有全力以赴，這絕不是一位肩負四五十位員工生計的老闆應有的作風。你假若不處心積慮拓展事業，怎能為四五十個員工帶來安定的生活呢？因此，身為廠商的我絕不能因此而降低廠價。我希望你能認真思考提升業績的方法，直到有血尿。你必定可以想出一個對策。」

跳脫輸家思維

人生贏家還是輸家，往往只有一念之差

聽了松下的話後，回到店裡他馬上召集所有員工，將這番話告訴他們。他希望員工改變原來的工作態度，並且徹底改進推銷策略。然後那位老闆每天必定親自拜訪兩三家顧客，並且動手安排陳列在店裡的商品。經過半年的努力，一些零售店的老闆對他有了良好的印象，加上他熱心推銷產品的結果，店裡的業績蒸蒸日上，往日的陰雲一掃而空。

不久以後，松下又碰見了那位老闆。那人對松下說：「託你的福，銷售量日有增加，生意也一帆風順。」

同樣，勤奮對於職場人士也是至關重要！你也許還是覺得光憑勤奮，不一定能夠完成一件了不起的工作，因為你不是天才。其實不然。天才的決定因素就是勤奮，化學元素週期表的發明者門德列夫說：「終生努力，便成天才。」文學家高爾基也明確指出：「天才就是勤奮。人的天賦就像火花，它可以熄滅，也可以燃燒起來，而逼它燃燒成熊熊大火的方法只有一個，就是勤奮、勤奮、再勤奮。」

退一步說，即使我們未必是職場「千里馬」，但是可以透過「老牛」的精神，取得一樣驚人的成績！所謂「千里馬」，古人稱為「千里足」，是指一種靈活快速、日馳千里的良馬，人們常常用來比喻聰明才幹，尤其指智略幹練的王佐之才。這種才幹的確是人們建立功業的寶貴條件。所謂「老牛精神」，主要就是指刻苦奮鬥精神—堅韌不拔、埋頭苦幹、頑強打拚。正是如此，使人們能夠在艱巨的工作中永遠堅定樂觀，開拓前進。我們不一定都有「千里馬」之才，但是，勤能補拙，老天也會被感動，甚至就像醜小鴨可以成為白天鵝一樣，甘心不斷磨礪自己

的老牛，也終於有一天會成為千里馬！

所以，成功沒有捷徑。聰明才智不可恃，點滴累積才是成功的要訣。笨鳥先飛早入林，早起的鳥兒有蟲吃！

◀全力以赴，務必百分之百盡心

要成為最優秀的一員，要想從平庸邁向完美，就必須把工作的磨練視為一種鍛鍊。工作總有不稱心的時候，沒有絲毫困難就完成的工作幾乎不存在，如果你視困難為磨難，你就會失去鬥志，而如果你視其為一種鍛鍊的機會，你的心態就會平和下來，甚至可以從中找到無窮的樂趣。市場是無情的，只有最優秀的企業才能夠在市場上生存，也只有最優秀最完美的員工才能在企業中生存。

世界還並不完美，它需要我們來努力使它完美。我們的工作也並不完美，它需要我們用敬業精神完善。

二十四歲的海軍軍官卡特（James Earl "Jimmy" Carter），應召去見海曼．李高弗將軍，將軍特別讓他挑選任何他願意談的話題。

當他好好發揮完之後，將軍總問他一些問題，結果每每將他問得直冒冷汗。終於他開始明白：自認為懂得很多，其實懂得很少。

結束談話時，將軍問他在海軍學校學習成績怎樣。他立即說：「將軍，在八百二十人的一

跳脫輸家思維

人生贏家還是輸家，往往只有一念之差

個班中我名列五十九名。」將軍皺了眉頭，問：「你全力以赴了嗎？」「沒有。」他說，「我並不總是全力以赴的。」「為什麼不全力以赴呢？」將軍大聲質問，瞪了他許久。此話如當頭棒喝，給卡特以終生的影響。此後，他事事全力以赴，後來最終成為美國總統。

有人問一家餐廳老闆成功的祕訣，他說自己的成功得益於在一家歐洲飯店廚房工作的經歷。在那裡他學到了成功的關鍵是全力以赴，把一切做到百分之百完美，不管是複雜的主菜還是簡單的附餐。他說：「如果你做法式炸薯條，就把它做成世界上最好的法式炸薯條。」

偉大人物對使命全力以赴，可以譜寫歷史；普通員工對工作全力以赴，則可以改變自己的人生。

著名人壽保險推銷員羅迪，正是憑藉著自己的全力以赴，創造了一個又一個奇蹟。當羅迪剛轉入職業棒球界不久便遭到有生以來最大的打擊，他被球隊開除了。他的動作無力，因此球隊的經理有意要他走人。經理對他說：「你這樣慢吞吞，根本不適合在球場上打球。羅迪，離開這裡之後，無論你到哪裡做任何事，若不提起精神來，你將永遠不會有出路。」羅迪沒有其他出路，因此去了賓州的一個叫切斯特的球隊，從此他參加的是大西洋聯賽，一個級別很低的球賽。和約翰斯頓隊一百七十五美元相比，每個月只有二十五美元的薪水更讓他無法找到激情。但他想：「我必須激情四射，因為我要活命。」

在羅迪來到切斯特球隊的第三天，他認識了一個叫丹尼的老球員，他勸羅迪不要參加這麼低級別的聯賽。羅迪很沮喪：「在我還沒有找到更好的工作之前，我什麼都願意做。」

全力以赴，務必百分之百盡心

一個星期後，在丹尼的引薦下，羅迪順利加入了康乃狄克州的紐哈芬球隊。這個球隊沒有人認識他，更沒有人責備他。那一刻，他在心底暗暗發誓，我要成為整個球隊最努力也最盡心的球員。

每天羅迪就像一個不知疲倦的鐵人一樣奔跑，球技也提高得很快，尤其是投球，不但迅速而且非常有力，有時居然能震落接球隊友的護手套。

在一次聯賽中，羅迪的球隊遭遇實力強勁的對手。那一天的氣溫達到了攝氏三十七度，身邊像有一團火在烤，這樣的情況極易使人中暑暈倒，但他並沒有因此退卻。在快要結束比賽的最後幾分鐘裡，對手接球失誤，羅迪抓住這個千載難逢的機會迅速攻向對方主壘，從而贏得了決定勝負的至關重要的一分。

發瘋似的激情讓羅迪有如神助，它至少發揮了三種效果。第一，他忘記了恐懼和緊張，投球速度比賽前預計的還要出色；第二，他「瘋狂」的奔跑感染了其他隊友，他們也變得活力四射，首先在氣勢上壓制了對手；第三，在悶熱的天氣裡比賽，羅迪的感覺出奇的好，這在以前從來沒有過。

從此，羅迪每月的薪水漲到了一百八十五美元，和在切斯特球隊每月二十五美元相比，他的薪水在十天的時間裡猛增了百分之七百，這讓他一度產生不真實的感覺，他簡直不知道還有什麼能讓自己的薪水漲得這麼快，當然除了全力以赴、百分之百的盡心。

全力以赴是一種奮力向前的精神，全力以赴是一種堅忍不拔的信念，全力以赴是一種捨我其誰的品格，全力以赴也是一個人功成名就的可靠保障。因此，我們凡事都要全力以赴！所以，每一個優秀的職場人士都應該嚴格要求自己，能做到最好，就不能允許自己只做到一般；能完成百分之百，就不能只完成百分之九十久，能盡到百分之百的心，就不要只盡到百分之九十久的心。

◀從小做起，白手起家

什麼是大事？什麼是小事？那些一心想做大事的人，常常對小事嗤之以鼻，不屑一顧。其實，連小事情都做不好的人，大事很難成功。世界文豪伏爾泰說：「使人疲憊的不是遠方的高山，而是你鞋裡的一粒沙子。」

許多立志要成功的年輕人，常常會陷入這樣一個誤區，他們認為，既然自己選擇了成功，那做的就應該是轟轟烈烈的大事，不應該大材小用，做一些任憑誰都能做的小事，好像只有不做小事才能顯示出自己的胸懷大志和與眾不同。

許多世界一流企業的傑出員工的共同特點，就是能做好小事，能夠抓住工作中的一些細節。小事往往容易被人們忽略，大事往往成為吸引人們目光的焦點。然而，小事真的就那麼微不足道嗎？大量成功和失敗的企業案例都證明：我們不缺乏雄才偉略的策略家，缺少的是精益求精的執行者。有些人著眼於大事業、大成功，整天幻想如何才能一鳴驚人，豈不知大成功是由小成就累積起來。

第三章 積極主動，開拓進取

從小做起，白手起家

霍勒斯．格里利（Horace Greeley）和父親從佛蒙特州遷移到賓夕法尼亞州，到二十一歲時，他毅然決定到紐約發展。他把一堆破破爛爛的衣服整理成一個包袱，用木棍挑著就出發了。他步行六十英哩，穿越大森林來到了布法羅，再乘一艘獨木舟順流而下，來到了奧爾巴尼，然後改坐駁船繼續前進。一八三一年八月十八日，在太陽躍出地平線的時候，他終於抵達了紐約。整個漫長的六百英哩的旅程，他一共只花費了五美元！

他選擇了在一家最便宜的旅館住下，價格是每星期二點五美元。對他來說，現在最重要的就是找到一份工作。他每天都在大街上遊蕩，仔細搜尋張貼在各個角落的招工廣告。他走進一幢幢大樓，逢人便問是否需要人手。可是每一個人都對他說：「不，我們不需要。」他那古怪的外表和衣衫襤褸的慘狀，很容易被人誤認為是一名逃跑的學徒。

在一個週末睡覺前，突然聽到西部印刷公司正在應徵工人。星期一凌晨五點，他第一個來到西部印刷公司的門口。七點鐘時員工陸陸續續來上班，他找到了工頭，請求給他一份工作。那個工頭很欣賞他的樸實勤懇，但無法安排這個來自鄉下、沒有任何經驗的毛頭小子任何合適的工作，他們只需要排印鉛字的熟練工人。但那個工頭還是說：「還是讓他試試吧，也許他會讓我們都嚇一跳。」老闆很快知道了這件事情，當即把工頭臭罵了一頓，並且對工頭說，等霍勒斯第一天的工作做完之後就讓他離開。然而當第一天工作結束以後，霍勒斯卻提交了一份出色的答卷——他做的工作比任何一個老工人都多，出錯率卻最少。

十年後，霍勒斯．格里利創辦的《紐約人報》成為全美國最好的週報。稍後創辦的《小木屋》

發行數量達到了九萬份，創造了當時報紙發行量的奇蹟。下一步，他又創辦《紐約論壇報》，僅僅六週之後，他的訂戶達到了一千一百戶。霍勒斯．格里利的創業之路從此出現一個嶄新的局面。

眼高手低是很多年輕人會犯的錯誤。他們不屑於做一些基礎工作。殊不知很多成功人士都是從一個平凡的工作做起，他們的成就都是長期積累的過程，而並不是像別人想像的那樣，是幸運之神的寵兒。

世界汽車業鉅子、美國「福特」公司的創始人福特，大學畢業後到一家公司應徵，當前面的人面試完畢之後，他覺得自己沒有希望了。然而既來之則安之，他敲門走進了董事長辦公室，一進去他發現進門的地上有一團廢紙，便彎腰撿起來，順手丟進了廢紙簍，然後來到董事長面前說：「我是來應徵的福特。」董事長沒有向他提出任何問題，當即宣布他已被錄用，福特就這樣進了公司，不久便名揚天下，使美國的汽車產業一度在世界上獨占鰲頭。

其實，許多的大富人恰恰是做小生意，只不過他做的不只是一個小生意，而是許多個小生意的總和。曾經的中國首富——希望集團的劉永好，居然就是做豬飼料起家！世界最大的百貨零售商是沃爾瑪，世界最大的速食店是麥當勞，他們每天的銷售額數以億計，但他們都是透過我們一元兩元的消費，才堆積成巍峨的財富大廈。

「不積跬步，無以至千里，不積細流，無以成江海」，可就是很難將每件小事都做好做對，究其根源，還是素養不足。所以，對於每個職場人士，如果你真的想要成功，就一定要克服志大才疏、眼高手低、好高騖遠的壞毛病，從身邊的每一件小事做起。每一個所謂的「大事業」就是由許多小事構成，每一個「大事業」也都是從小事做起。

也許我們所做的每一件事都很小，也許我們取得的成績也很小，但只要我們認真對待每一件小事，為每一次小小的進步而歡呼，有一天你會發現，小事會慢慢的變成大事，小小的進步也會變成一次飛躍。如果你真的想要成功，就千萬別看不起身邊的小事，就一定要擺正心態從身邊的小事做起。

◀不能改變環境，但可以改變態度

調整你的心態，鼓起生活的信心，改變眼下的處境，至少，不要退到你已經見識過的比現在還糟糕的境地。

有這樣一則故事：

一個窮人與妻子，六個孩子，還有女兒女婿，共同生活在一間小木屋裡，局促的居住條件讓他感到活不下去了，便去找智者求救。他說，我們全家這麼多人只有一間小木屋，整天爭吵不休，我的精神快崩潰了，我的家簡直是地獄，再這樣下去，我就要死了。智者說，你按我說的去做，情況會變得好一些。窮人聽了這話，當然是喜不自勝。智者聽說窮人家還有一頭奶牛、一隻山羊和一群雞，便說，我有讓你解除困境的辦法了，你回家去，把這些家畜帶到屋裡，與人一起生活。窮人一聽大為震驚，但他是事先答應要按智者說的去做，只好依計而行。

跳脫輸家思維

人生贏家還是輸家，往往只有一念之差

過了一天，窮人滿臉痛苦找到智者說，智者，你出了什麼主意？事情比以前更糟，現在我家成了十足的地獄，我真的活不下去了，你得幫幫我。智者很平靜說，好吧，你回去把那些雞趕出房間就好了。過了一天，窮人又來了，他仍然痛不欲生，他哭訴說，那隻山羊撕碎了我房間裡的一切東西，牠讓我的生活如同噩夢。智者溫和道，回去把山羊牽出屋就好了。過了幾天，窮人又來了，他還是那樣痛苦，他說，那頭奶牛把屋子變成了牛棚，請你想想，人怎麼可以與牲畜同處一室呢？「完全正確，」智者說，「趕快回家，把牛牽出屋去！」

過了半天，窮人找到智者，他是一路跑來，滿臉紅光，興奮難抑，他拉住智者的手說：「謝謝你，智者，你又把甜蜜的生活給了我。現在所有的動物都出去了，屋子顯得那麼安靜，那麼寬敞，那麼乾淨，你不知道，我是多麼開心啊！」

態度就像磁鐵，不論我們的思想是正面的還是負面，我們都受著它的牽引。而思想就像輪子一般，使我們朝一個特定的方向前進。雖然我們無法改變人生，但我們可以改變人生觀；雖然我們無法改變環境，但是我們可以改變心境。

有位老太太請了一名油漆匠到家裡粉刷牆壁。油漆匠一走進門，就看到她的丈夫雙眼失明，頓時流露出憐憫的眼光。可是男主人開朗樂觀，油漆匠在那裡工作的幾天，他們談得很投機，油漆匠也從未提起男主人的缺陷。

工作完畢，油漆匠取出帳單，老太太發現打了很多折扣。她問油漆匠：「怎麼少算這麼多呢？」油漆匠回答說：「我跟你先生在一起覺得很快樂，他對人生的態度，使得我覺得自己的

處境還不算最壞，所以減去的那一部分，算是我對他表示的一點謝意，因為他使我不再把工作看得太苦！」

油漆匠對她的丈夫的推崇，使得這位太太淌下了眼淚。因為這位慷慨的油漆匠，只有一隻手。

在任何特定的環境中，人們還有一種最後的自由，就是選擇自己的態度。成功是因為態度，幸福與快樂也取決於個人的態度。一個人只要改變內在的心態，就可以改變外在的生活環境和生存狀態，這是我們這代人最偉大的發現。態度決定著人生的成敗：我們怎樣對待生活，生活就怎樣對待我們。

◀變「要我做」為「我要做」

無論你身處困境或順境，消極被動的心態都會使你慢慢喪失活力與創造力，因此只有戰勝消極被動的心態才能讓自己走向成功。

一名女子向她的新朋友講述自己的工作經歷：她的第一任老闆是個嚴厲的中年人，那時她剛畢業，對公司的業務一點也不熟悉，老闆卻塞給她一大堆工作，拚命找她碴，看她不順眼，千方百計想在試用期滿之前讓她走人；第二任老闆是海歸族，作風開明，有親和力，她在那裡工作很順利，可慢慢不知為什麼，這個老闆也開始變得愛找碴，最後竟為了一個小小的失誤炒了她魷魚！第三任老闆……

所謂「當局者迷，旁觀者清」。目睹她近幾年頻頻被裁的經歷，就可以看出原因在於她消極被動的工作習慣。第一份工作時她沒有經驗，工作漏洞百出，但真正讓老闆生氣的不是她的失誤，而是她的工作態度：交代一樣做一樣，從不主動去學習，能躲過去的就不做，遇到困難就放棄……做第二份工作時，老闆最初很看好她，因為交給她的任務完成得都不錯。可一段時間後，她開始盲目滿足，工作對她來說成了「混」飯的工具，她根本就不想再付出努力，老闆一氣之下開除她。以後的經歷也大致如此，她就這樣帶著消極的工作習慣，一份接一份換工作，看來她很難取得什麼成就了。

這個女孩認為自己倒霉，但卻沒有找到令她「倒霉」的真正原因，沒有哪個老闆會喜歡工作消極被動的員工，她真正該做的是克服壞習慣，立志進取。一個人一旦養成了消極被動的工作習慣，就會變得不思進取，目光狹窄，最後走向好逸惡勞、一事無成的深淵。所以，無論你面對的是怎樣的環境，都要保持積極進取的心態。

有兩個師範畢業的學生，一個被分配到某所山村小學當老師，另一個卻幸運分到了城市小學任教。被分配到山區小學的張華抱怨自己的命不好，山村裡資訊閉塞，文化生活單調，吃的用的差，同事水準低，他的雄心壯志被磨得一點都不剩。他開始把課餘時間消磨在麻將桌上，上課之前懶得備課，整天想怎麼能進大城市。一次，教育部部長突然來聽課，沒有任何準備的他被開除了。他難過想：「如果當初我被分到大城市，那我一定會努力，說不定現在已經是教學骨幹了！」被分到城裡的立陽也離職了，因為自從到了城裡後，他與同事相處得不錯，工作輕鬆、薪水豐厚，他覺得就這樣過一輩子挺不錯。他不再鑽研教學方法，不再認真備課，很多孩子都叫他「催眠大師」。一段時間後，學校引進競爭機制，立陽被淘汰了。他想：如果當初我被分到鄉下，那就一定會努力學習，而現在我卻變成了被溫水煮熟的青蛙！」

他們把消極被動的種子種在了心中，環境如何並不能成為他們消極被動的藉口。一個人一旦養成了消極的習慣，那麼處於順境便盲目滿足、放棄努力，遇到成功便自我滿足、停滯不前；處於困境便輕易退縮、灰頭土臉，遇到困難便輕言放棄、怨天尤人，這就是消極的種子最容易破土發芽的環境。

無論身處什麼樣的具體環境，一旦養成了消極被動的工作態度和習慣，人就很容易不思進取、目光狹窄，慢慢喪失活力與創造力，忘記了自己當初信誓旦旦的人生信條與職業規劃，最終將走向好逸惡勞、一事無成的深淵。工作上的消極、失敗與無望，必然會對人的其他方面產生非常可怕的負面影響，想想看，一個人消極面對世界，滿眼的灰色，為周圍的朋友同事所不屑，該是多麼的可悲！。

一個環境怎樣是好？怎樣是壞？標準並不在環境本身，而在於人如何自處：置身其間，不迷失自己，保持積極主動的精神，這樣的環境再「壞」也是好環境，反之，再「好」的環境也是壞環境。

環境對人確實有一定的影響，而最關鍵的還是人自身，順境或困境都不能成為消極被動的藉口。

你必須像優秀職場人士那樣，發揚主動率先的精神，變「要我做」為「我要做」。無論面對的工作多麼枯燥乏味，「我要做」的主動精神都會讓你取得非凡的業績。

什麼是自動自發？自動自發就是不用別人告訴你，你都可以出色完成工作。這就是優秀職場人士之所以優秀、績效之所以高的最根本原因。

◀提高自己的競爭力

進入職場後，首先面臨的就是競爭，贏得競爭的關鍵在於自身的實力。在這個資訊爆炸的時代，無論知識還是技術的發展都是日新月異。我們現在所掌握的知識，很快就會隨著社會的發展而面臨淘汰，要想跟上時代的步伐，只有在工作中繼續學習，透過學習來提高自己的競爭力。

「流水不腐，戶樞不蠹」，只有不斷更新自己的知識，才能滿足工作的需要。社會在不斷進步，我們也需要加快自己的腳步，不斷充電學習，不斷自我更新。活到老，學到老。停止學習就意味著倒退，如果我們不再接受任何新生事物，僅滿足於現狀，那麼就會遠遠落下，生活會失去任何意義，更為現實一點就是難以滿足工作的需要，不可避免出現就業危機。所以，人生沒有回頭路，除了繼續前進、不斷學習，我們別無他法。

有人覺得人的一生似乎很漫長，但如果今日復明下去，就會發現明日何其多！我們的青春並沒有多餘的可用來揮霍，因此必須珍惜每分每秒的時間來學習。學習是人的天性，也是人之

第三章 積極主動，開拓進取

提高自己的競爭力

所以為人的一個重要原因。從我們學語算起，我們的學習生涯就開始了。我們因學習而成長，也因學習而成熟，更靠學習而成功和完善。如果你天資過人，你其實更需要不斷學習，只有這樣才不會浪費了自己的天分，因為在付出同等努力的情況下，你會比別人更接近成功。

在一生中，儘管我們的職業生涯要分成多個階段，但這不意味著職業生涯中的學習是階段性的任務，學了一些東西就夠了。要知道我們每次所學的不過是滄海一粟，未來還會有很多很深的知識需要我們去掌握。我們應該具有「路漫漫其修遠兮，吾將上下而求索」的精神，把學習當成是一輩子的事。縱觀中外歷史，沒有人是僅靠先天的聰慧而成功，後天的學習和努力才能成就輝煌人生的關鍵。

在取得了一定成就時，我們更應該加強學習，千萬不能被自己的成就所迷惑。也許有人會說：「我現在已經功成名就了，我還需要學習嗎？」回答是：「需要。」你的功成名就只能說明你曾經的努力得到了應有的回報，如果你想維持這種成功或者是更上一層樓，你就需要學習。

偉大的科學家牛頓有這麼一段名言：「我不知道在別人看來，我是什麼樣的人；但在我自己看來，我不過就像是一個在海濱玩耍的小孩，為不時發現更光滑的一塊卵石、或更美麗的一片貝殼而沾沾自喜，而對於展現在我面前的浩瀚的真理海洋，卻全然沒有發現。」年輕時的牛頓是如此的謙虛好學，所以取得了超凡的成就。

隨著科學聲譽的提高，牛頓的政治地位也得到了提升。一六八九年，他被當選為國會中的大學代表。遺憾的是，作為國會議員，牛頓逐漸開始疏遠給他帶來巨大成就的科學。他不時表示出對其他領域的厭惡。同時，他大量的時間都花費在和同時代的著名科學家如虎克、萊布尼茲等科學優先權的爭論上。

晚年的牛頓在倫敦過著舒適的生活，一七〇五年他被安妮女王封為貴族。此時的牛頓非常富有，被普遍認為是當時最偉大的科學家。他還擔任英國皇家學會會長，在他任職的二十四年時間裡，他以鐵腕統治學會，沒有他的同意，任何人都不能被選舉。

牛頓晚年致力於對神學的研究，他否定哲學的指導作用，虔誠相信上帝，埋頭於寫以神學為題材的著作。當他遇到難以解釋的天體運動時，竟提出了「神的第一推動力」，他說：「上帝統治萬物，我們是他的僕人而敬畏他、崇拜他」。

看到這裡我們不免有一些遺憾，為牛頓偏離了科學研究而扼腕。當然，人無完人，牛頓所取得的成就足以讓他名垂千古，後人無法企及。但是如果有如果，牛頓能夠繼續在科學的道路上走下去，那麼他又會取得怎樣的成就呢？

終身學習不僅是一種信念，也是一種可貴的特質。它是自我完善的過程，也是我們在現代社會立於不敗之地的祕訣。知無涯，學無境。永遠不要停止學習的腳步，讓學習成就你的事業，也成就你的人生。

日本政商界有一位呼風喚雨的顯赫人物，他就是糸山英太郎，三十歲即擁有了幾十億美元的資產，三十二歲成為日本歷史上最年輕的參議員。二〇〇四年《富比士》雜誌全球富豪排行榜上顯示，系山英太郎個人淨資產四十九億美元，排行第八十六。他的賺錢祕訣何在？系山英太郎回答道：「善於學習是制勝的法寶。」

系山英太郎一直信奉「終身學習」的信念，遇到不懂的問題他總是努力尋求解決的方案。他還非常善於總結，例如，透過推銷外國汽車，他領悟到銷售的技巧；透過學習金融知識，他懂得如何利用銀行和股市讓大量的金錢流入腰包……即使後來年齡漸長，系山英太郎仍不甘心被時代淘汰。他開始學習電腦，不久就成立了自己的網路公司，發表他個人對時事問題的看法。當進入老邁之年後，系山英太郎依然勇於挑戰新的事物，熱心了解未知的領域。

可見，學習是提高自身競爭力的主要途徑，正是憑藉終身學習，系山英太郎讓自己始終站在時代的頂端。所以，如果你想事業有成，如果你想使自己的人生富有意義，就一定要把「終身學習」當作你的人生信條。

學習過程不是一蹴而就，我們需要學會如何在工作中學習。不要擔心自己現在努力是否還來得及，只要你願意，什麼時候學習都不算晚。因為年齡從來就不是學習的敵人，你的敵人只有你自己。

首先，我們要制定學習的目標。學習是一生的事業，所以需要有目標有計畫努力經營，而不是跟著感覺走，那樣可能不系統，並且間斷之後會顯得空虛。可以根據自己的職業目標，制訂長、中、短期學習計畫，並保持適當的靈活性，必要時調整。這種調整大多情況是指自己的學習計畫有些滯後時，跟不上發展的速度，而不是經常把自己的計畫以各種理由延期。通常來講，如果可以實施百分之八十的學習計畫則是不錯的一個指標。

計畫當中通常需要考慮理論和實踐兩個方面，理論需要不斷系統化和更新，比如需在中長期計畫中制訂學業計畫，回到學校繼續攻讀學位或進修；實踐則是指從實際工作中不斷改進自己的態度，豐富自己的經驗和技能。

其次，要學會總結工作中的經驗和教訓。學會總結經驗和教訓是學習中的一個關鍵，若是能夠溫故而知新，那就很容易克服工作中遇到的各種難題。在開展一個新工作（或大或小）之前，認真回顧先前類似工作中總結的經驗和教訓，使自己在以前的基礎上做得更好，從而避免自己在同一個地方跌倒。

無論是成功的經驗、工作的訣竅還是失敗的教訓，透過分享可以更好體現它的價值。認真總結之後在會議上或其他適當機會講給自己的同事，讓大家都能借鑑，自己也會記憶更深刻。

再次，學習過程中要學會舉一反三，提高自己的學習效率。孔子說：「舉一隅不以三隅反，則不復也。」意思是教人認識四方的東西，舉出一個角為例，讓他類推另外三個角，如果不能類推，就不要再教他。後來衍生出「舉一反三」這個人人皆知的成語，其含義就是從一個道理類推出許多道理。

舉一反三的能力，是衡量學習力的一個相當重要的指標。這是一個認知上的學習過程，也是一個認知上的創造過程。透過自己的實踐取得經驗，總結歸納成為規律，然後又用來指導自己以後的實踐，這就是一個自我「舉一反三」的過程。

作家萊辛（Gotthold Ephraim Lessing）曾說：「人的價值並不取決於是否掌握真理，或者自認為真理在握；決定人的價值的是追求真理的孜孜不倦的精神。」人生終究是自己的，不管是命運還是機會，都要靠自己創造或改變。因此，我們一定要工作中堅持學習，從而提高自己的競爭力，競爭儘管殘酷，學習卻是以不變應萬變的最佳應對之策。

◀把問題留給自己，把業績呈給老闆

不要用「這個問題由你解決」來掩蓋自己能力上的缺陷，問題最終能否解決是你的事情。

某公司的綜合事業部經理陳琳這一週可以說異常忙碌，公司把兩個大案子交給她，要她在月底拿出最終結果，另外，最近關於公司產品品質的投訴越來越多，公司讓她盡快開展公司公關，解決問題，消除影響。

不過，陳琳這回並沒有像公司期待的那樣，將問題一個個化解於無形，而是把自己身上的擔子放到別人身上。她把兩個大案子推給了與她關係最好的技術部主管，她的理由是，要集中精力處理消費者投訴的問題。事實上，她直接把這個問題推給了她上司——公司常務副總經理。

她對此的解釋是，處理消費者投訴不是綜合事業部能完全解決，希望高層能親自主管和解決這個問題。由於陳琳四處推卸問題，而不是將這些本該自己處理的問題盡快解決，她個人也好，所在的部門也罷，始終沒能創造出令公司滿意的業績。

一家體育用品製造企業的總裁曾這樣說：「我要求我的員工在任何時間、任何地點接受公司任務時，都要信心十足說『這個就交給我吧，一點都沒問題』，而不是『這個問題太多了，您還是找別人吧』。這樣的員工第二天就會從公司消失。作為公司老闆，要的是業績，而不是替員工解決問題。」

正如這位總裁所說，老闆要的是業績，公司員工就該以此為己任，把問題留給自己，把業績拿給老闆。這就要求員工做問題的終結者，這反映的不僅是員工的能力，也是對公司絕對負責的表現。

做問題的終結者，有利於我們提高工作效率和責任意識，充分發掘自身潛能，這樣我們才能將工作做到盡善盡美，從而創造出卓越的業績。

年輕的布倫達．庫瑞加入了聯邦快遞，如今她是這家全球最具規模的快遞公司的一名高級客戶服務代表。

一天她正在值班，一陣急促的電話鈴響起，這個電話來自鳳凰城某醫學實驗室。對方說有兩件送往實驗室的羊水樣本還未送達，羊水來自兩個情況十分危急的孕婦，一旦時間延誤，羊水就會變質，這樣一來兩位孕婦就必須再次忍受抽取羊水的痛苦。

放下電話後，布倫達．庫瑞迅速查詢了羊水的運送情況，查詢的結果是這兩件樣品就在附近的達拉斯市，她透過公司總部的遠端呼叫系統截住了運送羊水的汽車。按照實驗室事先的要求，為了保證羊水的安全，羊水必須保存在冰箱裡，但公司裡找不到現成的冰箱，布倫達立刻趕回家中，將自己的小冰箱和備用電源搬上了汽車。

然後，她又緊急與達拉斯市聯邦快遞的空運經理取得了聯繫，當天晚上的十一點鐘，她搭上了空運經理安排飛往鳳凰城的飛機。次日一早，實驗室人員準時看到了羊水樣品。布倫達的付出得到了回報，實驗室後來告訴她，由於聯邦快遞運送及時，兩件羊水樣品完好無損，檢測數據非常精確。她救了四個人的命——兩位年輕的媽媽和兩個可愛的小寶寶。當實驗室人員問她為什麼這麼做時，布倫達淡淡一笑，說：「這件事需要有人來做，剛好當時我在那裡。」

勇於做問題終結者的人，體現出的是一種高度的責任感，一種為業績而不懼困難的堅定特質。然而，不是每個人都能做到這一點，在如今的職場中，不少人互相「丟鍋」，面對問題能推就推，能躲就躲。問題在相互推諉的過程中會由小變大，越來越嚴重，員工會在這些問題上浪費大量精力，錯失各種能為企業帶來業績的機會，也使自己的成長步伐停滯。

所以，無論是就企業的發展而言，還是就員工的成長來說，面對問題敷衍了事、得過且過、抱著「自己做不了還有別人」的想法，那麼勢必會影響你的工作效率和品質，影響到你的前途。只有將問題留給自己，將業績呈給老闆，你才能成為一個真正受歡迎的職場人士，才能受到老闆的青睞和提拔。

◀成功垂青勤奮的人

勤奮是財富的根本，沒有勤奮，就不會有成功！約翰．席爾丁（John Selden）說，沒有

跳脫輸家思維

人生贏家還是輸家，往往只有一念之差

人會因學問而成為智者。學問或許能由勤奮得來，而機智與智慧卻有賴於天賦。

身高只有一百四十五公分的原一平，貌不驚人，可是在日本的人壽保險界裡，他卻是一位知名人物。因為他在同行業中連續十五年奪得了全國業績第一，被日本人尊稱為「推銷之神」。

原一平六十九歲時，一次應一家人壽保險公司的邀請作公開演講。在演講會上，有人問他推銷成功的祕訣。他當場脫掉鞋襪，請提問者走到講壇上，說：「請您摸摸我的腳底。」發問者莫名其妙，但也只好照原一平說的做了。

原一平問：「您覺得怎麼樣呢？」

提問者說：「您的腳底繭好厚啊！」

「不錯，我的腳繭特別厚，您知道這是為什麼嗎？」

「為什麼呢？」

「因為我走的路比別人多，比別人跑得勤，所以腳繭特別厚。」

提問者這才恍然大悟，道謝而去。

原一平的意思是說，他推銷成功的祕訣唯有「勤」字而已。

原一平在從事推銷人壽保險工作之初，因為沒有固定收入（沒有底薪，收入完全來自成交額提取的傭金），所以有三年多的時間，不吃中餐（沒錢吃），不搭電車（沒錢搭車），每天用那雙勤奮的腳，馬不停蹄推銷。

他平均每個月要用掉一千張名片，每天一定要訪問十五位準客戶，沒訪問完畢就絕不作

罷。他經常因受訪者不在，而在晚餐後再去訪問，常常是晚上十一點後，才能回家休息。

由於他訪問勤快，五十年來，他積累了兩萬八千個準客戶，這就是他被譽為「推銷之神」的由來。

原一平以自己的切身體驗，深有感觸，「好運」眷顧努力不懈的人。努力不懈、自強不息，這是成功者的一項基本素養。

義大利著名的航海家哥倫布發現新大陸後不久，在西班牙的一次歡迎會上，有位貴族突然口出狂言：「發現新大陸並沒有什麼了不起，這不過是件誰都可以辦到的小事，根本不值得如此張揚。」這位貴族繼續說道：「哥倫布只不過是坐著輪船往西走，再往西走，然後在海洋中遇到了一塊大陸而已。我相信我們之中的任何人只要坐著輪船一直向西行，同樣會有這個微不足道的發現。」哥倫布聽完貴族的這番「高論」之後，並沒有表現出絲毫的尷尬，只見他漫不經心從桌上拿起一顆煮熟的雞蛋，微笑著說：「各位請試一試，看誰能夠使雞蛋的尖端朝下，立在桌上。」

大家用盡了各種辦法，結果卻沒有一個人成功。哥倫布拿起手裡的雞蛋，往桌上輕輕一敲，雞蛋便穩穩豎立在桌上了。

那位貴族不服氣：「你把雞蛋敲破，當然就能立起來，用這樣的方法我也能夠做到。」

哥倫布起身很有風度環顧著在座的每個人說：「是的，世界上有很多事情做起來都非常容易，不過其中最大的差別，就在於我已經動手做了而你們卻至今沒有。」

我們都讀過〈為學一首示子姪〉，作者在文中提出了這樣的論點：天下的事情有難易之分嗎？認真去做，困難的事也會變得容易；不去做，容易的事情也會變成難事。他還為我們講了這樣一個故事：

四川的偏遠地方有兩個和尚，一個貧窮，一個富有。一天，窮和尚對富和尚說：「我想到南海去，你看怎麼樣？」富和尚說：「你憑藉什麼前去？」窮和尚說：「我只需要一個裝水的瓶和一個盛飯的缽就足夠了。」富和尚說：「我有這種願望已經好多年了，想買一條大船南下，覺得還沒有把握去，你怎麼能這樣去呢？」

到了第二年，窮和尚從南海歸來了，一直覺得自己尚不具備條件的富和尚面有愧色。四川與南海之間，相隔幾千里，富和尚不能去，而窮和尚卻到達了。

兩個人的差別在哪裡呢？主要在於敢不敢努力將理想付諸實踐。富和尚總是希望條件「更成熟」，而窮和尚則認為可以努力一闖。

功率再大、性能再好的汽車，如果你不轉動鑰匙發動它，它也不能帶你去任何地方。同樣，在成功的路上，你的主意再好，你的目標再佳，你的素養再高，你的本領再強，如果你不付諸行動，不勤奮實施，那麼，你也什麼都得不到。有幾分耕耘，就有幾分收獲，這是一條鐵則。很多人沒有得到預期的結果，是因為他們沒有採取行動；很多人都沒有實現自己的夢想，是因為他們沒有讓夢想變成現實的努力。

第四章 廣結善緣，左右逢源

人緣是一種感情的凝聚，同時也是一種利益通道。一個人能夠成功與否，與有無良好的人際關係有著直接的關係。正如卡內基所說：「一個人的成功只有百分之十五是依靠專業技術，而百分之八十五卻要依靠人際關係、有效說話等軟實力。」真正有長遠策略眼光的人應該未雨綢繆，廣結善緣，這樣才能達到無往不利、左右逢源的高超境界。

◀冷廟燒香妙處多

張霖浩一個很有名氣的買賣人，手下有幾間木材加工廠，資金雄厚，在本地也算是個小富豪。除此之外，他愛交朋友出名，上到縣長，下至百姓，縣裡可能有一半人都是他的朋友。張霖浩交朋友也不像別人那樣只顧著攀附，用他的話說就是「冷廟、熱廟一起燒香」。

比如說林業站的孫先生，在林業站熬了九年，還是個副站長，看來很難有出頭之日。但張霖浩卻不嫌「廟」冷，逢年過節總要去送禮物，路上見到也會打招呼，孫先生找他喝酒，張霖浩也從不推辭，一來二去兩人倒成了無話不談的好朋友。今年年初時，孫先生居然大翻身，被調到農會。正在這時，政府給了該縣一千立方公尺的採伐目標，這一下孫先生的「冷廟」變成了炙手可熱的「熱廟」，各路人馬排著隊去求孫先生。張霖浩也看上了這樁買賣，找到孫先生，孫先生馬上就答應賣給張霖浩兩百七十立方公尺，而且還允許他先挑，結果張霖浩又大賺了一筆。

張霖浩不嫌棄落難朋友，因而給自己打開了一條「路」。交朋友要廣，眼睛不能只盯著炙手可熱的權勢人物，冷廟也得多燒香，這樣辦事才會四通八達。

同樣燒一炷香，冷廟的神卻認為這是天大的人情，日後有事去求它，祂自然特別照應。如果有天風水轉變，冷廟成了熱廟，神對你還是會特別看待，不把你當成趨炎附勢之輩。

其實不只是廟有冷熱之分，職場中人又何嘗不是？一個人是否能發達，要靠機遇。你的朋友當中，有沒有懷才不遇的人，如果有，這個朋友就是冷廟。你應該與熱廟一樣看待，時常燒香，逢到佳節送禮物。這是他欠的人情債，人情債越欠越多，他還心越切。所以日後他否極泰來，第一要還的人情債當然是你。他有清償的能力時，即使你不去請求，他也會自動還你。

有一家公司老闆最喜歡栽培年輕人，比如說他聽說某公司有個年輕人被提升為業務主管或其他什麼職務時，總要帶著禮物去道賀，祝對方更上一層樓。而年輕人受到一個公司總經理這樣的禮遇心中自然也非常欣喜、感動，日後有能力時自然也就會對他多加照顧，因此幾年來這個公司生意一直不錯，這要歸功於老闆的冷廟燒香。

有的人能力雖然很平庸，然而因一時命運通達，也會成為不可一世的人物。人在得意的時候，一切就看得很平常、很容易，這是因為自負的緣故。如果你的境遇地位與他相差不多，交往當然無所謂得失；但如果你的境遇地位不及他，往來多時反而會有趨炎附勢的錯覺。即使你極力接納，多方效勞，在對方看來也很平常，彼此感情不會有多少增進。一旦對方遭遇困境，以前親親熱熱，今則相逢不相識；以前車水馬龍，今則門可羅雀；以前呼後擁，今則哀告不靈；以前無往不利，今則處處不順，他的夢醒了，也看人更清楚了。

如果你認為對方是個英雄，就該及早接納，多多交往。或者乘機進以忠告，指出其所有的缺失，勉勵其再接再厲。如果自己有能力，更應給予適當的協助。而物質上的救濟不要等他開口，隨時採取主動。有時對方很急需，又不肯對你明言，或故意表示無此需求，你如果知情更應盡力幫忙，並且不能有絲毫得意的樣子，一面使他感覺受之有愧，一面又使他有知己之感。寸金之遇，一飯之恩，可以使他終生銘記。日後如找他辦事，他必奮身圖報。即使你無所需，他一朝否極泰來，也絕不會忘了你這個朋友。

「在家靠父母，出外靠朋友」，每個人生活在社會上，都要靠朋友的幫助。但平時禮尚往來，相見甚歡，婚喪喜慶、應酬飲宴，幾乎所有的朋友都平等。而一朝勢弱，門可羅雀，能不落井下石、趁火打劫就不錯了，還敢期望雪中送炭、仗義相助呢？所以，我們要趁自己有能力時，多接納些潦倒英雄，使之能為己而用，這樣的發展才會無窮。

對朋友的投資，最忌諱講近利，因為這樣就成了一種買賣，說難聽點更是一種賄賂。如果對方是講骨氣之人，更會感到不高興，即使勉強接受，並不以為然。日後就算回報，也只是半斤還八兩，沒什麼好處可言。

平時不屑往冷廟上香，臨到辦事時再來抱佛腳也來不及了。一般人總以為冷廟的菩薩不靈，所以才成為冷廟。其實英雄落難，壯士潦倒，都是常見的事。只要一朝風雲際會，仍是會一飛衝天、一鳴驚人的。

身在職場的人們從現在起，多看看哪座冷廟你將來有可能求助，不妨在無事的時候多燒兩炷香，在你有事相求的時候再多磕兩個頭，廟裡的「菩薩」肯定會對你有求必應，這樣就能保障你的職場之路一路暢通。

◀多個朋友多條路

人生之路漫漫，風風雨雨！多個朋友，多份朋友的祝福，會讓你邁過人生路上的坎坎坷坷。

阿強與阿文是一對好朋友，中學畢業後，阿強繼續讀大學，而阿文名落孫山。那時候阿文情緒很低落，意志消沉。阿文家裡很清貧，家人希望他能考上大學，將來能過上幸福生活。阿文更想考上大學，因為他有一個夢想，希望將來做一名工程師。可是成績公布了，阿文沒能考上大學，理想眼看就要破滅了。苦惱的阿文約阿強出去散散心。

他們騎著腳踏車來到野外的小山坡上，仰面躺著，看著藍天白雲，開心聊著，阿強鼓勵阿文不要灰心，再補習一年，一定會考上大學。此時阿文呼吸著野外清新的空氣，心情也輕鬆了許多，在阿強的鼓勵下，阿文打起精神，決心再考一年。在他補習的一年裡，阿強經常來信鼓勵他，還寄來好多資料。第二年，阿文如願以償考上了工程系。

第四章 廣結善緣，左右逢源

多個朋友多條路

阿強畢業後到一家企業就職。起初這家企業經營狀況很好，可是後來漸漸就要破產了，阿強面臨著失業的危險。每當談起這些，阿強都很憂傷。阿文安慰阿強說，企業還沒有破產，不用太過於憂慮了，並鼓勵他利用自己的技術創業。阿強在上大學期間學的是廣告宣傳，工作期間又積累了不少經驗。阿文的提議他便記在了心裡。沒過多久，企業為了維持生存，決定裁員，阿強便主動離職，他利用政府給的創業補助，開了一家廣告公司。經過兩年苦心經營，他公司的生意也越來越好。當他談起這件事時，心裡很感激阿文。同樣，已經是助理工程師的阿文心裡也很感激阿強，如果不是阿強，自己又怎麼能有今天呢？

黑夜中，一個人孤獨行走能走多遠呢？想一想黑夜裡的恐懼，還是找個朋友做伴吧！如果他比你堅強，他會使你感到力量，看到前行的方向；即使他比你還脆弱，但他擎一把火在你身邊，你也會感到溫暖。

某位作家曾說過：「誰也無法單槍匹馬在社會的競技場上贏得勝利。換句話說，他只有在朋友的幫助和擁護下才不至於失敗。」

社會中有許多靠著朋友的力量而成功的人，如果研究他們的成功，你會發現朋友是一筆多麼巨大的財富。和朋友在一起不但可以陶冶性情，還可以帶來幫助。而且，你的朋友往往還會介紹許多你感興趣、能獲得益處的朋友。

在社會上，你的朋友又能隨時幫助你、提攜你。這些朋友都誠心誠意，無論是對於你的生意，還是你的職業都到處替你宣傳，告訴他們的朋友說，你最近又出了什麼書；或者說你的外科手術很高明；或者告訴別人說你是水準極高的大律師，最近又贏了一場官司；或者說你有許多發明；或者說你的業務能力很強。

如果你知道有人信任你，那是一種極大的快樂，能使你的自信格外增強。

許多胸懷大志者正在驚濤駭浪中掙扎、在惡劣的環境中奮鬥，希望獲得一點立足之地時，倘若他們突然知道有許多朋友懇切期待著他們的成功，那麼這個時候他們將變得更有勇氣、更有力量。

有些命運坎坷、經歷無數限難險阻的人，在為成功而奮鬥的路途上正要心灰意冷、準備停頓、不再前行時，突然想起他那親如手足的兄弟，他的兄弟不是拍著他的肩膀告訴他，不要讓大家失望嗎？已經心灰意冷的奮鬥者重新又振作起精神來，重新以百折不撓的意志力和無限的忍耐力繼續去爭取成功。

對於每個人來說，朋友的力量是你永遠的財富，失去朋友的人生則會變得黯淡無光，找不到生活的希望和樂趣。古人說：二人同心，其利斷金；同心之言，其臭如蘭。因此，多個朋友多條路。當你遇到挫折和打擊時，他就會給你勇氣和力量。

◀與人為善，左右逢源

人活在世上就要和許多人聯繫，所以處理好人際關係對每個人來說都極其重要。你必須與身邊的人維持和諧關係，這樣一來當你遇到困難時他們才會幫你。

第四章 廣結善緣，左右逢源

與人為善，左右逢源

很多時候，我們之所以無法取得成功，是由於我們缺少創新精神，總跟在別人身後很難出人頭地。

香港的鄭先生曾被同行稱為是「鐵人」，他小時候家裡很窮，十四歲就去做學徒，二十一歲憑手裡的一百多港幣創業，等到他四十三歲時，已經成了國外某名牌服飾在香港的銷售代理人了，同時他還在房地產、股市做了大量投資。

鄭先生是一個成功的商人，但他的人緣卻不像他的生意那麼好：他的生意夥伴不喜歡他，覺得他沒有人情味，總是冷冰冰，他們甚至相信，如果不是因為合作關係，鄭先生看都不看他們；他的員工不喜歡他，在他們眼裡鄭先生是個冷酷的老闆，在他面前總是戰戰兢兢，生怕出一點錯而被痛罵。

鄭先生的老朋友曾勸過他：「現在不比二十年前了，那時只要拚命做就有得賺，現在不光要拚命做還得和各類人有良好關係，否則生意就很難做。況且『晴天留人情，雨天好借傘』，你敢說自己將來不會求到別人？」無奈這些話鄭先生根本聽不下去。

在一九九七年的亞洲金融危機中，鄭先生的股票、房地產賠得一塌糊塗，他所經營的公司生意慘淡，缺少流動資金，情況極其危險。公司員工沒人願陪這個「暴君老闆」共渡難關，紛紛辭職了，有限的幾個老朋友也是自顧不暇，沒能力幫他，結果鄭先生破產了。

鄭先生因為不懂得與人為善，將人際關係變得冷冰冰，結果在他遇到困難時，沒有人願意幫他，叫天天不應，叫地地不靈，最後落到破產的地步。

我們必須明白，做任何事情都要與人打交道，這其中既有自己的合作者，又有自己的同伴和下屬，我們只有處理好了與他們的關係，才能取得事業上真正的成功。

美國鋼鐵大王卡內基可能是世界上最通曉人性的人了。他不僅在事業上成功，而且是成功學的鼻祖。當今世界上，因襲其理論的著作鋪天蓋地。從西方到東方，幾乎每一種語言都有他的著作的譯本。他從人如何成功的角度，創造出一套獨特的成人教育的方法，從而使卡內基成人教育機構遍布全球。而接受過他的理論教育的人不乏各界名流、各國軍政要人、內閣成員以及總統這樣的人物，當然還有一批又一批的富豪。由於他的啟發，越來越多的人大腦中都萌生了成功夢，而卡內基關於發財的祕密是「人」。

卡內基曾說過：「一個人要是對別人真心感興趣，在兩個月之內他所得到的朋友，就能比一個總要求別人對他感興趣的人在兩年內所交的朋友要多得多。」

李女士是上海一個女子休閒俱樂部的總經理，作為一個三十七歲的女性，她在事業非常成功，不過她常說：「我在人際交往上更成功。從某種角度來看，我的成功是人的成功，而不是事的成功！」三年前，李女士還在市區租房經營一間塑身教室，規模非常小，學員也很少。不過，從那時起她就意識到了人際關係的重要性，她開始注意培養自己的人緣。她記住了學員的生日、愛好、家庭情況，根據對方的情況來制定訓練計畫，儘管這樣做會給自己增加很多麻煩……漸漸，她的教室越來越有名氣了，學員們把自己的朋友、同事都介紹來上課，並向她提各種好建議。一年後，李女士的塑身教室變成了健身俱樂部，而三年後的今天，健身俱樂部又變成了一個集健身、娛樂、休閒於一體的綜合性的俱樂部，李女士的身價也超過了千萬。她的朋友遍布各行各業，良好的人緣已經成了她的一筆難以估量的財富。

當你喜歡別人，主動關心別人的時候，別人也會喜歡你，願意幫助你。你對別人的關注越多，別人給你的回報也就越多。

有一位先生是一家著名文學雜誌的主編，他曾這樣對他的部下說過：「如果作者不喜歡別人，別人就不喜歡他的小說。」他這裡指的不是別的，而是說一個作家如果不喜歡別人，他必然會把這種人性弱點帶到他的小說中，那麼讀者讀了就會很反感。

所以，卡內基總是勸說一個企圖成功的人：「要學會微笑。」這無非是強調用一種寬容的態度，緊緊抓住你周圍的那些人。

人們在讚美中會獲得無窮的工作熱情，林肯說過：「每個人都喜歡別人的讚美。」

美國心理學家威廉．詹姆士（William James）說過：「人性最深切的秉性，是被人賞識的渴望。」

所以，很多成功者都得出這樣一個結論：一個想做大事的人，或一個想成為領導人的人，他最需要的才華不是他的能力，而是他「黏合人」的本領。

在任何情況下，當人們對你有好感時，就會大力支持你。

◀儲蓄你的人際關係

在銀行裡存上一筆錢，我們得到的只能是為數不多的一點利息，但如果我們「儲蓄」一些人際關係，那麼我們將獲得出乎意料的厚報。

有一位出版商，平時就很注意人際關係的建立，不論是大人物還是小人物，他都會竭盡所能與他們建立關係。有一次，他聽說某位作家家裡出事，急需用錢，雖然兩人並未謀面，但這個出版商還是主動找到作家，很乾脆借給他兩萬元，這位作家非常感動。從那以後，不但經常投稿，還介紹了許多作家給他。

這個出版商不僅注意和一些大人物打好關係，對一些小人物或是對他沒有用處的人他也努力結交。有的人不懂他這樣做是為什麼，他卻笑著說：「我呀，是在用銀行存錢的方式建立我的人際關係——先存後提，有時存一千有時存一百，日積月累下來，我就擁有了一筆龐大的財富，遇到困難時，我再把它們取出來，那時不但有本金，還有利息呢！你說這是多麼好的投資！」後來，他遇到了一次嚴重的危機，但幸運的是許多人都向他伸出了援手，幫他渡過難關。這樣看來，他投資於人際關係的做法實在太聰明了。

這位出版商投資於人際關係，雖然不像其他人投資股票、基金之類的馬上可以拿到收益，但從長遠來看，出版商的投資更高明、回報率更高。「儲蓄人際關係」說起來有些「現實」，有「利用、收費」的感覺，但若從另一個角度來看，和別人建立良好的人際關係、培養人緣本來就有這樣的好處，不能光用「現實」的眼光來看。而你的好人緣必定會成為你這一生中最珍貴的財富、事業的最大助力。

高先生經營著一家小電器行，電器行的收入不是特別多，但高先生卻工作得很開心。高先生的妻子常說高先生不是做生意的料，因為人家做生意都錙銖必較，他卻大剌剌，沒有生意人的那股狠勁。比如說，有一次有一個客人向高先生訂了一批高檔的燈具，還交了一千元訂金，誰知道貨來了以後他又不要了，這事如果換成別的商人一定會把這一千元全扣了，可高先生卻要全部還給人家，還說就當是正常上貨，以後慢慢賣吧！

那個客人對高先生的做法也很意外，不好意思說：「這件事確實是我不對，還是按規矩扣訂金吧！」高先生卻回答說：「如果不是有難處，你也不會做出爾反爾的事。大家都是生意人，買賣不成人情在嘛！我不能收這個訂金，看得起我就交個朋友吧！」那個客人千恩萬謝走了，妻子卻拉長了臉，抱怨丈夫太傻。在平時，高先生對顧客也都是一團和氣，年紀大的就主動送貨，甚至上門安裝，為熟識的客人扣掉零頭……高先生做生意雖然沒賺多少錢，但在當地人緣卻是出奇的好。每當有人誇高先生有人緣時，高太太總要說「人緣能當飯吃嗎？」不過高太太現在可不敢說這話了，因為事實證明：人緣有時真能當飯吃。

一天，訂高級燈具的那位客人找上門來，說要為高先生介紹大買賣。原來這位客人竟是某知名電器的銷售總監，現在他要把該省的銷售代理權交給高先生，他說：「之所以要把代理權交給你，不僅是因為你曾給過我恩惠，更重要的是我看中了你的人際網路，人緣對於生意人非常重要。」不久後高先生拿到了銷售代理權，成立了自己的公司，靠著他往日積累下來的人脈，他的生意越做越順，銷售額幾度蟬聯榜首。

從高先生的經歷中，我們再一次看到了儲存人際關係的重要意義。就像銀行存款一樣，平時少量存，有急需時就可以派上用場。而別人對你的善意回報，有時是附帶「利息」，就好像銀行存款生利息那樣。所以老祖宗也說「和氣生財」，對人和和氣氣，有個好人緣，「財神」就會不請自來。

儲蓄人際關係的方法很多，只要你平時留心觀察摸索，只有你理解了「人際關係的建立和銀行存款一樣」的道理，並努力去嘗試，那麼方法再笨你也會看到效果。

另外，生意場中的各種人際關係是你重振雄風的重要資源，生意不成，友情在。一份人情勝似生意的收獲，一份穩定的友情關係讓你受益終生。很多人在創立事業和人際交往過程中，因為與某人的一次不愉快，就將這人打人自我思維的「冷宮」，這很不理智。因為一次合作不成功，還有下一次。如果你能大度一些，不計前嫌，與人保持友誼與聯繫，就是在為自己儲存下次合作的希望，它將帶給你驚喜的回報。

威廉姆．弗洛姆描述了他在廣告行銷事業中的一次大革新，證明了「生意不成，友情卻長存」的事實：

我們代理一家電腦公司的廣告，在我們加入之後，他們的事業突飛猛進。我們努力製作了一則聰明的電視廣告，強調這家電腦公司的長期信譽與領先地位。看起來似乎也可以為我們的廣告公司帶來大筆收益，廣告已獲得許可。突然間，在四月一日我接到董事長電話，說電腦公司已經賣給新老闆。他自己也有一家廣告公司，他們不需要我們了。起先我還以為是愚人節開的玩笑，但不是，這是事實。這消息實在令人難以接受。不單是從營利的角度來看，也因為我和該電腦公司的廣告部門已經結下了牢固的友情，特別是和業務部副總經理與廣告部經理，一時的分開的確有點捨不得。

生意沒了，但我們並沒有因此而感到失敗。我們雇傭該公司的廣告部經理來我們公司的會計部門服務，結果是一大成功。因為他熟知電腦業，能協助我們接續失去的生意。我繼續和業務部副總經理保持聯絡，直到他離開那家公司。他最後做到總裁，今天是我們的大客戶之一，在規模以及來往金額上，都比先前那一家大得多。

生意沒了你可以再找，錢沒了可以再賺，但一分深厚的友情不能斷。要經常與重要的或有能力、有潛力的人物保持聯絡，贏得他們的認可和好感。將來他們為你帶來的好處，遠遠比你眼前的豐厚，所以，職場中人要把目光放遠一點。

◀多關心一下他人

生活中奉行的是對等原則，你怎樣對待別人，別人就怎樣對待你。如果我們只是要在別人面前表現自己，使別人對我們感興趣的話，我們將永遠不會有許多真實而誠摯的朋友，甚至會引起別人的反感。要使別人重視你，首先要重視別人，對別人感興趣。對任何事都漠不關心的人也不會有人關心他。不對別人感興趣的人他一生中的困難最多，對別人的傷害也最大。

當別人感到有壓力鬱悶無助時，你一句問候和關懷無疑是最好的靈丹妙藥，即使治不好他的心病，也能減輕他的痛楚。在工作或者生意交往中，不要限於工作或冷冰冰的談判。

紐約一家北美銀行出版的刊物中，登出一位存戶羅絲的信：

「我真希望您知道我是多麼欣賞您的員工，每一個人都是如此得有禮、熱心，在排了很久的隊之後，有位員工親切跟你打招呼，真是令人感到愉快。去年我母親住了十幾個月的院，我經常碰到一位叫瑪蘿的員工，她很關心我母親，還問了她的近況。」

羅絲是否會繼續和這家銀行往來，實在是不用懷疑了。能關心對方的親人，往往比關心對方本人還使人感激。

華斯特是紐約市一家大銀行的員工，奉命寫一篇有關某公司的機密報告。他知道某一個人擁有他非常需要的資料，於是華斯特先生去見那個人，他是一家大工業公司的董事長。當華斯特先生被迎進董事長的辦公室時，一名年輕的婦人從門邊探頭出來，告訴董事長，她這天沒有什麼郵票可給他。

「我在為我那十二歲的兒子搜集郵票。」董事長對華斯特解釋。華斯特先生說明他的來意，開始提出問題。董事長的說法含糊，概括模棱兩可。他不想把心裡的話說出來，無論怎樣好言相勸都沒有效果，這次見面的時間很短，沒有實際效果。

「坦白說，我當時不知道該怎麼辦，」華斯特先生說，「接著，我想起他的祕書對他說的話——郵票，十二歲的兒子……我也想起我們銀行的海外部門搜集郵票的事——從來自世界各地信件上取下來的郵票。」

「第二天早上我再去找他，傳話進去，我有一些郵票要送給他的孩子。我是否很熱情被帶進去呢？是的。他滿臉帶著笑意，客氣得很。『我的喬治將會喜歡這些』，他不停說，一面撫摸著那些郵票，『看這張！這是一張無價之寶』。」

「我們花了一個小時談論郵票，看他兒子的照片，然後他又花了一個多小時，把我所想要知道的資料全都告訴我——我甚至都沒提議他那麼做，他把他所知道的全都告訴了我，然後叫他下屬進來，問他們一些問題。他還打電話給他的一些同行，把一些事實、數據、報告和信件全部告訴我。以一位新聞記者的話語來說，我大有所獲。」

如果一個人沒有好人緣，處處受到排擠和冷落，那麼他很難完成一件事情，甚至連嘗試的機會都沒有。受歡迎是我們做成許多事情的前提，那麼，怎樣才能使自己到處受歡迎呢？

基克爾大學畢業後在某家公司國貿部就職，不幸碰上一個愛拍馬屁、什麼本事也沒有的上司，此人每天下班後沒有什麼事，也要跟著拚命「加班」，無事生非，把白天整理好的文件弄得一團糟，轉眼出錯，又把責任推給基克爾。

一氣之下，基克爾辭職去了另一家公司。在那裡，他出色的工作博得了許多同事的稱讚，但無論怎樣也沒法使苛刻、暴躁的經理滿意。心灰意冷間，他又萌動了跳槽之念，於是向總裁遞交了辭呈。總裁先生沒有竭力挽留基克爾，只是告訴他自己處世多年得出的一條經驗：如果你討厭一個人，那麼你就要試著喜歡他。總裁說，他就曾「雞蛋裡挑骨頭」，在一位上司身上找優點，結果，他發現了老闆的兩大優點，而老闆也逐漸喜歡上他。

基克爾雖然依舊討厭他的經理，但已悄悄收回辭呈。他說：「現在我想開了，作為一個成熟人應該放開心胸包容一切、愛一切。

作為一個職場中人，如果你經常給同事一些富有人情味的關懷，必然會得到尊重和愛戴，你的工作將富有凝聚力，即使在危機來臨時，也能齊心協力克服。要表示你的關切，這和其他人際關係一樣，必須是誠摯的。這不僅使付出關切的人有成果，接受關切的人也一樣。多關心一下他人吧，你會得到比那多很多倍的關愛。

◀發現自己的貴人

不要以為自己能解決一切難題，任何人都需要得到他人的幫助。轉變命運需要貴人的提攜，這是成功的捷徑。自己的貴人愈多，愈能增加制勝、化險的機率。

立達畢業於名牌大學，聰明能幹，剛到公司就受到了注目。立達性格耿直，頗有俠風，和同事處得不錯，但就是和上司關係不怎麼樣。老闆難得見到幾次，但部門主管天天見面，他也很少與人家溝通。有時候，主管找他談一些工作的事情，他也不冷不熱。好在他的主管是一位正派人士，倒也沒有為難他。

對於和上司的關係，立達自有一番「高見」。一方面，他認為和上司走得太近難免有巴結之嫌，這與他的觀念相悖。他覺得自己憑本事吃飯，沒有必要和上司攀關係。同時，他覺得和上司走得太近了容易不夠「親民」。此外，他對主管的嚴格要求以及瘋狂催促，也頗有看法。

後來，立達所在團隊的一項任務有缺陷，受到了公司的批評。大家檢討原因時，談到了當初主管找立達討論問題時，立達敷衍了事的事情，而如果那次討論能夠深入一些，應該就不會出什麼問題。

聰明的立達意識到了這一點，也認識到了主管能積極和自己商討問題的可貴。此後，立達和主管親近了許多。不久，主管向公司推薦立達領導一個團隊，公司採納了這一意見。此時，也成為「上司」的立達才明白，自己的進步也離不開上司的幫助。

在二十幾歲，多數人投入可觀的時間在工作上，和別人比高低，希望能得到好聲譽。然而，有些人為了使自己凸顯，便會經常批評別人，貶低別人，對別人不信任，稱讚自己，把功勞歸於自己。這樣，他們就很難與別人合作。甚至不得不與其他人處於對抗中，也就失去了在群體中的地位。這些人往往得不到別人的信任和好感，難於與他人合作，因此，得不到上司的賞識、同事的接納和合作，常常失去晉升的機會，這樣的人也難於獲得成功。

亞瑟．華凱是一名農家少年，他在雜誌上讀了一些大實業家的故事，很想知道得更詳細，並希望能得到他們對後來者的忠告。

他跑到紐約，也不管幾點開始上班，早上七點就到了威廉．亞斯達的事務所。在第二間房子裡，華凱立刻認出了面前那體格壯實、一副濃眉的人是誰。高個子的亞斯達開始覺得這少年有點討厭，然而一聽少年問他：「我很想知道，我怎樣才能賺到百萬美元？」他的表情便變得柔和並微笑，兩人竟談了一個鐘頭。隨後亞斯達還告訴他該去訪問的其他實業界名人，華凱照著亞斯達的指示遍訪了一流的商人、總編輯及銀行家。

在賺錢方面，華凱所得到的忠告並不見得對他有所幫助，但是能得到成功者的知遇，卻給了他自信，他開始仿效他們成功的做法。

又過了兩年，這個二十歲的青年成為他當學徒時期的那家工廠的所有者。二十四歲時，他是一家農業機械廠的總經理，為時不到五年，他就如願以償擁有百萬美元的財富了。後來，這個來自鄉村粗陋木屋的少年，終於成為銀行董事會的一員。

亞瑟．華凱在活躍於實業界的幾十年，實踐著他年輕時來紐約學到的基本信條，多與優秀的人相交，結果也像那些人一樣成就了自己的事業。

身處職場困境時，我們迫切希望遇到一個能幫助自己的貴人，這時候你應該知道，貴人分兩種：一種是已存在的貴人，例如你的朋友、上司，另一種是潛在的貴人，這種人現在對你來說可能還只是陌生人，但透過爭取他們卻會成為你的貴人，並給你極大的幫助。

紐約的計程車司機約翰，每天都要開車到大街上招攬乘客，星期三一大清早，在第六十八街紐約醫院對面，他碰上紅燈，停車等候的時候他看到一個穿得很體面的人從醫院台階上急步下來舉手叫車。

正在這時，綠燈亮了，後面那部車子的司機不耐煩按喇叭，約翰也聽到警察吹哨子要他開

第四章 廣結善緣，左右逢源

發現自己的貴人

走，但是他不打算放棄這個客人。終於那人來到了，跳進汽車。他說：「去機場，謝謝你等我。」約翰心裡想：真是好消息。星期三早上，機場很熱鬧。如果運氣好，我可能有回程乘客，那就夠滿意了。

過了一會兒，乘客開口跟他攀談，問得再平常不過：「你喜歡開計程車嗎？」這是一個很普通的問題，約翰也給他一個很普通的回答：「還不錯，生活不成問題，有時還會遇到有趣的人。可是如果我能夠找到一份工作，每星期多賺一百元，我就會改行。你也會吧？」

「如果要我每星期減薪一百元，我也不會改行。」他的回答引起了約翰的興趣。他從來沒有聽過人說這樣的話。「你是做哪一行的？」

「我在紐約醫院的神經科。」

約翰對他的乘客總感到很好奇，並且盡量向人討教。在開車的許多時候，他都跟乘客談得很默契，也時常得到會計師、律師、水電師傅乘客的友好指點。也許這個人真的喜歡他的工作，也許只是因為在這春日早晨他的心情很好，不過約翰決定請他幫忙。他們很快就要到達飛機場了，約翰於是不顧一切對他說出來。

「我可以請你幫我一個大忙嗎？」

乘客沒有開口。

「我有一個兒子，十五歲，是個很乖的孩子，他在學校裡成績很好。今年夏天我們想叫他參加夏令營，他卻想打工。可是十五歲的孩子，如果他不認識一些老闆，就不會有人雇傭他，而我一個老闆也不認識。」

約翰停了一下：「你可以幫他找一份暑期兼職嗎？沒有酬勞也行。」

乘客仍然沒有開口，約翰開始覺得自己很傻，實在不應該提出這個問題。最後，車子開到機場大廈的斜路時，乘客說：「醫科學生暑期有一項研究計畫要做，也許他可以去幫忙。叫他把學校成績單寄給我吧。」

回家後，約翰讓兒子威廉按乘客留下的地址寄出了成績單。

兩個星期後，約翰下班回家，見到兒子滿面笑容。他遞給爸爸一封用很講究的凹凸信紙寫給他的信，信紙上端印著「紐約醫院神經科主任安德魯．霍華德醫學博士」一行字，信中叫他打電話給霍華德醫生的祕書，約時間面談。

約翰興奮的簡直要跳起來，其實在他開口向陌生人求助時，並沒有對這件事抱太大的希望，誰能指望一個陌生人會幫這麼大的忙呢！他相信自己真的是遇到了貴人。

威廉在那所醫院裡做了一個暑期的兼職，霍華德醫生給了他兩百元薪水。第二年威廉又去那裡兼職，並漸漸愛上了這一行。大學快畢業時，他申請進醫學院，霍華德醫生又熱情替他寫了推薦信——推薦他的才能和人品。幾年後，威廉取得醫學博士學位，並在霍華德醫生那裡工作了六年，最後計程車司機約翰的兒子，成為了紐約醫院的眼科主任。

人們總是習慣性認為，能幫助自己的貴人，必定跟自己有密切關係的人，其實未必。只要你有與人交往的良好意願，那麼你也可以把陌生人變成朋友，並讓他幫你的大忙。在有些人看來，約翰似乎做了件很傻、很冒昧的事——在計程車上向陌生人求助，但事實上這正是約翰的聰明之處，他從不放棄尋找貴人的機會，比如他就曾多次從做會計師、律師的乘客那裡獲得幫助。可見貴人並沒有什麼特定的指代對象，只要你願意，你可以自己從職場生涯中發掘貴人。

◀好人緣等於好機遇

一些人抱怨自己時運不濟，感嘆自己缺少成功的機遇，然而機遇並非憑空得來，它和你的人際關係、才能等都有很大關係，而有時一份好人緣甚至能夠為你帶來好機遇。

施偉進公司不過一年半，就由一名小小的業務員做到了業務經理，這簡直是有點不可思議。是因為施偉的業績特別突出嗎？不，比他業績好的還有很多，其實總經理看重施偉的原因很複雜，但主要一點是施偉人緣好！人緣好就是凝聚力，便於團隊協作，這一點對於業務部門尤其重要。施偉為人謙遜，整天笑笑，對人不擺架子，公司裡每個人跟他關係都不錯。自從施偉當上業務經理後，也沒看到他為了業務罵過員工，但業務部的業績卻是越來越好，業務部也變得特別團結。年終時，總經理當即決定為施偉加薪。

職業生涯中，一個人如果能處理好自己的人際關係、擁有好人緣，那麼他開創成功未來的機率就會加大，有時候好人緣甚至比機遇和才能更容易讓你走向成功。

大衛．丁．馬赫尼的擁有一家屬於自己的廣告代理公司，他與廣告界發生關係，是從服務於紐約著名的廣告公司勞斯萊斯開始的，當他準備出來自己創業時才二十七歲，那時的他已是公司的副總經理，手裡掌握著該公司最大的兩家客戶，同時他的年薪是十萬美元，由於公司具有十足的發展潛力，因此他的前途也很光明。

但是，他仍然希望能擁有一家自己的公司，他認為「打鐵須趁熱」，再不施展抱負，可能要坐失許多良機！於是，就在二十七歲那年他辭去了令人羨慕的顯職，而投身於自己的事業。很多朋友都為大衛感到擔心，因為這個時候廣告業競爭激烈，除了實力雄厚的大公司外，各小廣告公司都是搖搖欲墜。在這個時候開廣告公司可實在不是個好時機，然而大衛沒有退縮，他過去的一些交際關係派上用場了。

一般來說，廣告業界比其他行業更重視個人交際，更重視人緣，甚至可以說廣告業就是建立在人際關係上，要靠交際才能得以維持。一家廣告代理公司建立之初，最重要的課題就是如何才能獲得顧客，此時，公司職員們過去的個人交際便能產生極大作用。

大衛曾經是許多公司的代理者，信譽卓著，各方面關係都不錯。所以，他的公司一開業，便有廠商指名要他代理，這使他的公司的業績蒸蒸日上。

五年後，他的公司已雇有三十五名職員，全美各地都有他們的客戶，其中足以維持公司業務的大客戶共有十五家之多。他本身所具備的專業知識及其說服力皆是他成功的重要保障。大衛就這樣利用好人緣「贏取」著成功，但他是否從此就滿足而不再前進了呢？

當然不是。據說，他後來又創辦了一家俱樂部，該俱樂部是同行友人聚會的場所。凡是會員業務上有任何疑問或困難，都可以在俱樂部公開提出討論或在會員間彼此交換意見。俱樂部的會員中有一流的出版業者、廣播業者、廣告業者等等，幾乎都是社會上的精英分子。

大衛本身在進行某一新企劃之前，也會在俱樂部徵求各方面專家的意見，他對於在那兒討論出的結論極有信心與把握。在那裡，他認識的人越來越多，人緣越來越好，事業也跟著水漲船高，越做越好。

可以說大衛之所以能迅速成就自己的事業，都得益於他的好人緣。也許他沒有碰到好機遇，但他良好的人際關係彌補了這個缺欠。如果大衛不是與各方面都有良好的關係的話，那麼他的廣告公司就很難在激烈的競爭下生存發展。

這裡還有一個反面的例子：

劉昆畢業於某名牌大學資工系，在軟體方面極具才華，他對自己的能力也非常自信，常說自己是「大學學歷，碩士水準」。某軟體開發公司慧眼識珠，把他從眾多的應徵者中挑選出來，在和他一番深談之後，公司總經理更是對他大加讚賞，甚至直接把開發一款中型遊戲軟體的任務交給了他。劉昆非常幸運，他的大多數同學都還在當工程師或普通的系統工程師時，他卻可以擔當大任，主持開發遊戲軟體，劉昆也決定抓住這次機遇大展身手。一段時間後，總經理從香港開完會回來，詢問進展，劉昆卻滿臉委屈向老闆抱怨，「那些人到底什麼意思?他們都不配合我的工作!真人模特一個換過一個，動作遲遲設計不出來，系統方面不合作，這工作怎麼做下去?」公司總經理大為震驚，這是公司以前從未出現過的問題，他馬上召來了除劉昆之外的開發組成員了解情況。

第二天，他面色凝重，把劉昆約到自己的辦公室，「年輕人，你才華出眾真的很讓我喜歡！可是你知道開發組的工作人員對你是怎麼評價的嗎？他們說你自私霸道、不通人情事理，每個人都不喜歡你！你該知道團隊合作對一個公司的重要性，我不能為你一個人犯眾怒，所以非常遺憾，我必須將你調到別的位置，我希望你能認真考慮一下和別人相處的問題，那很重要！」劉昆謝絕了公司總經理的調職，離開了這個本來可以讓他大展伸手的公司。

劉昆本來擁有一次絕好的發展機遇，但卻因為人緣不好而失去了它，這實在非常可惜。其實現實中很多剛踏入社會的年輕人都存在這方面的問題，他們過分強調個人才能，強調發展機遇，但對人際關係卻不夠重視，結果他們往往在與成功只差一步的地方慘遭滑鐵盧。

要想在職場上迅速成就一番大事業，你就必須努力拓展自己的人際關係，有了好人緣你才能把握機遇、發揮你的才能。輕視人際關係的人就是在拒絕機會，沒有好人緣的人就很難敲開成功的大門！

◀好人緣是人生最寶貴的資源

人緣關係的好壞，對一個人的事業和生活有著重要的影響。好人緣是做人最寶貴的財富。有道是：「遇一知己，人生足矣。得人心者，天必助之。」

自古以來，得道多助，失道寡助。得人緣者勢必贏，得人心者得天下。可見人緣對人生、事業是不可或缺的。贏得好人緣，得靠你的智慧、靠你的修練、靠你洞悉世事的奧妙。這三大

第四章 廣結善緣，左右逢源

好人緣是人生最寶貴的資源

的訣竅人緣，並成為你一生成功的資本。

王朔曾發表〈我看金庸〉一文，對金庸的武俠小說強烈攻擊，把金庸的小說和成龍的電影、瓊瑤的電視劇、「四大天王」一齊稱為「四大俗」。金庸先生面對他的批評只是說：「毀譽是人生中的常事，不足為奇，王朔先生或許要求得太多了，是我能力所做不及，限於才力，那也無可奈何。」還說：「我很感謝許許多多讀者對於我的小說的喜愛和熱情，他們待我已經太好了，也就是說，上天已經待我太好了。既享受了這麼多的幸福，偶爾被人罵了幾句，命中該有，不會不開心。」

金庸是現代武俠小說公認的泰斗，對武俠小說的貢獻極大。以他自身的名望，完全可以對王朔的貶低反戈一擊；但他卻用一顆包容的心，用他那寬廣的胸襟正視自己，感謝他人，他的表現就是正人君子的風範，畢竟「金無足赤，人無完人」。一個人，觀己之短，容人之長，用一顆包容的心去接受別人的批評，完善自我，更上一層樓。

「君子坦蕩蕩，小人長戚戚」，只有胸懷坦蕩者才能夠做大事，對於一個人來說第一美德就是包容。

春秋五霸之首齊桓公，曾與管仲結下「一箭之仇」，但是他不計前嫌，拜管仲為相，稱管仲為父，在管仲的輔佐下他終於稱霸天下；唐太宗登基後，不咎既往，重用了敢於進諫的魏徵，把魏徵作為自己的一面鏡子，也正是他的坦蕩胸懷、廣開言路，成就了歷史上赫赫有名的「貞觀之治」。

跳脫輸家思維

人生贏家還是輸家，往往只有一念之差

晚清名臣張之洞曾就任山西巡撫，即將啟程時，有一個山西籍富商、泰裕票號的孔老闆，表示要送一萬兩銀子給他。他對張之洞說，他深知張之洞為官清廉，手頭並不寬裕，出於對張之洞的敬慕，他送「一點薄禮」，是為張之洞解決些差旅費。

張之洞當時婉言謝絕了孔老闆的好意。可是當他來到山西，考察了當地的情況之後，深為山西罌粟的濫生而震撼。他決心鏟除山西的罌粟，讓百姓重新種植莊稼。而改種莊稼，需要幫助百姓買耕牛、買糧種，但山西連年乾旱、歉收，加上貪官汙吏的中飽私囊，拿不出救濟款發放給老百姓。他深感世事多艱，有時太堅持原則會讓人很為難，他決定向商號老闆募捐。這時，他第一個想到的就是孔老闆。

他想，孔老闆很有實力，他拿銀子賄賂自己，無非是為了日後得到關照。如果說服孔老闆把銀子捐出來，為山西的百姓做善事，以銀子換美名，他或許會同意。

經過商談，孔老闆終於表示願意拿出五萬兩銀子，但前提是滿足他的兩個願望，一是請張之洞在他票號大門口的匾上題寫「天下第一誠信票號」八個字；第二個願望是張之洞為他挪一個候補道台的官銜。

剛開始張之洞覺得孔老闆的這兩個條件都不能答應，因為自己連泰裕票號誠信不誠信都不知道，又怎麼能說它是天下第一誠信票號呢？第二，他向來討厭捐官，認為捐官是一樁擾亂吏治的大壞事，自己厭惡的事自己怎麼能做！這個孔老闆也太過分了，仗著有幾分錢，居然伸手要做道台！人家千千萬萬讀書郎，數十年寒窗苦讀，到死說不定還得不到正四品的官帽！可是

第四章 廣結善緣，左右逢源

好人緣是人生最寶貴的資源

不答應他，又到哪裡去籌五萬兩銀子呢？沒有這五萬銀子，就沒有五六千戶人家的種子耕牛，罌粟就不會被鏟除，禁煙在這些地方就成了空話。

五萬兩銀子畢竟不是個小數目，這對張之洞的誘惑太大了。經過反覆思考，張之洞決定採用折中迂回的手段，答應為孔老闆的票號題寫「天下第一誠信」六個字，這跟孔老闆所要求的那八個字相比，不僅僅是少了「票號」兩個字的問題，而是意思上也有了很大的不同，因為「天下第一誠信」這六個字意味著：天下第一等重要的是誠信二字，並不一定是說他們泰裕票號的誠信就是天下第一。

至於他的第二個要求，張之洞反覆想了很久，最後給自己找了這樣一個台階：一來，捐官的風氣由來已久，不足為怪；二來即使孔老闆做了道台，他依舊要做他的票號生意，並不會等著去補缺，也就不會去搶別人的位置，所以對孔老闆來說不過是得了個空名而已。再者按朝廷規定，捐四萬便可得候補道台，孔老闆要捐五萬，已經超過了規定的數目，給他個道台的虛名，於情於理，都不為過。還是答應他算了，要不，他五萬銀子怎麼肯出手？為了五萬兩救民解困的銀子，張之洞終於自己「說服」了自己，而孔老闆最後也答應了張之洞的折中方案。

好人緣會給人和諧融洽的人際氛圍，使人的心情舒暢、遇事左右逢源，有助於提高自己的生活品質，還有利於形成良好創業的環境。當然，每個人都希望有一個好人緣，但好人緣不是靠一團和氣、甜言蜜語吹出來，也不是透過耍小聰明、玩小伎倆換回來，好人緣是靠良好的人品、寬廣的胸懷和真誠待人贏來。

第五章 痛定思痛，敗中求勝

人生在世，一時失志不必怨嘆，一時落魄不為膽寒，應該痛定思痛，敗中求勝。如果一味選擇逃避只會顯得你懦弱無能，並不能從根本上解決問題。面對挫折你應該振作，正視挫折和面對失敗。亡羊補牢，未為晚矣。只有痛定思痛，修練內功，持續改進，從成功中獲得經驗，失敗裡汲取教訓，你才可能在人生的大舞台中敗中求勝，贏得未來。

◀不幸釀就甜蜜

人在職場，偶爾的失敗難以避免，失敗可以使人更加成熟。害怕失敗的人不會成功，他們不敢大膽嘗試，就失去了機遇。轉變命運先要轉變觀念，對失敗的認識如果過於悲觀，那麼他的命運就難以轉變了。

如果失敗足以葬送一個人奮鬥的事業的話，那麼，薩吉歐·齊曼（Sergio Zyman）正是戰勝了這種失敗的人。

一九八四年，可口可樂公司授權齊曼，扭轉與百事可樂公司競爭銷售下跌的不利局面。齊曼的策略是改變可口可樂的配方，以「新可樂」面市，並大肆宣傳。然而，這卻沒能保住舊可樂的市場，齊曼的錯誤從某種程度上說，要歸咎於他的自負。

「新可樂」是美國歷史上損失最嚴重的新產品。僅七十九天，舊配方的可口可樂就又回到了超級市場的貨架上。一年後，受挫的齊曼離開了可口可樂公司。失敗以及由此帶來的中傷、蒙恥、破滅感，也許並不像人們想像的那般糟糕。僅七年後，齊曼又殺了回可口可樂公司。齊曼正是一位有勇氣面對解雇、降職以及某種程度的失敗，最後又能東山再起的人。

當今社會變幻莫測，偶爾的失利難以避免，我們必須有勇氣應付面臨的一切。哈佛商學院的教授說：「我可以想像出，在二十年前董事會在討論一名高階職位的候選人時，有人會說：『這個人三十二歲時遭受過極大的失敗。』其他人會說：『是的，這不是個好兆頭。』但是今天，同一組董事會卻會說：『讓人擔心的是，這個人還未曾經歷過失敗。』」

比爾蓋茲在微軟公司經常冒著失敗的危險，他喜歡雇用犯過錯誤的人。「失敗表明他們肯冒險，」他說，「人們對待錯誤的方式是他們應變的導航。」

面對失敗有的人一蹶不振，而有的人卻能重整旗鼓，這是什麼原因呢？曾經經歷過失敗的總經理及領導人，提出的答案可供我們借鑑。

馬丁．塞里格曼（Martin E. P. Seligman）這位大學心理學教授，曾對三十家工業企業的雇員進行調查。他說：「那些能從失利中扳回優勢的人是樂觀主義者，他們確信『我的問題是暫時的』；而那些悲觀主義者，他們把失敗看成是永恆，往往不能捲土重來。」

當齊曼離開可口可樂公司後，他有十四個月沒與公司的任何人交談。他回憶：「這些日子是孤寂的。」但是他並沒有關閉自己。他和一名合夥人共同開創了一家諮詢公司。在亞特蘭大的地下室裡，靠著一台電腦、一部電話和一台傳真機工作。逐漸，他的諮詢客戶發展到像微軟公司及美樂釀造集團公司（Miller Brewing Company），這麼大的公司。他的信條是：不落俗套，敢於冒險。

後來，可口可樂公司甚至也來尋求他的建議。齊曼說：「我做夢也沒想到，公司會請我回去。」管理部門需要他協助整頓。「我們因為不能容忍失敗而喪失了競爭力，」可口可樂公司的總經理羅伯特．郭斯達（Roberto Goizueta）承認，「人只要運動就難免跌倒。」

正如莎士比亞所說：「不幸釀就甜蜜。」失敗把齊曼造就成為新世紀一個真實的傳奇人物。

◀化壓力為動力

不願意面對失敗與不願意承認失敗同樣不可取，人生最大的失敗，就是永不失敗和永不敢敗。每當你開始做一件事的時候，失敗可能隨時伴隨著你。如果你害怕失敗，那麼你就將一事無成。

任何工作都是如此，只有在失敗中你才能真正學到本領。想在職場上脫穎而出，想超過別人，那麼就必須記住：「失敗是成功之母！」

伴隨排放少、耗油量低的日本小汽車的進口量提高，一度使位居美國第三大的汽車公司克萊斯勒也要陷入破產的境地。面對這接二連三的不幸，美國人該怎麼辦呢？

這時出現了一位名叫艾科卡的英雄，他於緊急關頭接任克萊斯勒的行政總裁。在短短的三年內，他將這家瀕臨破產邊緣的公司扭轉，變為一家有盈利的公司。在替克萊斯勒效力之前，艾科卡是福特汽車公司的總經理。這位總經理時常受到該公司總裁福特二世的排擠，令他不能充分發揮自己的才華。

後來，他被炒魷魚，他所有的特權，包括令人羨慕的高薪、豪華富貴且設施齊全的辦公室，還有保全、祕書，一夜之間化為烏有。由於合約的關係，他在被炒魷魚後仍得待在公司一段時間。在這段時間中，他被安置到一個髒亂不堪的倉庫裡辦公，那裡連轉身的空間都沒有，於是，艾科卡發誓要用一番成就來雪恥。結果，在面臨破產的克萊斯勒公司，他的努力成功了。

假使福特二世讓艾科卡風風光光退休，假使艾科卡沒體會到「屈尊倉庫」的公然侮辱，那麼，艾科卡肯定不會如此風光，他可以依靠豐厚的退休金心滿意足安度他的晚年。反正他早已成功過，富貴過，風光過，他的人生幾乎已沒有什麼缺憾。但福特二世的侮辱激發了他的鬥志，給了他排除壓力下決心取得成功的動力。

還有很多人就是在蒙辱受恥後脫穎而出。

中國古代名相張儀就是其中的一位，他與蘇秦都是歷史上有名的縱橫家。年輕時張儀與蘇秦同在當時的名師鬼谷子門下求學，蘇秦出師早，成功也來得早，而張儀卻鬱鬱不得志。於是，張儀來到蘇秦門下，希望透過這條捷徑獲得成功。然而一連幾天，蘇秦不聞不問，不管不見。好不容易熬到了與蘇秦會見的那天，但蘇秦非但沒有熱情款待他，反而在席間將他安置到最末的位置，用粗茶淡飯招待他，並且拿話羞辱他：「憑閣下的才幹，怎能如此淪落潦倒呢？我實在沒辦法幫你，還是靠自己的運氣另謀生路吧！祝你好運。」

遠道投奔而來的張儀，非但沒得到半點好處，還被當眾侮辱而蒙羞。他被激怒了，他決心靠自己的聰明才智、靠自己的實力去創造一個屬於自己的新天地，狠狠打擊蘇秦。

蘇秦不但不提防他，反而還派人暗中相助。其門人大惑不解，蘇秦解釋說：「張儀的才幹其實在我之上，但以往他貪圖眼前小利，過分安於現狀，我擔心他會因此而喪失鬥志，便故意羞辱他，以激起他上進。」

如果我們能夠碰到像蘇秦這樣的朋友，或像福特二世那樣的敵人，我們成功的機遇就多了一半。

(1)把打擊當作上進的動力

史丹利（Stanley）十六歲的時候在一家大五金商店當店員，這正是他所希望的一個職位。他感到自己的前途光明遠大，於是他努力工作，盡心學習各種業務知識，盼望將來做一名成功的五金銷售員。他一直以為自己踏實，但是其上司卻看法不同。

「我不用你了，你絕對不會做生意。你到鑄造廠去做工人吧。你那種蠻力除了做這種工作之外，沒有什麼別的用途。」

無端被炒魷魚，這對於一個年輕人的侮辱，該是何等無情的打擊！因為他始終以為自己工作得很好。那麼，他是否預備到鑄造廠去呢？一時間他的頭腦裡充滿了不滿、憤怒等激烈情緒。

他是否因為受到了極大的打擊而被打倒了嗎？他的首次衝刺雖然失敗了，但是他沒有被打垮並重整旗鼓，決心要做出一番成績來。

他到上司面前鄭重其事對他說，「你可以辭退我，但是你不能削弱我的志氣。」他面對那無理的上司發誓說，「十年之內，我也要開一家像這樣大的五金店。」

他的話並不是一種氣憤的發泄而已，這個年輕人將第一次的失敗變為激勵自己的動力，驅使他不停努力，一直到他成為全國最大的五金製品商之一。

如果沒有受這次打擊，恐怕史丹利永遠是一個平庸的銷售員而已。在受到打擊之前，他原以為自己的工作是很好的這種心滿意足的心理已磨滅他那種好學上進的鬥志。他所受到的那個粗魯經理的打擊，正是促使他奮發上進的必要的動力。有時要戰勝一種不適當的自滿心理，唯一的方法是受一次沉重的打擊。

(2)從不利中發掘令人信服的積極因素

有一位曾經因得罪上司而被調到離家較遠的郊區工作的受挫員工，他已年過半百，每天要騎兩小時腳踏車才能到公司，遇上刮風下雨情況就更不妙了。開始時他感到很懊喪，困境心理極重，總想要求換個離家近點的地點。可是由於得罪了上司，他又不願開口請求。於是，他主動採用了反向心理調節法，使自己的不快心理很快有效糾正。

過去，當他一大早騎著腳踏車趕路的時候，總是想到倒霉，越想倒霉越覺得這段路長。這是情緒影響了他對時間的知覺。現在他改變思索方向，倒過來想問題，他想：清晨騎腳踏車行駛在郊區的公路上，二十多里路，這是多好的鍛鍊身體的機會！每天我第一個出門，看著田園風光，吸著清新的空氣，聽著小鳥的鳴叫聲，實在是一種難得的享受。這樣想來，他腳下這段路程顯得不那麼漫長了，心情也不感到沮喪單調了，反而感到十分輕鬆愉快，到公司後精神抖擻投入工作。

他深有體會說：「痛苦是人們面對困境的一種感覺。其實，只要你能正視現實，並從中發現事情有利的一面，就可以成功引出積極心緒，使心理有良性變化，痛苦就會被愉快代替，哪怕是虛構的有利因素，也可以產生這樣的效果。」

所以，一個渴望成功的人在遇到困難或困境時要多從積極的方面想，發揮自己豐富的想像力和多角度的思維能力，極力從不利中發掘、尋找到令人信服的積極因素，使自己的積極情緒戰勝消極情緒。

◀跌倒後馬上爬起來

積極的人生應當是不斷進取的人生，在失敗時絕不氣餒，而是時刻挺起胸膛，哪怕是白手起家；而在成功時要保持清醒的頭腦，保持對周圍事物敏銳的洞察力和分析能力，抓住機遇，謀求再度發展，這樣才稱得上「積極」二字。

據統計，美國每天都有上萬家小企業倒閉破產，每天都發生從老闆到乞丐的故事。

戴維斯就是有過這樣遭遇的人。戴維斯二十多歲時，血氣方剛，憑著青年人的聰明和衝動，

跌倒後馬上爬起來

開了自己的第一家公司，經營書刊業。但是他三十歲那年，在一樁生意中，被自己最信任的朋友欺騙了，將自己所有的家當賠得一乾二淨，連房子也拍賣出去抵債，只得回到鄉下母親的住所中。然而戴維斯並不放棄，認為自己還有能力重新再來。

又過了兩年，戴維斯看準電腦業有很大的發展潛力，於是他經過不懈努力，又開了電腦公司，而且規模比前一次還大，生意也比經營書刊業要好得多。這時，以前認為他會一蹶不振的人們轉變了看法，對這個執著的人表示了極大的欽佩。

然而，「天有不測風雲」，在一次合約擔保中，戴維斯的公司卷入了債務糾紛，因被擔保者無力償還債務，戴維斯又一次傾家蕩產。年過四十的他遭受了再一次的打擊。

人們都以為他這次真的完了，年過四十的他，再也不可能承受這樣大的挫折了。然而戴維斯再次讓人們的預言失誤了。他承受住來自各方面的壓力，經過兩年的學習、準備，不顧家人親友的勸阻，再一次開了一家投資代理公司。

在這兩年中，他自學了MBA的大部分課程，加上多年來的商業經驗，使他新開的公司一舉成名。如今的戴維斯，已經是功成名就了。他的公司下屬的子公司遍布美國，經營業務種類達幾十種。

許多在職場上奮鬥的朋友都特別恐懼失敗，生怕跌倒了爬不起來。其實，這是極其錯誤的。失敗有時不可避免，有時又甚至是有益的和必需的。正如日本管理專家土光敏夫所說：「遭到一次失敗，實際上不見得就是失敗。重要的是，如何轉敗為勝。」

跳脫輸家思維

人生贏家還是輸家，往往只有一念之差

所有成功的故事都伴隨著一些失敗，兩者的唯一不同就在於，那些最終成功的人們能在每次失敗之後都重新站起來。這就是所謂的在失敗中前進，而不是退縮。失敗者和成功者，他們在年齡、經歷、種族、背景等方面都相類似，但只有一點例外，即他們各自對失敗的反應不同。失敗者跌倒後，從此再也站不起來；平庸者跌倒後，跪倒在地上，小心翼翼爬行。可是成功者不一樣，他們跌倒後，會馬上爬起來，拍掉身上的灰塵，移走讓他跌倒的障礙，然後沿著既定的目標，繼續大踏步向前。

一九四一年，在湯馬斯．愛迪生六十七歲時，一場大火把他價值數百萬美元的工廠燒得一乾二淨。看到自己花費一生心血苦心經營起來的工廠，在一片火花中變成廢墟，年近七十的愛迪生並沒有氣餒，反而說：「這場災難有很大的價值。因為我們所有的錯誤都被燒掉了。感謝上帝，我們又可以有一個新的開始了。」就是因為有著如此積極樂觀的態度，有著如此堅持不懈的毅力，在這場災難發生的三個星期之後，愛迪生又發明了留聲機。

在許多時候，成功就產生於失敗後「堅持一下」的努力之中。法國科幻作家凡爾納（Jules Gabriel Verne）的處女作《氣球上的五星期》寫成後，當時沒有一家出版社願意出版這本書。這本書一連被退稿十五次，當書稿送到第十六家出版社時，才遇上「伯樂」。如果凡爾納沒有妻子的鼓勵，在第十五次退稿時就不再堅持試一試，那麼《氣球上的五星期》就可能夭折。在成功的路上，敗而不餒，再堅持一下，往往能取得反敗為勝的關鍵性成功。相反，許多人遇到一點挫折就打退堂鼓，半途而廢，結果常常與成功擦肩而過。

電話是誰發明的？恐怕大家會異口同聲說出美國發明家貝爾這個名字。其實，在貝爾之前，還有一位發明家曾為研發電話作出過重大貢獻，他就是雷斯（Johann Philipp Reis）。

雷斯研究過一種傳聲裝置，能用電流傳送音樂。可惜這套裝置不能傳送話音，無法與遠處的人交談。雷斯的裝置之所以不實用，除了其他原因外，一個重要的原因就是這一裝置的一顆螺絲釘，少轉了二分之一圈——大約零點五毫米。

貝爾在雷斯研究的基礎上，一方面採取了新措施（例如不使用間斷的直流電，改為使用連續的直流電，從而解決了傳送短促多變講話聲的問題），另一方面將雷斯裝置上的那顆螺絲釘，多轉了二分之一圈。雷斯的疏忽被貝爾糾正了，奇蹟也隨之出現：不能通話的雷斯裝置終於成了實用的電話機。

貝爾的改進不僅使雷斯本人瞠目結舌，而且感慨萬千。雷斯說：「我在離成功零點五毫米的地方灰心了，我將終生記住這個教訓。」

雷斯的教訓值得每一個人引以為戒。因半途而廢造成的失敗，會讓你終生遺憾。如果一遇到失敗便灰心喪氣，半途而廢，那麼成功永遠只能是海市蜃樓。

◀自斷後路求生

有一句成語叫做「置之死地而後生」，也就是說斬斷自己的後路，讓自己陷入絕境中，往往可以創造奇蹟。人們做事時總想著要給自己留條後路，進可攻退可守，這是一種比較謹慎的做法，但這種做法常會導致一個人失去進取心，所以必要的時候，我們應該主動斬斷自己的退路，破釜沉舟的人往往能夠絕地逢生。

一名年輕人大學畢業後求職，但由於他的科系實在太冷門，半年過去了仍未找到工作。他老家在一個偏遠的山區，為了供他上大學，家裡已經拿出了全部的積蓄，所以，即使再沒有錢，他也不好意思再跟家裡伸手了。

在一個陽光和煦的午後，年輕人在大街上漫無目的走著，路過一家餐廳時他停住了。他已經記不清有多久不曾吃過一頓有酒有菜的飽飯了。餐廳裡那光亮整潔的餐桌，美味可口的佳肴，還有服務生溫和禮貌的問候，令他無限嚮往。他的心中忽然升起一股不顧一切的勇氣，於是便推開門走進去，選一張靠窗的桌子坐下，然後從容點菜，又點了一瓶啤酒。吃過飯後，又將剩下的酒一飲而盡，他借酒壯膽，努力做出鎮定的樣子對服務生說：「麻煩你請經理出來一下，我有事找他談。」

經理很快出來了，是個四十多歲的中年人。年輕人開口便問：「你們要雇人嗎？我來打工可以嗎？」經理聽後顯然愣了：「怎麼想到這裡來找工作呢？」他懇切回答：「我剛才吃得很飽，我希望每天都能吃飽。我已經沒有一分錢了，如果你不雇我，我就沒辦法還你的飯錢。如果你可以讓我來這裡打工，那就有機會從我的薪水中扣除今天的飯錢。」

餐廳經理忍不住笑了，向服務生要來他的點菜單看了看說：「你沒有貪心，看來真的只是為了吃飽飯。這樣吧，你先寫個履歷給我，看看可以給你安排什麼工作。」

此後這個年輕人開始在這家餐廳的打工生涯，歷盡磨難，從辦公室文書做到西餐部經理，又做到副總經理；再後來，他集資開了自己的餐廳。

可見，遇到非常時期，人就需要一點非常思維和非常勇氣。在最後的關頭，唯有抱著破釜沉舟的決心，才能絕地逢生。案例中的年輕人敢到餐廳裡吃「霸王餐」，並以一種奇特的方式向經理推薦自己，這都是因為他知道自己身無分文，已經沒有退路了，因此才有了這種不顧一切的勇氣，可以說他的成功其實有一點偶然性，我們可能永遠都碰不到這樣的情況，所以有時要拿出勇氣斬斷後路，讓自己更快走向成功。

李先生創辦了一家內衣工廠，剛開始賺了不少錢，十幾年後，他的內衣工廠規模已經非常大了，但利潤卻逐年下降，幾乎到了入不敷出的地步，原因是內衣市場的競爭越來越厲害，而內衣工廠生產的內衣已經跟不上潮流了。

經過幾天的反覆琢磨，李先生決定破釜沉舟。他不顧妻兒的反對，取出了所有的存款，然後召開員工大會，果斷宣布停止現有內衣樣式的生產，請設計人員重新設計新款內衣，全廠員工都可以提出自己的想法，設計方案被採用的人可獲重賞，他說：「這是我們最後的機會了，我拿出自己的全部存款設計，如果失敗了，那麼我就是一個一無所有的窮光蛋，而你們也將失業；但如果成功了我就會論功行賞，你們的生活也就有了保障。失敗成功在此一舉，大家一起努力吧！」

這件事使全廠上下都振奮起來，採購人員買來了市面上能找到的所有款式，設計人員不分晝夜設計，員工紛紛提出自己的看法，從樣式、布料，再到裁剪，為設計人員提供了不少靈感，有時一天竟拿出二十多套設計方案，一些員工還自動自發上街調查，看現在的女孩究竟喜歡什麼樣的款式。而業務更是拚盡全力拉客戶。一個月後，一批新款式內衣設計完成了，一些客戶已經開始訂貨，工人又開始加班生產內衣……結果這些內衣一上市就受到了顧客好評：款式美觀，品質好，價格適中。訂貨的客商像潮水一樣湧來，李先生的內衣工廠又復活了。

我們不得不佩服李先生的勇氣和膽識，工廠陷入困境時，他本可以關閉工廠遣散工人，這樣做他還可以保住自己的存款，雖然失去了工廠，但一輩子還是可以衣食無比。但他卻不顧家人的反對，徹底斷了自己的後路，跟員工一同為工廠的未來而努力奮鬥，最終取得了輝煌的勝利。其實把自己推向絕路就代表你必死無疑，不為自己留下退路，就沒有了多餘的顧慮，必將勇敢前行，而人在面臨危險、絕望之際，往往會爆發出無窮威力，因此會取得出人意料的成功。

愛惜生命、物品和金錢是人類的天性，但如果遇到危險或困難時，還受這種思維的局限那你就會慘遭失敗。「置之死地而後生，投之亡地而後存」，有時只有破釜沉舟，才能柳暗花明。

◀與其等待運氣，不如加強實力

無數的成功人士告訴我們，機遇和實力是成功的有力保障。我們不得不承認機遇的重要性，機遇是我們展現自己、面向成功的關鍵，但是相對於機遇而言，實力是走向成功的通行證。成功＝實力＋機遇。二者共同促成了我們的成功，但機遇必須依托實力發揮作用。成功的路上，

第五章 痛定思痛，敗中求勝

與其等待運氣，不如加強實力

沒有實力做基礎，機遇便毫無意義。

首先，實力是發現機遇的眼睛。機遇無處不在，只是你看不看得見而已。

其次，實力是抓住機遇的雙手。抓住機遇必須依靠實力，有很多人，他們的身邊並不缺少機遇，但是他們卻沒有成功，究其原因，是因為他們在實力上低人一等。

再次，有實力的人不僅善於把握機遇，而且善於創造機遇。當他們自身實力累積到一定程度的時候，機遇就會自動登門拜訪。

約瑟夫．賀希哈是一位猶太人，小時候還一度淪為在垃圾桶中尋找食物的小乞丐。在美國這個號稱世界經濟最發達的國家，年幼的約瑟夫．賀希哈雖然在學校讀書機會不多，但他受父母的精神影響深遠，能夠做到人窮志不窮，他在乞討的生涯中時刻渴望有朝一日事業有成。他不像其他一些孩子，環境的惡劣把他們的眼睛和志向都蒙住了，催化了他們不思進取的人格，甚至有的走向可怕道路，諸如小偷、搶匪等。

約瑟夫．賀希哈在流浪街頭覓食的過程中，每天拾獲別人廢棄的報紙，他就坐在街邊的石椅上看，晚上借助路邊燈光閱讀撿來的書。在這麼一種惡劣收環境下，他慢慢對書報上的經濟訊息、股市行情產生興趣，他決心從股票方面發展自己的事業。一般人聽起來會覺得十分可笑。一個衣不蔽體、食不果腹的一無所有者，竟然想發展股票事業，那簡直是異想天開。但是約瑟夫．賀希哈就是憑著他這股頑強的進取精神，一步一步向這個發展目標前進。

一九一四年，第一次世界大戰開始了，紐約證券交易所和美國證券交易所都因經營慘淡而關閉了，美國絕大多數證券公司也岌岌可危。就在這個時刻，約瑟夫．賀希哈在奮發進取精神的驅使下到證券交易所找工作。幾位在交易所門口玩紙牌的人聽到他來找工作，不禁哄然大笑，認為他在股市大崩潰的情況下還想做股票，是精神有問題。

小賀希哈沒有灰心喪氣，他轉身到別的交易所去尋找工作，接連受到了冷水般襲來的譏笑。他只好到了百老匯大道，在艾默生留聲機公司找到一份工作。那是一份做辦公室雜務和車間總機接線的工作，薪水很低，每週時二美元，但他愉快接受下來。

小賀希哈認識到「千里之行，始於足下」，人生的奮鬥目標總是從足下開始。他牢牢記住古希臘物理學家阿基米德的名言：「只要給我一個支點，我就能撐起整個地球。」他滿腔熱情開始了工作，並珍惜自己獲得的一個支點的機會，利用晚間和假日認真鑽研股票業務和市場行情。

不久，賀希哈發現艾默生留聲機公司發行股票和經營股票，於是他用心注意著公司的經營情況。他想自己現在從事的雜務工作與股票工作差距太大，怎麼能使自己接近、直到參與它呢？他邊工作邊注意公司運作規則，邊考慮怎麼登上這一台階。一天，他發現總經理辦公室裡有一個股市行情指示器，他憑著多年鑽研股票的知識深明它的作用。他在該公司賣力工作了半年多，在總經理的眼裡留下了一點印象。

於是在一天上午，他鼓起勇氣敲總經理辦公室的門，大膽提出：「總經理先生，我可以做您的股票經紀人嗎？」

總經理驚訝後沉默了一下，盯著這位猶太青年，覺得他半年來工作勤快，反應靈活，並有勇氣向自己提出這個要求，心裡已默認了。他對賀希哈說：「膽量是大海衝浪的首要條件，你既然有這種勇氣，可以試試看！」

此後，賀希哈成為艾默生留聲機公司股票行情圖的繪製員，他運用自己積累的股票知識和行情資料很快就上手了。在工作中，他對股票買賣領悟更深了，為他日後事業的發展打下了堅實基礎。

賀希哈在艾默生公司工作時節衣縮食，設法為自己積累一點本錢。他每天除了花很少的車費、午餐和零用錢外，其餘全部存下來；同時，他還替另一家股票交易所當跑腿，這份兼差工作是從每天下午六點到第二天凌晨兩點，來回跑送有關文件，從中每星期賺取十二美元的報酬。經過三年的艱辛努力，他積攢了二百五十美元。於是，他根據自己的奮鬥計畫，獨立成為一名股票經紀人，從此走上發跡之路。不到一年時間，他已經擁有一百六十八萬美元資產了。

有的人靠運氣發跡，有的人靠實力發跡。前者的錢來得也快，去得也快，因為他無法保證好運每次都有會降臨。後者也有可能被壞運氣所擊倒，但他很快又會站起來，無論多麼惡劣的環境，他的實力都可以讓他無往不利，所以，想在職場上有一番作為的你與其等待運氣，還不如去加強實力。

◀創造對策，扭轉敗局

面對失敗，我們常會暴露出抱怨、膽怯、絕望等人性的弱點，只有努力克服這些弱點，我們才能從失敗中總結經驗，才能取得最後的成功。在危機來臨的時候我們應該做到不必慌亂，千萬別束手無策，要全力以赴，從能做的做起。同時，以強烈的求新求變意識摸索創造對策，讓自己在最短的時間內扭轉敗局，反敗為勝。

美國的波音公司和歐洲的空中巴士公司（Airbus S.A.S.）曾為爭奪日本「全日空」的一筆大生意打得不可開交，雙方都想盡各種辦法，力求爭取到這筆生意。由於兩家公司的飛機在技術上不相上下，報價也差不多，「全日空」一時無法決定。

可就在這關鍵時刻，短短兩個月內，世界上就發生了三起波音客機的空難事件。一時間，來自四面八方的各種指責都向波音公司匯集而來。這使得波音公司蒙受了奇恥大辱，產品品質的可靠性也受到了人們的普遍懷疑。這對正與空中巴士爭奪的那筆買賣來說，無疑是一個不好的徵兆。許多人都認為，這次波音公司肯定輸定了。但波音公司的董事長威爾遜卻並沒有為這一系列的事件所擊倒。他馬上向公司全體員工發出動員令，號召公司全體上下一齊行動，採取緊急的應變措施力闖難關。

他先是擴大了優惠條件，答應為全日空航空公司提供財務和配件供應方面的便利，同時低價提供飛機的保養和機組人員培訓，接著又針對空中巴士飛機的問題採取對策，在原先準備與日本人合作製造 A-3 型飛機的基礎上，提出了願和他們合作製造較 A-3 型飛機更先進的 767 型機的新建議。空難前，波音原定與日本三菱、川琦和富士三家著名公司，合作製造 767 客機的機身。空難後，波音不但加大了給對方的優惠，而且還主動提供了價值五億美元的訂單。

透過打外圍戰，波音公司博取到了日本企業界的普遍好感。在這一系列努力的基礎上，波音公司終於戰勝了對手，與「全日空」簽訂了高達十億美元的成交合約。這樣，波音公司不光渡過了難關，還為自己開拓了日本這個市場打了一場反敗為勝的漂亮仗。

所以，及時應變就能在被完全擊垮之前扭轉局面，掌握主動權。相信職場人士可以在上邊的案例中領悟到一些道理，在面對職場危機時，我們同樣要做到以下幾點：

1. 充分了解對方的需求，做好有針對性的準備。
2. 多付出一點點，以小利搏大利。
3. 誠信待人，博得他人的信任，贏得他人的合作。
4. 學會應變，遇到危機時，不要消極躲避，更不要以硬碰硬。
5. 全力以赴，靠你敏捷的思維化險為夷。

一九九一年九月，名聲顯赫的海霸王食品公司發生了中毒案，致使該公司的信譽一落千丈，營業額只有原來的百分之十；然而，在類似的情況下，美國喬克爾恩遜藥品公司卻能平安渡過危機。事情發生之後，該公司迅速採取了周密的應變策略，全力推行危機管理，制定了「終止死亡，找出原因，解決問題、通告民眾」的重要決策。在獲悉第一個死亡消息一小時內，公司人員立即對這批藥品進行化驗，結果表明陰性。但他們還是花費大量經費通知四十五萬個包括醫院、醫生、批發商在內的用戶，請他們停止出售，並立即收回該公司的藥品。同時撤銷所有的電視廣告，把事實真相以及公司所採取的對策迅速向民眾告知，最終消除了民眾的誤解，僅僅三個月就恢復了生機。

英國航空公司也曾遇到這樣一件事：一次，一架由倫敦經紐約、華盛頓飛往邁阿密的英國航班，因機械故障被迫降落後在紐約禁飛。乘客對此極為不滿，對英國航空公司怨聲載道。該公司立即調班機，將六十三名旅客送往目的地。當旅客下機時，英航職員向他們呈遞了言辭誠懇的致歉信，並為他們辦理退款手續，六十三名乘客免費搭乘了此班飛機。此舉異常高明，儘管英航損失了一大筆錢，但起了力挽狂瀾之功效，大大弱化了乘客的不滿情緒。英航的這一舉措被人們廣為流傳，不僅未使英航聲譽受損，反而大大提高，乘客源源不斷。

所以，在我們面對糟糕的局面時，一定要冷靜對待，在最快的時間內想好對策，將不利的局面及時挽回。面對困難時要相信自己是最棒的，只有相信自己的人才能應對一切困難和突發事件，才能掌握自己的命運，從失敗的地方爬起，徹底扭轉敗局。

同樣，在社會上打拼的人也一樣，在面對危機時千萬不要麻木，不要感到不知所措，要學會應變，根據不同的情況做出相應的變通。這樣才有可能克服困難，通向成功。

◀困境擊不垮有志者

追求成功如逆水行舟，不進則退。我們如果只能在諸事順遂的情形下贏得勝利，不但沒有大將的風範，而且勝利也只是暫時、不穩固的。逆水行舟才能看出船長的本領；困境奮起，以勇氣和堅忍不拔贏得成功，才是難能可貴。成大事猶如尋道登山，勇敢的人才能攀上絕頂。狹路相逢勇者勝。氣貫長虹，料敵如神，才能戰勝對手。在追求成功的過程中，你若失去了財產，你只失去了一點兒；你若失掉了勇氣，你就把一切都失掉了。

伊爾莎年輕的時候，有一次，父親帶她登上了羅馬一座教堂高高的塔頂。

「往下瞧瞧吧，伊爾莎！」父親說道。

伊爾莎鼓足勇氣朝腳底看去，只見星羅棋布的村莊環抱著羅馬，如蛛網般交叉彎曲的街道，一條條通往羅馬廣場。

「好好瞧瞧吧，親愛的孩子，」伊爾莎的父親很溫柔，「通往廣場的路不只一條，生活也是這樣。假如你發現走這條路達不到目的地，你就走另一條路試試！」

伊爾莎的生活目標是成為一名時裝設計師。然而在她向這個目標前進了一小段路之後，就發現此路不通。伊爾莎想起了父親的話，決定換一條前進的道路。

伊爾莎來到了巴黎這個全世界的時裝中心。有一天，她碰巧遇到一位朋友，這位朋友穿著一件非常漂亮的毛絨衣，顏色樸素，但編織得極其巧妙。透過朋友介紹，伊爾莎知道編織這位毛衣的太太名叫維黛安，在美國學會了這種針織法。

伊爾莎突然靈機一動，想出了一種更新穎的毛衣的設計。接著，一個更大膽的念頭湧進了她的腦中：為什麼不利用父親的商號開一家時裝店，自己設計、製作和出售時裝呢？可以先從毛衣入手嘛！

於是，伊爾莎畫了一張黑白蝴蝶花紋的毛衣設計圖，請維黛安太太先織一件。織好的毛衣漂亮極了。伊爾莎穿上這件毛衣，參加了一場時裝商人矚目的午宴，結果紐約一家大商場的代表立即定購了四十件這樣的毛衣，並要求兩星期內交貨，伊爾莎愉快接受了。

然而，當伊爾莎站在維黛安太太面前時，維黛安太太的話讓伊爾莎的愉快情緒一下子消失得無影無蹤了。「你要知道，編織這麼一件毛衣，我幾乎要花上整整一星期的時間啊！」維黛爾太太說，「兩星期要四十件？這根本不可能。」

眼看勝利在望，此路又不通了！伊爾莎沮喪至極，垂頭喪氣告辭了。走到半路上，她猛然止步，心想：必定另有出路。這種毛衣雖然需要特殊技能，但可以肯定，在巴黎，一定還會有別的美國婦女懂編織。

伊爾莎連忙趕回維黛安太太家，向她說出了自己的想法。維黛安太太覺得有道理，並表示樂意協助。伊爾莎和維黛安太太好像偵探一樣，調查了住在巴黎的每一位美國人。透過朋友輾轉介紹，她們終於找到了二十位懂得這種特殊針織法的美國婦女。

兩個星期以後，四十件毛衣按時交貨，從伊爾莎新開的時裝店，裝上了開往美國的貨輪。

此後，一條裝滿時裝和香水的河流，從伊爾莎的時裝店裡源源不斷流出來。

貝利．法伯（Barry J. Farber）在他轟動全球的《聚焦法則》一書中指出：困境會擊垮我們，但也可能鍛鍊我們。只要我們不被困境擊敗，我們就可以愈發堅強。

據他對在商業、體育、教育、娛樂、科學、醫學、政治等各領域獨領風騷的成功者進行調查，發現他們都有個共同點：在人生某個時期裡，都曾迷失過方向；也就是說，他們沒有一個人是一帆風順到達頂峰。他們全都碰到過困境、挑戰、挫折、衝突、壓力、排斥、失望，他們和我們一樣都曾跌倒過。他們之所以能脫穎而出，全在於當事情不順利時能夠有所作為，不輕言逃避。

實現夢想並發揮潛能和生活在怯懦及妥協之中，其實只有一線之隔而已，因為那全都是在你一念之間。成功人士將過錯、失望、障礙及失敗當做成功的基石，以此擺脫困境，再振雄風。對他們來說，每一次的失敗都是一次寶貴的教訓，而每一次的教訓都是讓他們再試一次的本錢。可以說，他們相當善於運用自己的失敗。說得更精確一點，他們之所以不平凡，正是因為他們勇於面對錯誤及困境，從中總結經驗，吸取教訓。他們知道，只有不斷征服困境才能成功。

卡內基在紐約市教授成人教育課程時，發現很多人都有一個很大的遺憾，就是沒有機會接受大學教育，他們似乎認為未進大學是一種缺陷，而他認識的許多成功人士都沒上過大學。因此，他知道這一點並沒有這麼重要，他常告訴這些學員一個失學者的故事——

他的童年非常貧困，父親去世後，靠父親的朋友幫忙才得以安葬。他的母親必須在一家製傘工廠一天工作十個小時，再帶些零工回來做，做到晚上十一點鐘。

他就是在這種環境下長大，有一次，他參加教會的戲劇表演，覺得表演非常有趣，於是就開始訓練自己公開演說的能力。後來他進入政界，三十歲時，他已當選為紐約州議員。不過對接受這樣的重大責任，他其實還沒有準備妥當。事實上，他還搞不清楚州議員應該做些什麼。他開始研讀冗長複雜的法案，這些法案對他來說，就跟天書一樣。他被選為森林委員會委員，可是因為他從來不了解森林，所以他非常擔心。他又被選入銀行委員會，可是他連銀行帳戶也沒有，因此他十分茫然。他告訴我，如果不是恥於向母親承認自己的挫折感，他可能早就辭職不做了。絕望中，他決定一天研讀十六個小時。憑藉這種努力，他由一位地方政治人物提升為全國性的政治人物，他的表現如此傑出，連《紐約時報》都尊稱他是「紐約市最受敬愛的市民」。

這位戰勝了弱點、充分發揮自己的優勢一舉成名的傳奇人物，叫艾爾弗雷德．E．史密斯（Alfred Emanuel "Al" Smith）。在艾爾開始自我教育後的十年，他成為紐約州政府的活字典。他曾連任四屆紐約州長——當時還沒有人擁有這樣的紀錄。一九二八年，他當選為民主黨總統候選人。包括哥倫比亞大學及哈佛大學在內的六所著名大學，都曾頒授榮譽學位給這位年少失學的人。

艾爾親口告訴卡內基，如果不是他一天勤讀十六小時，把他的缺失彌補過來，他絕對不可能有今天的成就。

第五章 痛定思痛，敗中求勝

困境擊不垮有志者

一位智者曾經說過：「你不可能遇到一個從來沒有遭受到失敗或打擊的人，你也同樣會發現人們成就的大小，和他們遭遇困境、克服失敗和打擊的程度成正比。」

每年的八月三十日，英皇集團（Emperor Group）的老闆楊受成都要回到家中，謝絕一切應酬，閉門反省整整一日。對於他來說，八月三十日是一個非常重大的紀念日。二十年前的這天，他什麼都失去了，只剩下一隻手錶。

事隔十年，已經擁有了十億港幣身價的楊受成在講起這段慘痛經歷時，心情很平靜：「我一生中最失敗的日子就是一九八三年八月三十日，比任何一日都痛苦。這天是星期六，早上八點，匯豐（銀行）打電話給我，叫我立即去當時的匯豐總行。我到了那裡，他們給了我一封信，說開會決定立即接收我的全部財產，包括所有公司、店鋪、汽車、遊艇、房屋等等，總之，除了我手上帶著的手錶之外，什麼都接收，連錢包裡的信用卡都要立即拿出來。」

這個消息猶如晴空霹靂！當天下午，他們全家十人抱頭痛哭，淒淒切切籌劃將來的生活，有兄弟說要去開計程車，幾個妹妹說想進工廠……

由巨富到赤貧，發生在一夜之間，速度之快，讓人無法承受。在這之前，年僅四十歲的楊受成，已掌管了一家上市公司——好世界投資有限公司。他那風流倜儻、樂觀豪爽的性格，使他活躍於多個上流社會的社交圈子，他身任港九鐘錶商會理事長、南九龍獅子會會長、仁濟醫院主席，以及富豪無不引以為身分象徵的香港馬會會員。從鐘錶界、珠寶界、地產界及至股票市場，楊受成無不得意，出盡了風頭，金錢、名譽、地位對他似乎特別青睞。

然而天有不測風雲。一九八二年初，香港地產業出現危機，在地產上押下了巨額賭注的「好世界投資有限公司」陷入了財務困境。匯豐銀行除了接管他公司名下的物業、珠寶及鐘錶資產外，連楊受成名下的私人財產也被接管。這些財產包括兩艘遊艇、兩輛勞斯萊斯的小汽車以及多輛其他牌汽車。

令楊受成銘記於心的是，當匯豐銀行將他的財產拍賣後，又來了一封信，要求接管楊受成一直用以代步的一輛八成新轎車。來信態度強硬：「轎車是成功人士的身分象徵，而你不是成功人士，因此要拍賣你的賓士。」

楊受成後來回憶說：「破產之後的巨大反差的確使人痛苦失落，倘若我的性格不夠堅強，我早已看不開了，但我從無放棄的念頭，我確信可以有翻身的一天。我想，如果有重新出頭的機會，我就一定要做好，起碼要證明一些東西給人看，我楊受成不是一跌倒就爬不起來的人。我整天對人說，我是一個打不死的老兵。我很努力，比以前更勤奮，要奪回失去的一切東西。」

不久，他果然有翻身的機會，由於拍賣完「好世界」所有的財產後，仍不能抵償債務。為此，楊會計師向匯豐銀行提出一項建議，讓匯豐銀行與楊受成訂立一項為期八年的還債計畫。根據這項計畫，匯豐銀行給楊受成月薪兩萬港幣，訂立八年聘請合約，同時將楊受成抵押的珠寶存貨的一部分，約值三千萬港幣交與他經營，並另借予一千萬港幣做流動資金。就這樣，「寶石城珠寶有限公司」開業了，楊受成重操舊業，最後東山再起。

每一次的困境、失敗或挫折，都隱藏著再次成功的契機，當我們處在失敗的恐懼中時，看不見這種機會。所以一定不要恐慌，保持信心，努力追求，必將獲得更大的成功。

每一位成功人士都曾面臨困境、阻撓與失敗，他們也必定曾與深層的恐懼及缺乏自信奮戰過。然而，每一位成功人士也都因此而學會了如何將恐懼及失敗融入遠景，試圖由困境中獲得力量及知識。邱吉爾一生際遇坎坷，求學時成績不好，在騎兵隊裡也一直升不了官，榮膺財政大臣時，又碰上世界貨幣危機；愛因斯坦在上學時，代數相當差；羅斯福曾被當時的新聞媒體批評為二流人物，連他的母親也到處宣揚他的缺點；梵谷生前只賣掉一幅畫作；邀請莫扎特為其作曲的皇帝，也曾批評莫扎特的歌劇用的音符太多。但是，這些偉人並沒有被這些困境擊垮，反而更加努力，更加勤奮，所以我們今天的世界才會如此多彩多姿。

◀模仿成功的辦法

運用模仿的方法來解決問題，可以說是一種借鑑他人經驗獲得成功的方法。沃爾瑪的創始人山姆．沃爾頓（Samuel Moore Walton）曾經說過：「其實我做的每一件事的方法都是從別處學來的。」

潛能開發權威安東．羅賓斯（Anthony Robbins）也曾說：「在我看來，模仿是通往卓越的捷徑。也就是說，如果我看見有人做出讓我羨慕的成就，那麼只要我願意付出時間和努力，也可以做出相同的結果。」

許多人能解決問題或是獲得成功，都是在模仿的基礎上創新，並加入自己獨特的元素，從而將原本屬於他人的創意變成了自己的創意。

在大約二十多年前，美國報紙曾經以「一個針孔價值百萬美元」為大標題，競相報導一個小發明，據說這一發明就是透過嫁接性模仿獲得。

當時，美國製糖公司每次把糖輸出到南美時，砂糖都在海運中變得潮濕，損失很大。為了克服這個缺點，他們花費了許多時間和金錢，邀請專家從事研究，但始終找不出一個良好的方法。該公司有個工人，他也在動腦筋，希望能夠想出一個簡單的防潮法。後來他終於發現在糖包裝盒的角落上戳個針孔，使它通風就能達到防潮的目的。

由於這個方法，竟然使糖橫渡大西洋而不至於潮濕了，這位工人也因此獲得了豐厚的報酬。一位先生聽了這消息之後，立即激起一股模仿的衝動，希望自己也能夠戳個洞防濕或防蒸汽，以獲得專利權，於是他便東戳西戳開始研究。他到處做戳孔實驗，最後竟然發現，在打火機的火芯蓋上鑽個小孔很有價值。普通打火機注一次油只能維持十天，打孔之後，卻能一次注油保持五十天之久。他馬上向政府申請專利，然後開始大量生產這樣的打火機，結果銷路極佳，賺取了大量的財富。

可以說，如果沒有這樣一個嫁接性模仿的思路，案例中的這位先生不會產生這樣的發明創造。當然，我們並不主張大家整天都去尋找各類「小孔」，而是提倡一種模仿的理念：當你發現好的想法、經驗時，你完全可以借鑑，在理解、創新之後，將其變成自己的東西。

模仿別人已有的成功辦法，也要結合自己的實際情況，不能生硬照搬，不然就成了「東施

第五章 痛定思痛，敗中求勝

模仿成功的辦法

效顰」、「邯鄲學步」了，模仿別人也要模仿中有創新。正如齊白石先生教育學生時說過：「學我者生，似我者死。」其實，模仿本身就是創新的手段之一，創新並不排斥模仿，從成本與效率的角度看，創新中應該包含模仿，有創新性的模仿本身也是一種創新。

有這樣一則寓言，講述了模仿不當的危害性：

一個人到樹林裡砍倒一棵樹，並把它鋸成木板。他在鋸樹的時候，把樹幹的一頭放在樹墩上，自己騎在樹幹上，還往鋸開的縫隙裡打一個楔子，然後再鋸，過了一會兒，又把楔子拔出來，再打進一個新地方。

一隻猴子坐在一棵樹上看著他做這一切，心想：原來伐木如此簡單。這人累了，就躺下來打盹。猴子見是機會，從樹上飛快爬下來，也騎到樹幹上，模仿著人的動作鋸起樹來。可是，當猴子要拔出楔子時，樹一合攏，夾住了它的尾巴。猴子疼得尖聲大叫，把人給吵醒了，最後被人用繩子捆起來。

所以，模仿也要有創新。解決問題的竅門，在於你會不會把別人的方法正確拿來使用，生硬模仿，只會弄巧成拙。成功的模仿，要針對具體問題，對前人經驗靈活選取。同時，不能只滿足於模仿，要透過模仿漸進式創新。

還記得牛頓的話嗎：「如果我所見的比笛卡兒要遠一點，那是因為我站在巨人的肩膀上。」但是值得強調的是，不學思維方式，而僅僅模仿別人表面化的東西，那無異於邯鄲學步。

這個典故想來我們都知道：戰國時期，有個燕國人到趙國邯鄲，見趙國人走路很美，就跟著學起來，結果不但沒有學好，反而連自己原來的步伐也忘了，只好爬著回去。所以最重要是要抓住成功者的思維，學到神似而不是形似。

還有就是在具體處理問題上的技巧的模仿了。其實模仿是通往成功的捷徑，而能推動和搖撼世界的人，往往都是那些擅長模仿的人。成功者之所以能達到目標，乃是窮多年之功，歷經無數的失敗才找出的一套特別之道。但是後來者完全沒有必要走他們的老路，只要走進使他們成功的經驗中，不需要花費像他們那樣多的時間，也許不多久就可以達到像他們那樣的成就。其實人類的教育過程，又何嘗不是一個人從前人的成功裡汲取經驗的過程？我們一生中大部分都在學習，而且必須一生學習，就是這個道理。

最懂得模仿之道的民族可能要數日本了。這兒有個比較極端的例子：有個日本人想了解美國競爭對手的情況，他隻身來到美國，並觀察這個企業的情況。一天，美國公司的總經理搭車外出，在門口把日本人的腿撞斷了。總經理非常內疚，想用錢補償，日本人說，他沒有工作，希望能在公司裡做事，總經理一口答應下來。於是，這個日本人進入了競爭對手的公司臥底，並學到了他想要的東西。一年後，日本人突然消失，接著美國的技術就出現在日本。

這裡我們姑且不論其中關於法律上智慧財產權的是與非，這種善於模仿成功者的精神，實在值得我們借鑑。其實能夠用已經證明有效的成功方法去做事的確很重要，別人能夠做到的你同樣也能夠做到。這跟你的意願無關，而涉及到你使用的方法，也就是參照成功者是怎麼去做。

第六章 自我救贖，困境重生

世上沒有什麼絕路，只有絕望的心態；戰勝自己，改變自己，就會絕處逢生。人們能爭取的東西很多，只是往往低估了自己的能力和價值。要想突破困境，我們就要掌握自我救贖的方法，只有這樣我們才會品嘗到甘美的勝利果實。面對困境時，我們應該腳踏實地，主動出擊，並以此作為原動力解決人生道路上遇到的一切問題。

◀莫道桑榆晚，揮劍斬西風

常常聽到有人慨然長嘆：「老了，不中用了。」似乎奮發進取都是年輕人的事，老年人早該退居二線，死守風燭殘年了。年齡果真有如此大的魔力嗎？

拯救了美國克萊斯勒集團公司的艾科卡，將一大群早已退休的優秀人才組織到他的團隊中，成為他的得力助手。每次他去日本出差，遇上的朋友大都是老年人，最年輕的也有七十四歲。因此他在自傳中憤慨指出：「退休制度簡直是一種扼殺天才的方法。」

一八三二年十月，一艘名為薩利號的輪船在大西洋中行駛。一天傍晚，美國醫生傑克遜手中拿著一個叫電磁鐵的裝置，興致勃勃為旅客們講電磁鐵的原理，並說電能快速通過任何長度的導線。在旅客中，有一位叫摩斯（Samuel Finley Breese Morse）的美國畫家被深深吸引住了，他想，能不能用電流傳輸電磁訊號，瞬間把消息傳送到千里之外……這個想法讓摩斯激動得睡不著覺，他決定研究電磁學發明電報。從此，摩斯的生活發生了根本的轉變。

這時的摩斯已經是四十一歲，但他並不以此為意，仍像年輕人一樣，從頭讀起了電磁學。同時，他把自己的畫室改成實驗室，在裡面夜以繼日工作。三年過去了，他的工作一點起色也沒有。這時他已用光了自己所有的積蓄，不得已他只好又拿起畫筆，到大學裡擔任美術老師，邊上課邊用賺來的錢做實驗，有時候他只能以麵包度日。

經過千百次的實驗後，摩斯發現：如果將電流到達的片刻，發出火花作為一種訊號，電流接通而沒有火花，作為另一種訊號，電流接通時間加長又作為一種訊號，這三種訊號組合起來，就可以代表全部的字母和數字，文字就可以通過電流在電線中傳到遠處了。

一八三七年，他終於設計出了著名的摩斯密碼，試製成功了能在短距離傳遞電碼的電報機。他非常高興，想請幾位有錢人資助他繼續做實驗，卻遭到了別人無情的嘲諷，有人甚至說：「摩斯先生，你是在開玩笑吧，竟然叫我拿錢投資一個玩具！」

摩斯沒有放棄，為了繼續實驗，他只好把自己珍藏多年的幾幅名畫賣掉，籌集資金以做實驗。後來，摩斯帶著改進後的電報從紐約到了華盛頓，請求國會提出一項專款，建立一條電報實驗線路的議案。但該議案由於國會很多人不贊成而沒有通過，摩斯心裡非常難過，當他返回紐約時口袋裡剩下還不到一美元。

沒想到的是，沒過多長時間，他收到了一份公函，告訴他參議院經過再次審議，已通過了關於修建電報實驗線路的撥款提案。五十三歲的摩斯激動得熱淚盈眶。他向別人借了五十美元買了一套新衣服，興沖沖趕到華盛頓。

世界上第一條實用的電報線路，很快在華盛頓和巴爾的摩城之間建成了。一八四四年五月二十四日，在華盛頓國會大廈聯邦最高法院會議廳裡，摩斯親手操縱著電報機，隨著一連串的「點」、「劃」訊號發出，六十四公里外的巴爾的摩城收到由「嘀」、「嗒」聲組成的人類歷史上的第一份電報。

可見，人的潛力是巨大的，年齡這東西只不過是一種生理現象，對個人才幹的發揮沒有多大影響，所以你大可不必覺得如今的職場只是年輕人的天下，只要你有聰明才幹，職場還是有你的三分天下。

我們再來看看下邊這個案例，大家都知道肯德基，但它是怎樣創辦出來的呢？追根溯源，要首推桑德斯上校（Harland David Sanders）了。桑德斯上校原本有一家生意興隆的汽車旅館，他原準備依賴這個旅館來安度晚年，不幸的是城市的規劃建設將原本為他帶來財源的高速公路改道了。旅館被迫關門，財路斷了，他的身上除了有一份製作炸雞的調味方子，一無所有了。於是，他離開了這個給過他夢想的地方，來到了加拿大，準備重整炸雞事業，闖出一番轟轟烈烈的事業。然而他失敗了，七十多歲的他再一次受到沉重的打擊，但是他沒有退卻。他又回到自己的家鄉，苦心研究，決心捲土重來。終於，他成功了，成為炸雞事業的「鼻祖」。

從上述幾個例子可以看出，判斷一個人年輕與否，並不能單從生理年齡上劃分，重要的是要看他還有沒有保持年輕的心境。也就是說，人不分老幼，只有保持青春的活力，才會永遠年輕。

青春並不是特指我們一生中某一時間階段，而是一種心理狀態，它代表一種生命的力量，一種昂揚的意志，一種充滿理想的能力，一種向著目標邁進的動力。它不會隨著年齡的成長而衰減，而能使人忘記年齡，永保青春。

有些人之所以過早衰老，並不是因為年歲與日俱增，而是因為他放棄了理想，放棄了目標，因而也就喪失了生命的熱忱。

「年輕就是資本」。當我們身處困境一無所有時，記住，拿出你這個唯一、很有可能別人沒有的資本，以最小的成本獲取最大的利潤，相信困境會給你一個青春永駐的最好機會。

◀壓力激發動力

生活既然選擇了我們，我們就無權選擇生活。在生活中有各式各樣的壓力，我們沒有辦法去選擇承受哪一種壓力，但我們可以決定用什麼樣的方法去面對壓力，解決壓力。

海倫．凱勒在一歲多的時候，因為生病，變得又聾又啞。由於這個原因，海倫的脾氣變得非常暴躁，動不動就發脾氣摔東西。家裡人看這樣下去不是辦法，便替她請來一位很有耐心的家庭教師蘇麗文小姐。海倫在她的薰陶和教育下，逐漸改變了。她利用僅有的觸覺、味覺和嗅

第六章 自我救贖，困境重生

壓力激發動力

覺來認識四周的環境，努力充實自己，後來更進一步學習寫作。幾年以後，當她的第一本著作《我的一生》出版時，立即轟動了全美國。

在她的〈假如給我三天光明〉一文中，更是表達出她堅強、樂觀和向上的精神，而這一切都該歸功於她對生活的認識。

當把失明僅僅當作一項壓力的時候，她痛苦惆悵，所以她不能真正面對生活；當她把壓力化作動力的時候，生活就選擇了她。

壓力是一支強心劑，促使我們駕著生命的車輪，不斷快速向上滾動，伴著我們在人生之書上寫下輝煌的篇章，在人生大舞台上盡情展現自己的風采。試想，一個懶散沒有壓力的人是如何的墮落沉寂，他只會為別人的成功而喝彩，自己卻一事無成，安於現狀，任時光流逝、歲月蹉跎，在風塵中死去。

二次大戰時期，米諾肩負著沉重的任務，每天花很長的時間在收發室裡，努力整理在戰爭中死傷和失蹤者的最新紀錄。

源源不絕的情報接踵而來，收發室的人員必須分秒必爭處理，一點小錯誤都可能會造成難以彌補的後果。米諾的心始終懸在半空中，小心翼翼避免出任何差錯。

在壓力和疲勞的襲擊之下，米諾患了痙攣性結腸炎。病痛使他憂心忡忡，擔心自己從此一蹶不振，又擔心是否能撐到戰爭結束，活著回去見他的家人。

在身體和心理的雙重煎熬下，米諾整個人瘦了三十四磅。他想自己就要垮了，幾乎已經不奢望有痊癒的一天。

身心交相煎熬，米諾終於不支倒地，住進醫院。

醫生了解他的狀況後，語重心長對他說：「米諾，你身體上的疾病沒什麼大不了，真正的問題是出在你的心裡。我希望你把生命想像成一個沙漏，在沙漏的上半部，有成千上萬的沙子，它們在流過中間那條細縫時，都是平均而且緩慢，除了弄壞它，你跟我都沒辦法讓很多沙粒同時通過那條窄縫。人也是一樣，每一個人都像是一個沙漏，每天都有一大堆的工作等著去做，但是我們必須一次一件慢慢來，否則我們的精神絕對承受不了。」

醫生的忠告給米諾很大的啟發，從那天起，他就一直奉行著這種「沙漏哲學」，即使問題如成千上萬的沙子般湧到面前，米諾也能沉著應對，不再杞人憂天。

他反覆告誡自己：「一次只流過一粒沙子，一次只做一件工作。」

沒過多久，米諾的身體便恢復正常，從此，他也學會如何從容不迫面對自己的工作了。

人沒有一萬隻手，不能把所有的事情一次解決，那麼又何必一次為那麼多事情而煩惱呢？不能即時改變的事，你再怎麼擔心憂慮也只是空想而已，事情並不能馬上解決；你應該試著一件一件慢慢來，全心全意把眼前的這件事做好。

人生在世，本來就會面臨各種各樣的壓力，當你學會調整自己，讓壓力一點一滴而來時，你會發現，壓力反而是一種動力，只要你按部就班，它就會不斷推動你努力前進。

一艘貨輪卸貨後返航，在浩瀚的大海上，突然遭遇巨大風暴。驚慌失措的水手們，急得團團轉。

老船長果斷下令：「打開所有貨艙，立刻往裡面灌水。」

水手們擔憂：「險上加險，不是自找死路嗎？」

船長很鎮定：「大家見過根深幹粗的樹被暴風刮倒過嗎？被刮倒的是沒有根基的小樹。」

水手半信半疑照做了。雖然暴風巨浪依舊那麼猛烈，但隨著貨艙裡的水越來越滿，貨輪漸漸平穩了。

船長告訴那些鬆了一口氣的水手：「一個空木桶，很容易被風打翻，如果裝滿水負重了，風吹不倒。在船上負重的時候，是最安全的時候，空船時，才是最危險的時候。」

其實我們每個人都是一艘船，生活和工作中的各種壓力就是我們的負擔，這些壓力雖然有時會令我們疲累、煩躁，但它同時也是保證我們前進的動力，若沒有這些壓力，我們就很容易被生活的波浪打翻。

◀敢於嘗試才有贏的希望

美國心理學家摩根．斯科特．派翠克（Morgan Scott Peck）說：「不恐懼不等於有勇氣。勇氣使你儘管害怕，儘管痛苦，但還是繼續向前走。」對一個渴望成功的人來說，勇氣就是面對巨大困難也不放棄的精神，是在遭受挫折後還要再試一次的膽量。

古時候有個國王，想委任一名官員擔任一項重要的職務，就召集了許多威武勇猛和聰明過人的官員，想試試他們之中誰能勝任。

「聰明的大臣們，」國王說，「我有個問題，想看看你們誰能解決它。」國王領著這些人來到一座誰也沒見過、很大的門前。國王說：「你們看到的這座門是全國最大最重的門，誰能把它打開？」許多大臣見了這門都搖了搖頭，其他一些比較聰明一點的人，也只是走近看了看，不敢開門。當這些聰明人說打不開時，其他人也都隨聲附和。只有一位大臣走到大門處，用眼睛和手仔細檢查了大門，用各種方法試著打開它。最後，他抓住一條沉重的鏈子一拉，門竟然開了。其實大門並沒有完全關死，而是留了一條窄縫，任何人只要仔細觀察，再加上有膽量，都會把門打開。國王說：「你將要在朝廷中擔任重要的職務，因為你不光限於你所見到或所聽到的，你還有勇氣靠自己的力量冒險一試。」

史東是（N.Clement Stone）美國聯合保險公司（UnitedHealth Group）的主要股東和董事長，同時也是另外兩家公司的大股東和總裁。然而，他能白手起家創出如此巨大的事業，卻是經歷了無數次磨難的結果，或者我們可以這樣說，史東的發跡史也是他勇氣的結果。

在史東還是個孩子時，就為了生計到處販賣報紙。有家餐廳把他趕出來好多次，但是他卻一再溜進去，並且手裡拿著更多的報紙。那裡的客人為其勇氣所動，紛紛勸說餐廳老闆不要再把他踢出去，並且都紛紛解囊買他的報紙。

史東一而再、再而三被踢出餐廳，屁股雖然被踢痛了，但他的口袋裡卻裝滿了錢。史東常常陷入沉思：「哪一點我做對了呢？」或者「哪一點我又做錯了呢？」「下一次，我該這樣做，

第六章 自我救贖，困境重生

敢於嘗試才有贏的希望

或許不會挨踢。」這樣，他用親身經歷總結出了成功的座右銘：如果你做了沒有損失，而可能有大收獲，那就放手去做。

當史東十六歲時的一個夏天，在母親的指導下，他走進了一座辦公大樓，開始推銷保險的生涯。當他因膽怯而發抖時，他就用賣報紙時被踢後總結出來的座右銘來鼓舞自己。就這樣，他抱著「若被踢出來，就試著再進去」的念頭推開了第一間辦公室。

他沒有被踢出來。那天只有兩個人買了他的保險。從數量而言，他是個失敗者。然而，這是個零的突破，他從此有了自信，不再害怕被拒絕，也不再因別人的拒絕而感到難堪。

第二天，史東賣出了四份保險。第三天，增加到了六份。二十歲時，史東設立了只有他一個人的保險經紀社。開業第一天，賣出了五十四份保險單，有一天，他更創造了一個令人瞠目的紀錄一百二十份。以每天八小時計算，每四分鐘就成交一份。

在不到三十歲時，他已建立了巨大的史東經紀社，成為令人嘆服的「推銷大王」。推銷員可能是世界上最具挑戰性的職業之一。可以說，不經過千百次被拒絕的折磨，就不能成為一個優秀的推銷員。史東有句名言，叫「決定在於推銷員的態度，而不是顧客……」

也許一個人經過幾番嘗試，最終也不見得就會取得成功，但是如果你不鼓足勇氣嘗試，那就永遠沒有成功的機會。很職場人士抱怨上天不給於自己成功的機會，感慨命運捉弄自己。其實機會就在他們身邊，只是因為他們自己害怕困難而自行放棄，而機會一旦喪失，就很難重新擁有。這也正是那些不得志的職場人士經常無法成功的原因。

很多時候，只要積極嘗試、努力，縱然沒有取得成功，你也畢竟擁有了經驗，而且你的精神意志也會在不斷的嘗試過程中漸漸得到鍛鍊和提升。想做就去做！只有做了，你才能真正懂得它對你意味著什麼，敢於嘗試是開啟成功大門的鑰匙，好運就在嘗試中。

真正的成功人士在每個機遇來臨的時候總是積極迎接，大膽嘗試，全身心投入；在多數人還不認可的時候已經付出了辛勤的汗水和心血，甚至是在多數人鄙夷的眼光裡成功。

想做就去做！只有做了，你才能曉得它對你意味著什麼，敢於嘗試是開啟成功大門的鑰匙！所以，在職場上，如果你行動了那麼就有兩種可能：成功或失敗，但如果你因為缺少勇氣而不採取行動，那麼結局就只剩下了一種：失敗。那麼在行動與等待之間你會如何選擇呢？

◀了解自己真正的價值

一個人只有了解了自己的價值，才能在職場中找到合適的位置，因此你可以沒有「知人之智」，但一定要注意培養「自知之明」。

一位自認為有才華的年輕人總是得不到公司重用，他非常苦惱，於是就質問上帝命運為何對他如此不公。

上帝從路邊隨便撿起一塊小石子，又隨即丟了回去，問年輕人：「你能找到剛才丟下去的那塊石子嗎？」

「不能。」年輕人搖了搖頭。

第六章 自我救贖，困境重生

了解自己真正的價值

上帝把手指上的金戒指取下來，丟到石子堆中去，又問年輕人：「你能找到我剛才丟下去的金戒指嗎？」

「能。」而且沒多久就找到了金戒指。

「你現在明白了嗎？」上帝問道。

年輕人猶豫了一陣，興奮回答：「明白了。」

其實，當一個人抱怨自己懷才不遇時，許多的情況恰恰是：他只不過是一塊小石子，而遠遠不是一塊金子。好好看清自己，是金子總會發光。

能夠清醒認識自己，是人之「明」者。全面而準確的把握自己，使自己充分發展是一個人成功者的必要條件。因為明白了這一點，你就可以掌握自己的命運，決定自己是一塊金子，還是一粒再普通不過的石子了。

善待自己、珍惜自己是認識自己為前提，而要充分認識自己的價值，就要首先了解自己所處的環境。就如同下面這個故事，身處的環境不同，所值的「價錢」也就不同。

有一天，一位禪師為了啟發他的門徒，給徒弟一塊圓圓的石頭，叫他去蔬菜市場並且試著賣掉它。這塊石頭很大很好看，但師父說：「不要賣掉它，只是試著賣掉它。注意觀察，多問一些人，然後只要告訴我，在蔬菜市場它最多能賣多少錢。」這個門徒到了菜市場，許多人看著石頭想：它可以當很好的小擺飾，我們的孩子可以玩，或者我們可以把這當作秤菜的秤砣。於是他們出了價，但只不過是幾個小硬幣。那個人回來後說：「它最多只能賣到幾個硬幣。」

師父說：「現在你去黃金市場，問問那兒的人，但是不要真的賣掉它，只問問價。」從黃金市場回來，這個門徒很高興：「這些人太棒了，他們樂意出到一千塊錢。」師父說：「現在你去珠寶商那兒問問那兒的人，但不要賣掉它。」他去了珠寶商那兒，他們竟然願意出五萬塊錢。他不願意賣，他們繼續抬高價格，最後出到十萬元。但是這個門徒說：「我不打算賣掉它。」他們說：「我們出二十萬元、三十萬元，或者你要多少就多少，只要你賣！」這個門徒說：「我不能賣，我只是問問價。」他不能相信：「這些人瘋了！」他自己覺得蔬菜市場的價已經足夠了。

他回來了，師父拿回石頭說：「我們不打算賣它，不過現在你應該明白，我之所以讓你這樣做，主要是想培養和鍛鍊你充分認識自我價值的能力和對事物的理解力。如果你是生活在蔬菜市場，那麼人只有那個市場的理解力，你就永遠不會認識更高的價值。」

如果你要了解自己的價值，就不要在蔬菜市場上兜售自己，為了「賣個好價錢」，你必須讓人把你當寶石看待。因此，你首先應該相信自己是一塊寶石、毫不畏懼把自己放在珠寶商的專櫃裡標價。當然，你必須至少具有一種可貴之處。其次，把自己放在「寶石」的行列裡，努力向精英看齊。當然，你需要看齊的是他們身上的優點並學習，而不是盯著人家的瑕疵以此自我安慰。這樣，你除了自己的「硬體」不能改變之外，「軟體」完全可以改變，你的價值也就可以確定了。

自我價值的確認，是職場人士生存的支柱，如果一個人看不到自己的價值，對人事就不會

第六章 自我救贖，困境重生

了解自己真正的價值

有明晰的看法，人云亦云，隨波逐流。這樣的人常常受制於他人，一旦災難降臨，就會不知所措。而有堅定的價值觀念的人，為人處世總有一定的原則，即便是身處惡劣的環境中，仍然是一顆能夠長成參天大樹的種子。

有一位技術工人因為工廠破產而離職了，他的同事為了謀生，各有各的生財之道。面臨這突然的改變，有的不知所措，有的「病急亂投醫」，轉到其他行業，但也只是眼下之舉，不會有什麼大發展，有的甚至懷著「天上也會掉餡餅」的暴富念頭，將時間與金錢花在研究買彩券上，忘記了自己還有什麼價值。但是，這位技術工人卻在心裡盤算著：一要靠自己的勞動致富；二要靠自己的本領，發揮自己的聰明才智，不可輕易放棄自己多年來練就的技術。正是靠著這樣非常樸素而又堅定的認識，他從報紙上應徵欄中獲得訊息，到一家修理廠應徵做一名修理工。他一邊勤奮工作，一邊在心裡籌畫，開一家自己的修理部。透過幾年的艱辛勞作，他有了一定的積蓄，這時正趕上一家修理廠轉讓，他便興奮前去洽談，將這家修理廠買下來。由於他高超的修理技術和誠實的經營之道，幾年以後，他的修理廠已是遠近聞名，規模雖然不大，但卻是平凡人的不平凡的事業。

其實，在困境中並不可怕，可怕的是在困境中喪失了自我。然而，一些人在困境中是非常容易看不清自己的價值。當然，這個時候價值觀最容易混亂，稍有不慎就會自我迷失。如果說上面那些為了生計，隨便改做他事的人，沒有看到自己的價值，那麼想靠歪門邪道來暴富的人，就完全迷失了自己，喪失了自己的價值。

◀拋棄自卑的意識

自卑在一個人的成功過程中，構築了障礙物，使其成為生活中的弱者，所以要想在社會上有所作為，就必須克服自卑，讓自己擁有積極的心態，「凡事都能做」就是克服自己的良方。

你是否曾經想過，準備在城市開創自己一生中最大的事業，但卻心存這樣的疑慮：如果成功的話將對我產生無比的意義，但若不幸失敗，我將會失去所有的一切。真正苦惱你的，是你始終無法對自己產生自信。對於任何事你都沒有把握，甚至無法確信自己是否真的能順利完成一件事。通常在事情尚未開始著手之前，你的意志便不由自主消沉，事實上你已經相當泄氣了。或許你已是四十歲的中年人，卻一直受困於自卑感的煩惱，對自己總是抱著否定的態度，所以在職場上總是碌碌無為。

你是否曾經，或正在為在公司中交往的對象大都是相當優秀的人，而感到十分自卑？你是否經常會為自己過於平凡的背景而嘆息？不管你是不是自幼生長在貧窮的環境中，有沒有進過名牌大學，你都不應該表現出妥協。如果你總自覺本身的背景、條件遠不如公司中的其他同事，基於這種心理影響，你為了與夥伴取得平等地位，因而往往四處炫耀和過分表現自我，以彌補自我壓抑的潛在意識，這樣只會讓你遭受到上司唾棄。

有一位企業家，曾經談及公司內一名前途相當看好的年輕人。他說：「我計劃大力栽培他，但是……我卻又不能讓他參與任何具有機密性的工作，這實在是一種遺憾，否則，我將能造就他成為我事業上的助手。」這位經營者表示唯有一項缺點，就是他相當多話。即使他本人無意如此，但無論什麼祕密只要讓他知曉，必然泄露無疑。經過心理分析的結果顯示，這名年輕人之所以多話，且守不住祕密的主要原因，是由於自卑感。換言之，他是為了彌補自卑感的心理，才忍不住向他人透露祕密，以炫耀自己。

在公司中，這位年輕人有不少參與公司重要會議的機會，也經常陪同上司參加各種會議。因此，他可輕易得知相關的重要消息、決定或其他資訊。這位年輕人於是把這些所謂的內幕消息，當作法寶向同事炫耀，而這種做法也的確滿足了他本人的自我表現欲望，公司同事對他投以欽羨的眼光，著實令他感到相當有成就感。而這位年輕人的上司，也就是前面提及的那位企業家，乃是一位為人和善且深具判斷力的人，當他注意到年輕人這項缺點時，便給予他適合的工作讓他發揮才能，也讓他逐漸了解，原來自己屢屢泄露祕密，竟是自卑感作祟的結果。經過這樣的自覺與自省之後，年輕人終於能夠認真工作，並發揮自信心的力量，成為公司的精英分子。

在工作中你應該放鬆心情，並非每件事都能達到預期的理想結果。成功固然美好，但即使失敗了，明天的風仍會繼續吹，希望依然存在。你所需要的只是增加信心，而非能力的原因。當無法確認自己的強項是什麼的時候，一個人最容易對自己失去信心，從而產生自卑感。

世上遭自卑感纏身的俘虜或背負不幸命運的人為數不少，但是若能採取適當的措施克服自卑感，這種痛苦就可解脫。

跳脫輸家思維

人生贏家還是輸家，往往只有一念之差

若要克服自卑感，就得找出自卑感的源頭，要找到自卑感的源頭，必得花費不少時間分析，但這是絕對必要的重要步驟。我們必須學習科學家的做法，以科學方法來探究這種生活病態的原因。不過，這件事絕不可能在短期內得到答案，再者也不可能在短時間內能得心應手運用，這是一種為達到永久治愈目標的治療法，因此對你的迫切需要並不適宜。但是還有一個方法可以臨時應急，以解決你迫在眉睫的問題。

在這裡可以給不自信的職場人士開一貼處方，若能好好運用，想必能有效解決你的困難。每天晚上，當你走在街上時，不妨重複默念著這句話「自信給了我無比的力量，凡事都能做」。等你回到家，躺在床上時，也要對自己重複說上幾次。待隔天睡醒時，記得在起床前把這句話說上三次。倘若你本著虔誠的心意來做這件事，你將會獲得足夠的能力面對這個問題。當然，如果可能的話，嘗試花些時間分析問題的本質是再好不過的事。

人們也曾應用科學的研究方法，努力探究自己自卑感的原因所在，以及如何去除長久以來的自卑感。造成自卑感的因素很多，原因之一是沒能發揮自己的強項而屢遭敗績。假如你總是表現自己的弱項，肯定會產生許多失望，對做事失去信心。最重要的是，我們要學會應該如何擁有信仰，並信守某些特定的訓誨，慢慢，你就會擁有強大、堅定不移的信心，那麼任何事情對我們而言都不再是難以掌握的困難了，而是完全由我們自己操控安排。這樣的變化實在令人驚訝，大量事實的確如此。曾經失落的人格再也不似昔日般消極悲觀，而是充滿積極與鬥志，這樣，你不僅不會與成功絕緣，相反的，更能將成功拉向自己。尤其可以肯定的一點是，你已經對於自己本身的能力真正具有信心了。

◀做自己喜歡和擅長的工作

在現實社會中，每一個人都有自己的興趣、愛好，都有自己擅長做的事，要取得成功就要把自己的奮鬥目標定位在自己所熱愛的事業上，因為興趣是最好的老師，一個人只有對某件事情有興趣，他才會對此給予更多的關注。生活中許多人之所以不能取得成功，或者成就不大，有很大一部分原因就是這些人不能認識自己所處的環境和自身的條件，許多人盲目去做自己不喜歡、不擅長的事，因此失敗或成就很小是必然的事。

例如，一個人自小就喜歡音樂，渴望將來成為一個音樂家，於是成年後便把自己的追求目標定位在音樂上，可以說他成功的可能性是比較大，事實證明，所有的音樂家都是這樣成材。假如他不喜歡音樂，一直討厭五線譜，那麼如果強迫他去學唱歌或學習演奏樂器，他必定不會有多大成就，最多只能把從事這項職業當作養家的手段。

有一位名人講過一句話：「你一定要做自己喜歡做的事情，這樣才會有所成就。」

有一位機械師不喜歡自己的工作想轉行，卻遲遲下不了決心，因為他已經學了二十幾年的機械，如果突然換一份其他工作，會感到很不適應，儘管不喜歡現在的工作，但是他無法拋開累積二十多年的機械專業知識。

他想改變，但又甩不掉過去的包袱，自然無法突破。這是個矛盾，既然知道自己再繼續做下去也不會有興趣，就應該果斷決定：轉行！做自己喜歡的事情畢竟令人興奮，也更容易激發自己的想像力和創造力，並最終取得卓越成就。

要改變自己目前的狀況，要讓自己更有自信，要讓自己做事更有成效，我們就必須做出更好的決定，採取更好的行動。做你自己喜歡做的事情其實很困難，大多數的人多半都在做他們討厭的工作，卻又必須逼迫自己把討厭的事情做到最好。

在工作中他們經常失去動力，時常遇到事業的瓶頸而沒有辦法突破，他們不斷徵求別人的意見，卻還是照著一般的生存方式進行，凡事沒有進展，原地踏步，這些當然不是他們想要的，但是由於種種原因，他們當中卻很少有人試著改變自己的狀況，其實，要找到自己真正喜歡的工作，只需要把自己認為理想和完美的工作條件列出來就一目了然。

看看下面這位心理學家，敘說尋找自己最喜歡做的事情時的經歷：

運動和數學一直是奧瓦爾很喜歡做的兩件事。從小到大奧瓦爾一直是運動健將，不僅擔任過體育組長和籃球、乒乓球隊長，也是校田徑隊的傑出運動員，奧瓦爾曾經想過要如何把興趣發展成自己的職業。

奧瓦爾不斷問自己：這些真的是自己想要的嗎？願意把運動當成終生事業嗎？後來奧瓦爾告訴自己：靠體力過生活並不是真正喜歡過的生活，雖然奧瓦爾非常喜歡運動。

在高中和大學的時候，奧瓦爾的數學成績一直都名列前茅，他也曾經想過，要當一位數學教授。奧瓦爾發現，當一位數學教授並不能達到他理想的工作條件，於是他又開始尋找另一個可以當成終生事業的工作。

十七歲的時候，奧瓦爾接觸了汽車銷售業，因為他很喜歡車子，他想自己應該可以做得不錯；真正進入這個行業之後，他發現他的個性似乎並不適合這份工作，於是他又轉行了。

從十六歲到二十一歲，奧瓦爾陸陸續續換了十八種不同的工作，可是每次換工作之前，他從來都沒有仔細想過：「他到底要的是什麼？」直到他把那些理想和完美的工作條件列出來。後來奧瓦爾發現，自己有一個特點，就是從小到大一直很熱心，很喜歡幫助別人，同學數學不會他很喜歡教他，別人籃球打得不好他會自告奮勇教他。

因為奧瓦爾相信，只要自己可以做到，別人一定也能做到。在一個很偶然的機會，奧瓦爾參加了一個激發心靈潛力的課程，給了他非常大的震撼。他發現自己上了那麼多的課程，學習了那麼多的資訊，卻沒有任何一個課程比得上他的老師安東尼·羅賓斯在短短八小時當中所分享給他的那麼多。

奧瓦爾想，假如他以後也能做別人所做的事情，把一些真正對人們有幫助的資訊，不管用何種管道，書籍也好，錄音帶也好，或是錄影帶也好，都能夠分享給想要獲得這些資訊的人，那該有多好！奧瓦爾發現，這個工作完全符合他所列出來各種理想和完美的工作條件，當他了解到這件事以後，他知道，這就是他畢生所尋找的方向。

奧瓦爾曾經聽他的老師這樣說過：「世界上的每一項工作都很好。但是，沒有任何一項工作比他目前所做的更有意義。」

這句話讓奧瓦爾決定一輩子做這件有意義的事情，經過了七八年的堅持，他終於可以在這個行業嶄露頭角，讓非常多的人得到非常具體的幫助。

大家所熟知的一些名人，他們在未出名之前，也都是一些默默無聞的人，甚至有的還被認為是很愚笨，直到他們真正找到了自己感興趣的事情，並投入了全部的熱情精力，才最終成為一個不同凡響的人。

這方面的例子很多：達爾文數學、醫學不好，但一摸到動植物就容光煥發……

愛迪生在校學習時，老師以為他是一個愚笨的孩子，經常責怪他，而愛迪生的母親卻發現了自己兒子好奇心強、愛探究的天賦，用心培養他，後來他終於成為發明大王。

艾西莫夫（Isaac Asimov）是一個科普作家同時也是一個自然科學家。一天上午，他在打字機前打字的時候，突然意識到：自己不能成為第一流的科學家，卻能夠成為第一流的科普作家。於是，他把全部的精力放在科普創作上，終於成了當代最著名的科普作家。

倫琴（Wilhelm Conrad Röntgen）是工程學出身，他在老師昆特（August Kundt）的影響下做了一些物理實驗，逐漸體會到這就是最適合自己的行業，後來果然成了一個有成就的物理學家。

下邊這個案例是某廣告公司總經理初入廣告界的經過：

在二十歲以前，這位總經理渴望成為一名技師，在學校時他就很努力充實自己有關這方面的知識。有一次，他想賣掉手邊的唱片機和唱片，於是選擇了幾位對這方面有興趣的朋友，寫信問他們，看誰願意買。其中一位朋友看了信之後非常願意購買，在回信當中，這位朋友稱讚他文筆流暢，頗具有說服力。因此便建議他，既然能寫出如此有魅力的推銷信函，為什麼不投入廣告界撰寫廣告？

朋友的這封信就像一塊小石頭丟入水中，激起陣陣漣漪。他受到朋友的啟發，立志投入廣告界做個出色的廣告人。後來，他果然成功了，成為一個出色的廣告經理。

偉大的作家魯迅、郭沫若原來都學醫，作為醫生，他們並不出類拔萃，後來改行才成為文壇巨人，如果他們堅持學醫，那就可能埋沒了自己的才能。

由此可見，一個人發現自己的潛力，找到自己的興趣所在對他的工作、事業的影響是多麼巨大。在社會上奮鬥的人們，每天都有許多事可做，但有一條原則不能變，那就是一定要做自己最喜歡、最擅長做的事。

◀看準自己的職業定位

做事不能漫無目標、毫無原則跟著感覺走，做事必須掌握正確的原則。否則，許多事都會因為沒有掌握正確的原則而功敗垂成，或者從一開始就難以進行。因此，人們往往堅持以下的幾個做事原則。

有位父親講了這樣一個故事：

幾年前，他可以很自信對女兒說：「恐怕在二十萬個父親中，你才能找到一個像我這麼了解孩子的人！」但在女兒進入高中後，他的這種信心逐漸動搖。在一次與老師通話後，他的信心基本崩潰了，因為老師毫不留情說出他女兒一大堆「必須及時改正」的缺點，並得出了「沒有數學頭腦」、「缺乏邏輯思維能力」等可怕的結論。在這種壓力下，他那曾經快樂、爭強好勝的女兒，終於說出這種話：「爸，我不想上學了……」這樣苦苦掙扎到高三，他把女兒送到了美國，在經歷過一段痛苦的適應期後，好消息不斷從大洋那邊傳來。

幾個月後，他女兒不但取得了很好的考試成績，還得到了幾份美國老師寫給大學的推薦信。這些信對他的女兒史蒂芬有很高的評價，說她「在數學和解決難題方面有顯著特長，經常以自己優雅而且具有創造性的方式解決難題、完成數學證明」；語文老師說她「對細節和微妙的語法差別有敏銳的目光，能成功記住新詞彙並在文章中創造性運用」，能用輕柔的語言「輕鬆表達自己的想法」，稱讚她「對學習感到興奮」，能在學習中「探索智慧」。

「我以性命擔保她行，對此絲毫不應該懷疑！」指導老師概述性說，「史蒂芬表現得很完美。」「她的所有老師都有共同的想法，『她太不可思議了，請再給我們二十個像史蒂芬這樣的學生！』」

同一個人獲得的評價為什麼如此不同呢？這實際上只是看問題的角度不同而已。半杯水有人看到的是空的那一半，有人看到的則是有水的那一半。我們當然不能將半杯水看成一杯水，但更不應該只看到那空的一半。在因嚴重缺水而生命垂危的情況下，「只有半杯水」和「還有半杯水」這是兩種不同的信念，甚至可以決定一個人的生死。對一個人的認識和評價也是如此，積極而正確的評價可以給一個人巨大的動力，而消極的評價，儘管也符合事實，則往往使人失去奮鬥的勇氣和生活的樂趣。因此，不論對自己還是對他人，我們都要盡可能把其最好的一面發掘出來。

某位知名作家在成名前，曾換過十幾份工作，在一次應電視台之邀，參加一個以「換工作」為主題的座談會，發表自己的一些體悟和見解：

主持人：「你為什麼一直在換工作呢？」

他說：「十八年來我一共換了十三個工作。換工作的原因很多，也很複雜，可說因人而異，我不斷更換工作的主要原因是：給自己尋找一個恰當的位置。我認為，人類的痛苦大都因為走錯了位置。十八年來，從一開始『為生活而工作』，到目前『為理想而工作』，這是一條漫長而艱辛的路程。只有你為理想而工作時，工作、生活與娛樂才可能合而為一，這時你將領悟到，為尋找這個位置所付出的任何犧牲與代價都非常值得。多年來不斷換工作，我有兩點體會：

第一，選擇工作時，除了追逐財富之外，別忘了心靈的滿足。若一味追逐財富，到最後必定彷徨不已，因為追求財富只是手段而已，人生真正追求的目標是和諧、快樂、幸福。

第二，社會就像一部大機器，是由輪軸、齒輪和許多小螺絲釘組成。對一部機器而言，輪軸與齒輪固然重要，但小螺絲釘也缺一不可。因此，與其去當一個不能勝任、痛苦不堪的輪軸，不如去當一個勝任愉快的小螺絲釘。

對於想換工作的人，首先自己必須清楚，換工作只是手段而已，目的是尋找一個更適合自己的位置。在換工作前，不妨拿一張紙與一支筆，描繪出自己三年後的樣子，如果描繪出的景象自己很滿意的話，就不要隨意更換；相反的，如果描繪不出自己三年後的樣子，或畫出的景象並非自己期望，那就表示目前的工作有問題，應該趕緊轉變方向。

最後，這名作家不無感慨道：「只有在為理想而工作時，工作、生活與娛樂才可能合而為一。而一個人一生最大的不幸就是找不到自己的優點，找錯了自己的位置。」

一個人怎樣為自己定位，將決定其一生成就的大小。志在頂峰的人不會甘於落在平地，甘心做奴隸的人永遠也不會成為主人。

成功的含義對每個人都可能不同，但無論你怎樣看待成功，你必須有自己的定位。

三個工人在砌一堵牆，有人過來問：「你們在做什麼？」

第一個人沒好氣說：「沒看見嗎？在砌牆。」

第二個人抬頭笑了笑，說：「我們在蓋一幢高樓。」

第三個人邊哼著歌，他的笑容很燦爛：「我們正在建造一座城市。」

十年後，第一個人換了另一個工地，不過還是砌牆；第二個人坐在辦公室裡面畫設計圖，他成了工程師；第三個人呢，是前兩個人的老闆。

三個同樣起點的人，對相同問題的不同回答，顯示了他們不同的人生定位；十年後還在砌牆的那位胸無大志，當上工程師的那位理想比較現實，成為老闆的那位志存高遠。最終，他們的人生定位決定了他們的命運：想得最遠，走得也最遠，沒有想法的只能在原地踏步。

盲目行動的人不會有未來，因為他完全沒有把握自己的方向，我們一定要給自己一個準確的定位，才能到達夢想的彼岸。

◀樹立目標，掌控命運

目標是做事人的燈塔，人們所有的精力與力氣都是為它儲備。目標的大小直接決定著成功事情的大小。正如拿破崙所說：「我成功，因為我志在成功。」

用拿破崙那句「我成功，因為我志在成功」的名言，形容韓國三星企業集團董事長李秉哲標榜的「第一主義」，可說最恰當不過了。

李秉哲是韓國首席企業家，他所擁有的三十二家關係企業，包含了製糖、毛織品、食品、電子、建築、造船、金融、保險、證券、報紙、旅館、百貨公司、醫院等，幾乎網羅了各行各業，企業共有員工十二萬人，為韓國最大的企業集團，並躋身世界大企業排名。

基於李秉哲的「第一主義」，他提出「事事第一」與「利潤第一」的經營口號，並且要求所有的三星企業都必須做到「第一」。

蓋肥料工廠時，他要求建成世界規模最大；興建電子工廠時，其面積也要超過日本最大的電子工廠；到日本，他要住東京最大的大倉久和飯店；訂做衣服，他要求用最好的料子。

李秉哲常說：「生產品質低劣的產品，雖不犯法，但有失公德，將受社會正義的撻伐。」所以每當三星要開發新產品時，他都會先到世界各國搜集同類的高級產品。

跳脫輸家思維

人生贏家還是輸家，往往只有一念之差

有一次，三星投資興建新羅觀光大酒店，他指示必須是韓國首屈一指的旅館。結果其設備輸給了幾乎與「新羅」同時落成的樂天大酒店。為了此事，他大發雷霆，將施工負責人痛罵一頓，因為他最在意的就是不如人。

此外，「人才第一」也是李秉哲重要的經營哲學，他唯才是用。每年的二月十一日，所屬三星關係企業的負責人將因個人業績表現，或獎或懲，或升或降，毫無人情可講。任何不稱職的企業主管都將在這一天遭受申斥之後免職。

三星在韓國婦孺皆知。常聽韓國人說：「三星是韓國商場上的大白鯊，不管什麼行業，三星一插手，別人就不用混了！」由此可見三星在韓國已是名副其實的「第一」了。

李秉哲說：「誰不想成為第一呢？三星的第一是靠智慧、力量與機緣所造成。」

雖說目標能夠刺激我們奮勇向上，但是對許多人來說，擬定目標實在是不容易，原因是我們每天單是日常的工作，就已透不過氣，哪還有時間好好想想自己的將來。但這正是問題的癥結，就是因為沒有目標，每天才焦頭爛額，這只是一個惡性循環！

另外有些人不敢去承諾，是因為他們不敢改變，與其說是安於現狀，不如說那是沒有勇氣面對新環境帶來的挑戰，這些人最終只會是一事無成！在人生旅途上，沒有承諾就好像走在漆黑的路上，不知往何處去。而所謂的承諾就是你對自己未來成就的期望，確信自己能達到的一種高度，這種承諾也就是通常所說的目標。目標為我們帶來期盼，刺激我們奮勇向上，當然，在為達到目標而努力奮鬥的過程，中可能遭遇挫折，但仍能精神抖擻。

第六章 自我救贖，困境重生

樹立目標，掌控命運

美國的一份統計顯示，一個人退休後，特別是那些獨居老人，假若沒有任何生活目標，每天只是吃飯睡覺，雖然生活無憂，但他們剩下的壽命一般不會超過七年。心理學家說：「沒有了目標，便喪失了生存的目的和方向，而潛意識認為生存也沒有什麼意義。」

清晰的目標能協助我們走向正確的方向，不至於走許多冤枉路，就好像賽跑選手一樣，他們都是朝著終點進發，目標就是第一個衝線。更重要的是確定目標能使我們集中意志力，並清楚知道要怎樣做才可以獲得要追求的成果。怎麼說呢？因為必須設定了有什麼樣的收獲，才能心無旁騖。

美國加州大學生物影像研究所主任喬治．布森，對一部分人進行調查。他將這些人分為兩類：一是設定好目標，再制定一套行動策略去實現目標的人；一是沒有特別設定目標的人。結果，有目標的人平均每月賺七千四百零一美元；沒有目標的人平均每月賺三千三百九十七美元。正如所料，奮勇向前的那一組人，看來較有衝勁，對生活及工作很滿意，婚姻很和諧，身體也很好。

事實上，隨波逐流、缺乏目標的人永遠沒機會淋漓盡致發揮自己的潛能。因此，在職場中打拼的我們一定要做個目標明確的人，只有這樣，我們的生活才有意義。不幸的是，多數人對自己的願望，僅有一點模糊的概念，而只有少數人會貫徹這模糊的概念。一般人每日上班的理由，是為了重複昨天的工作。假使這是今天上班的唯一理由，那麼你今天的工作很可能與昨天一樣。想來真是可悲，許多人在公司工作了五年，卻沒有五年的經驗，只能說有五次一年的經驗。他們一再重複過去的表現，對於來年從不訂立目標。

美國作家福斯迪克（Fosdick）說得好：「蒸汽或瓦斯只有在壓縮的狀態下才能產生推動力，尼加拉瀑布也要在巨流之後才能轉化成電力，而生命唯有在專心一意、勤奮不懈的時候才可獲得成長。」

不論是個人、家庭、公司還是國家都需要目標，目標牽涉的層面很廣，為達到目標，我們必須盡一切努力。

當亞歷山大帝擁有遠景，而遠景盤踞他的心時，他便能征服世界。當他的遠景或夢想一旦消失，卻連一個酒瓶也征服不了。正像美國《成功》雜誌的創辦人奧里森．馬登（Orison Marden）說的那樣：「沒有目標的生命是盲目的，成功的人生就是一個個目標組成的美妙樂章。」

第七章 把握機遇，轉變命運

機遇的出現往往很偶然，在不經意之間它就可能閃耀火花。抓住機遇不僅需要銳利的眼光，更要付諸行動，而不是消極等待。對身邊的機會視而不見的人，他往往會和成功擦肩而過，反之則會獲益多多。患得患失是每個人成功的大敵，往往在每個人猶豫的一剎那，好運就會從身邊溜走了。要想改變自己身處困境中的命運，就應該做到面對機會主動出擊，敢於決斷，把握機遇，扭轉乾坤。

◀細心觀察，深入總結

機遇富有神奇色彩，一個人的成功有一半是機遇，一旦失去了機遇，那將終身遺憾。拿破崙聰明過人，才華橫溢，但總得不到上司的重用，在一次鎮壓政變中，他的軍事才能發揮了作用，致此一舉成名，以後便飛黃騰達，成為法蘭西共和國的皇帝。

在人生的道路上我們應該透過自己的努力發現機遇，作家梁曉聲曾經道出了一些幸運兒成功的絕密，他說：有的人搭上機遇的快車，順風而行；有的錯過於它，終身遺憾；有的一生都未能實現，默默埋藏自己才華。

跳脫輸家思維

人生贏家還是輸家，往往只有一念之差

一個人要想成就一番偉大的事業，就必須學會發現機遇、創造機遇，只有用自己的聰明才智勤奮努力，不斷進取，踏踏實實耕耘，才能獲得成功。

可口可樂能在世界暢銷不衰，究其主要原因，是它在善於細心觀察，深入總結，並且抓住了歷史性的機遇。如果沒有發現並把握好那歷史性的機遇，也就沒有可口可樂輝煌的今天。

一八八五年，亞特蘭大市一個名叫彭伯頓（John Stith Pemberton）的業餘藥劑師經過無數次試驗，最後以古柯樹葉與可樂果作原料，煉製成一種有一定療效的健腦藥汁，這便是美國最初上市的可口可樂。商品名稱「可口可樂」即是「古柯」和「可樂」兩詞諧譯，古柯樹葉和可樂果籽均具強興奮作用，常被印第安人和西非人用作振奮之物。

作為一種藥品，可口可樂當時的銷售量微乎其微。然而，一天一名頭痛病人來到店內，要求店員當場為他沖藥服用。這個店員配伍後，不是向瓶裡注入規定分量的自來水，而是注入了隨手錯拿的蘇打水。那位患者並不挑剔，他猛灌一口，卻禁不住連聲叫「妙」。

誰也不曾想到，一名店員不經意的行為，竟從此觸發了可口可樂釀造和銷售上的「大革命」，根本改變了它的市場地位。原先五花八門的可口可樂廣告上除了「包治神經百病」的語句外，此刻又加上了「芳醇可口、益氣壯神」等讚語，年銷售量居然從原來的二十五加侖，猛增到一八八七年的一千零四十九加侖。可口可樂竟奇蹟般從一種藥劑，搖身一變而成為風行各地的飲料了。

但是，時來運轉何姍姍！面對健康惡化和經濟困難的窘境，彭伯頓不得不把專利權轉讓他

人，自己則在一文不名中鬱鬱死去。他的後繼者坎德勒（Asa Griggs Candler）立刻把他對宗教的篤信，轉移到了對品質的改進和對利潤的追求上，他和助手們苦心孤詣，反覆嘗試，煉丹術和化學方法齊頭並進，最後把糖漿巧妙溶進了這種液體。此外，他們在裝潢和廣告上也是不遺餘力。到了一九〇二年，可口可樂年銷售量驟增至三十六萬多加侖，其廣告費用也高達十二萬美元。可口可樂在世界許多地區成了最熱門的美國貨。

在十九世紀末、二十世紀初的宗教運動和禁酒運動中，可口可樂更找到了大行其道的良機，因為它對上帝的信徒是一種「聖潔的飲料」，而備受牧師青睞。在古巴獨立戰爭中，可口可樂的釀造人，又透過特許代銷制兜售產品，這一制度一直沿襲至今。坎德勒終於如願以償，前人的一紙配方，為自己積攢了億萬家財。

第二次世界大戰爆發後，隨著美軍參戰，可口可樂也湧向硝煙彌漫的戰場。當美國可口可樂公司宣布將追隨美國三軍的腳步，在世界任何地方為他們生產五分錢一瓶的可口可樂時，整個珍珠港的歡騰場面簡直非筆墨所能形容。連當時的美國陸軍部也深信，冰鎮可口可樂是「提高士氣」的一大佳品。據說士兵懷揣一瓶國人製造的這種飲料，能提醒他們「在為誰而戰」。

於是，由於食糖緊張而在美國棄置不用的機器，被空運到各個戰區就地生產可口可樂。從北非到義大利，一個又一個這樣的製造廠建立起來，機器的轟鳴與槍炮的呼嘯相應和，譜出了一首奇特的交響曲。

美軍最高當局向製造商提出了巨額訂貨，要求他們用優質高產的服務「支援」反法西斯戰爭。可口可樂達到了問世以來的最高生產紀錄，甚至變成衡量美軍兵力的尺度之一。如果希特勒了解到，從太平洋東岸到易北河西岸，美國大兵們沿途一共喝掉了一百億瓶可口可樂，他大概也會吃驚得瞠目結舌！

大戰剛結束，便有六十四間嶄新的可口可樂製造廠，從歐、亞、非洲的廢墟上拔地而起，其中五十九間是美國出資贊助。

至於今天，可口可樂更是幾乎無處不在，向一切別的飲料業發出先聲奪人的挑戰。

可見，轉變逆運有時緣於上天的青睞，因此我們在平時要細心觀察，深入總結，而不是消極等待。努力總會有收獲，這是成功的定律。對一切都視而不見的人，他會失去很多良機，反之則會獲益多多。

◀蒼天不負有心人

幸運只會眷顧有心人，凡事留心就不會錯過好事了。在生活中善於發現和捕捉機遇，這是幸福人生的祕訣。不要抱怨身邊不愉快的事，它也許是轉變命運的契機，只有用心才能發現。

人生充滿機遇，然而機遇對每個人來說都是公平的，只是有些人抓住了，有些人抓不住；有些人發現了，有些人卻茫然不知；有些人在不斷創造機會，而有些人則在苦等機會。你不要以為機遇會像一個到你家裡來的客人，他在你門前敲著門，等待你開門把他迎接進來，恰恰相反，機遇是一件不可捉摸的活寶，無影無形，無聲無息，倘若你不努力去尋求它，也許永遠遇不著它。

一九三五年，艾倫已經三十二歲了，他不想再為別人打工，打算自己開創一份事業。但他囊中羞澀，所有的積蓄加起來不超過一百英鎊，他對此很苦惱。

有一次，艾倫到一個朋友家裡度過周末，準備坐火車回倫敦。在火車站等車時，他覺得很無聊，想買一本書或者一本雜誌打發一下時間。但當他在書攤上看了一圈之後，覺得裝幀精美的書籍價格太昂貴（當時歐洲書籍均為羊皮面精裝），他承受不起，而別的讀者也和他一樣，在書攤前轉一圈就走了，真正買書的人很少。這時艾倫腦中突然有了一種想法：為什麼不出版價格低廉、內容平易的平裝書呢？這種書一般人都能買得起，肯定有廣闊的市場。

回到倫敦後，艾倫便帶著自己僅有的一百英鎊，到各類的出版社遊說，希望他們同意出版平裝書。他的第一個計畫就是出版包括《永別了，武器》等十本平裝書，每本定價六便士，價格只相當於當時十支煙的價格。艾倫的這一計畫，受到了很多出版社的冷嘲熱諷，但他不氣餒，相信自己的主意一定會得到出版商的認同。

功夫不負有心人，終於有一家出版社準備嘗試一下這種做法。於是，艾倫就夜以繼日投入到平裝書的設計、出版工作。最初，他想以他家鄉的海豚作為這套平裝書的標誌，但他覺得並不是很滿意。正當他舉棋不定時，他的女祕書順口說了句：「企鵝怎麼樣？」艾倫覺得可以試一下。他給了一名年輕畫家六便士，讓他到動物園畫一隻企鵝。當年輕人畫完企鵝後，艾倫覺得企鵝憨態可掬，很是可愛。於是，他決定以企鵝作為這套平裝書的標誌。

平裝書出版後，由於花六便士便可以購買、欣賞以及收藏名家名作，人們爭相購買。艾倫出版的一百萬冊書籍在幾個月內便被搶購一空。

之後，艾倫和他的兩個兄弟成立了一家企鵝出版社。由於缺乏資金，他們便將出版社設在一家教堂的地下室裡，以棺木為書架，條件極其艱苦。但他們克服困難，在那裡出版了一百多本平裝書。

企鵝出版社的書籍有著良好的銷路，封面設計標誌很明顯：在一個橢圓形的圖案中，一隻黑白色的企鵝翹首站立。而且，封面的顏色也標誌著書籍的分類，其中橘紅色的是小說，灰藍色的是傳記，紫色的是劇本，灰色的是時事政治，紅色的是特種書，綠色的是懸疑類，黃色為其他類書籍。到目前為止，企鵝出版社每年出版的書籍就達四百餘種，五千餘萬冊，在英國兩千多家出版社中排在前十名。在企鵝出版社建社五十周年書展時，售出了該社出版的第十億本平裝書。

可見一個人只要有成功的欲望，只要留心觀察生活，你就會找到財富的大道。

一九四二年，李嘉誠的父親病逝，為了養活母親和三個弟妹，他被迫輟學，走上社會謀生。這一年李嘉誠只有十四歲。

李嘉誠好不容易找到一份工作，成為一家塑膠玩具廠的推銷員，從此他便和塑膠結下了不解之緣。雖然工作十分繁忙，但李嘉誠仍心繫學習，他白天工作，晚上則到夜校補課。由於他勤奮好學，精明能幹，不到二十歲，李嘉誠便升任塑膠玩具廠的總經理。

第七章 把握機遇，轉變命運

蒼天不負有心人

李嘉誠具有強烈的自立意識和創富欲望，他不想寄人籬下，就在他春風得意之時，他毅然辭去總經理的職位，以平時省吃儉用積蓄的七千美元創辦了自己的塑膠廠，他將它命名為「長江塑膠廠」。

一九五七年，一個偶然的機會，李嘉誠發現塑膠花正在歐美市場大賣。於是他立即飛往義大利，進了當地的塑膠廠，學到塑膠花的生產技術。回香港後，他迅速組織人員生產塑膠花，並適價銷售，在數週之內就占領了整個香港市場。之後，李嘉誠又繞過中間商（洋行），直接將塑膠花打入歐美市場，並最終成為歐美第一大市場占有者。到一九五八年，長江公司營業額達一千萬港幣，淨利一百多萬港幣。塑膠花不僅使李嘉誠淘得了第一桶金，還使他贏得「塑膠花大王」的美譽。

一九五八年，李嘉誠在香港建造了一座十二層的樓房和一座六層樓的工廠大廈。因建造樓房時買賣地皮的經歷，使李嘉誠敏銳感覺到地產業將大有作為，於是他將「長江」的業務轉向地產市場。果然，地產業很快走紅，地產價格飛漲，「長江」很快成為香港的一大地產發展和投資實業公司。一九七二年，長江實業有限公司的樓宇面積已有一千五百萬平方英尺，其中大型樓宇面積有三十八萬平方英尺，居香港地產商之首。到一九八二年，該公司僅建築樓宇的土地面積就達兩千九百萬平方英尺，除香港政府外，成為香港最大的土地擁有者。

李嘉誠在房地產業大發展的情況下，又發行股票。當時香港市民在傾向貶值的壓力下，都想購買股票來保值生利，他們看到長江實業公司走紅，紛紛購買它的股票。這樣，當一九七二年「長江實業」上市時，其股票被超額認購六十五倍。

長江實業公司運用多元化、國際化的經營策略，其聯營、附屬公司大大增加，資本飛速發展，到一九八〇年淨利潤已達九億港幣。到一九七〇年代末期，李嘉誠在同輩大亨中已排眾而出。

一九七九年，長江實業集團購入老牌英資商行——「和記黃埔」，李嘉誠因而成為首位收購英資商行的華人。一九八四年，長江實業集團又購入「香港電燈公司」的控制性股權。李嘉誠先生現任「長江實業集團有限公司」董事局主席兼總經理及「和記黃埔有限公司『董事局主席，其所管理的企業一九九四年除稅後營利達二十八億美元。一九九五年十二月，長江實業集團三家上市公司的市值，總共已超過四百二十億美元。李嘉誠成為香港華人首富，成為世界富翁。

機會總是青睞那些有準備的人。機會敲門的次數比人們意識到的還多，所以當它來臨的時候如果沒有抓住，可能是因為你不知道那是機會，或還沒有準備好去抓住它。許多人常常沒有充分準備好，迎接成功的到來。他們希望成功會主動關照他們，但他們只願意為維持生計做一些努力，還以為自己會幸運抓住某個難得的機會。

事實上，如果你不為成功做準備，想要把握降臨給你的機會很困難。猶如當你面對一桌為你準備的佳肴的時候，你才發現你沒有健康的胃來享用它。成功需要執著、剛毅、志向高遠的胸懷和勇往直前的精神。

◀消極等待，錯失機會

永遠沒有人知道機會將在何時降臨，它通常以一種意想不到的形式出現。它向你要求的東西，可能遠比你目前準備給予的更多。但是如果你志在釣一條大魚，你就必須為那條可能出現的大魚準備好一切，否則，機會就成為一條溜走的大魚。

約翰．甘布士最初是美國一家紡織廠的小技師。當時，他所在的地區發生了經濟危機，不少工廠和商店紛紛倒閉，被迫賤價拋售自己堆積如山的存貨，價錢低到一美元可以買到一百雙襪子。

甘布士認識到這是一次不可多得的商機，他馬上把自己積蓄的錢收購低價貨物，人們都嘲笑他是十足的蠢材。

甘布士對別人的嘲笑漠然置之，依舊收購工廠和商店拋售的貨物，並租了很大的貨倉存貨。存貨越來越多，妻子也有些沉不住氣了，她勸甘布士不要再冒險，否則將血本無歸。但甘布士依然故我，只是遺憾自己沒有更多的資金進貨。

十多天後，賤價拋售也找不到買主了，貨主便把所有存貨用車運走燒掉。事情的發展讓人膽戰心驚，此時，甘布士雖然內外交困，卻依然不為所動。

終於，美國政府採取了緊急行動，穩定物價，並且大力支持廠商復業。這時，該地區因焚燒的貨物過多，存貨奇缺，物價一天天飛漲。甘布士馬上決定把庫存的大量貨物拋售。在決定拋售貨物時，妻子又勸丈夫暫時不要將貨物出售，因為物價還在一天一天飛漲。甘布士卻平靜說：「是拋售的時候了，再拖延一段時間，就會後悔莫及。」

果然，甘布士的存貨剛剛售完，物價便跌了下來。

後來，甘布士用這筆賺來的錢開設了五家百貨商店，業務由此發達，最終成為了全美舉足輕重的商業鉅子。

不願意冒風險的人，不敢笑，因為他們怕冒顯得愚蠢的風險；他們不敢苦，因為怕冒顯得多愁善感的風險；他們不敢暴露感情，因為怕冒露出真實面目的風險；他們不敢向他人伸出援助之手，因為怕冒被牽連的風險；他們不敢愛，因為怕冒不被愛的風險；他們不敢希望，因為怕冒失望的風險；他們不敢嘗試，因為怕冒失敗的風險。

但是在職場中的我們每個人都必須學會冒險，因為職場中最大的危險就是不冒任何風險。鴕鳥在遇到危險的時候常常有掩耳盜鈴的舉動，把自己的頭藏在沙土中獲得心靈上的解脫。你成年之後，雖然知道好多事情不能躲避，必須堅強面對，要冒風險，但還會在心底存留著那種逃避和尋求安慰的想法。其實，困難和風險也是欺軟怕硬，你強他就弱，你弱他就強。你要時刻記得，最困苦的時候沒有時間去流淚，最危急的時候沒有時間去猶豫，優柔寡斷就意味著失敗和死亡。

人生中風險幾乎無處不在，無時不有。樂於迎戰風險的人，才有戰勝風險、奪取成功的希望。貪戀蜷縮在溫室中、保護傘下，並非明智的選擇。妄想處於一個沒有風險的世界，只能是

第七章 把握機遇，轉變命運

消極等待，錯失機會

海外奇談。

現在，不妨檢查一下自己，問問你自己一直以來為成功做了哪些準備？你是否確立了自己的目標並全心全意在為之奮鬥？你是否願意不僅僅辛苦培好土，播下種，還要精心呵護嬌嫩的幼苗和剛長出的新穗？你是否願意多走一里路，多花費精力去捕捉可能出現在前方的機會？你是否願意堅持自己的信念和原則？如果必要，你是否願意隻身一人繼續前行？你是否已經訓練出一雙識別能力很強的眼睛，當機會一出現就能立刻認出它？

在這個世界上生存，本身就意味著上帝賦予了你奮鬥進取的特權，你要利用這個機會，充分施展自己的才華，去追求成功，那麼這個機會所能給予你的東西要遠遠大於它本身。懶惰的人總是抱怨自己沒有機會，抱怨自己沒有時間；而勤勞的人永遠在孜孜不倦工作、努力。有頭腦的人能夠從瑣碎的小事中尋找出機會，而粗心大意的人卻輕易讓機會從眼前飛走了。希望職場中的每一個人不要做一個守株待兔的蠢人，要積極行動，不斷為自己創造時機，只有這樣，才能在人生的競賽中獲勝。

為人呆板，做事消極，所以才會被困，這是很多職場人士的共同缺點。他們不會主動抓住機會，只是老實坐在那裡等待，即使是機會來了，他也會說算了。抱著積極的心態不斷努力，就可以取得你要尋找的成功。現在你可以從積極的心態出發，向前邁出你的第一步。這時你也可能受到消極心態的影響，當你距離到達你的目的地只不過一步之遙時，你卻停下來了，那麼財富也就與你擦身而過。

◀敢於決斷，主動出擊

機會是需要發現和掌握，這不僅需要銳利的眼光，而且需要付諸行動。要想轉變命運就要做到面對機遇時主動出擊，敢於決斷，患得患失是成功的大敵，往往在你的猶豫之際，好運就從你身邊溜走了。

小張經營一家玩具商店，有段時間生意一直不景氣，有時候一天連攤位費也賺不出來，小張東奔西走尋找商機，希望能擺脫困境。

有一天，他同朋友一起吃飯時，把自己面臨的困難說了出來。沒想到朋友張口就說：「你不是賣玩具嘛，這很好辦，再過一個月不就是猴年了嗎？你現在就開始進一批猴玩具，什麼種類都要有，我保你一定能賺錢，你真是當局者迷啊！」一句話點醒「夢中人」，小張當即決定大量購進猴玩具。

在猴年到來之前，小張根據朋友的建議，進了一大批具有傳統特色的生肖猴、陶瓷猴、金猴、「封侯拜相」、「馬上封侯」以及一些具有現代氣息、身著吊帶裝的「辣妹」猴、腳踏滑板的「酷哥」猴等玩具。另外，還進了一些和《西遊記》美猴王相關的電動遙控玩具、卡通拼圖等，小張的玩具店裡可以說是千猴迎春，琳瑯滿目。

由於小張店裡的「猴」品種全，人們置身其中，真可以說是目不暇給，幾乎每個人都要挑選一兩件帶走，生意最好的時候，他一天就能賣出上百件猴玩具，以前生意的不景氣一掃而光。

在賣猴玩具時，小張發現一款純銀鍍金的「美猴王」工藝品特別受歡迎，而他商店裡這款玩具眼看要賣完。於是，小張立即打電話給製造商，連夜開車到廠商進了一大批。這款玩具在春節後仍然是搶手貨，小張就此狠賺了一筆。

小張的成功，就是根據人們的文化心理，適時調整行銷策略，主動出擊使自己擺脫困境。所以，要想抓住機會，就需要主動爭取。機會不會從天而降，需要自己去創造。那個守株待兔的人獲得的只是一隻兔子。只有積極的行動，才能獲得成百上千隻兔子。

一九三四年，美國經濟陷入了大蕭條的困境中，旅館業開始衰退。已有八家旅館的希爾頓（Conrad Nicholson Hilton）處處節約，日夜奔波忙碌，但仍然虧本，經濟十分困難。有一次，他想出門坐車，但無錢付車費。為難之際，一位年輕的侍者走來，把一包東西塞到他手裡說：「只是些飯錢而已，希爾頓先生。」說完，一溜煙似的跑了。

正是在這些好心人的幫助和激勵下，希爾頓度過了最困難的時期，繼續擴大經營他的旅館業。一天，他在雜誌上見到一幅照片，這是紐約一幢豪華的旅館亞斯陀利亞。他被這個規模宏大、裝飾華麗的「王后」吸引住了，他悄悄把照片撕下來裝進了口袋。

一九三九年春天，希爾頓又買下好幾家旅館，並破土興建了幾家新旅館，但他對亞斯陀利亞仍然念念不忘。只要擁有它就標誌著擁有了整個旅館業，真的可稱為「旅館業大王」了。

一九四三年春天，希爾頓來到紐約，開始接觸亞斯陀利亞。他眼疾手快，先買下了羅斯福旅館做鋪路石。十月，他又以七百四十萬美元買下了雅緻精巧的樸來莎旅館。

從一九四四年到一九四七年，希爾頓先後收回了史蒂文森旅館，買下了芝加哥的巴爾莫大廈和華盛頓的五月花旅館，他在一步一步向目標接近。

坐落在紐約市派翠克大道上的亞斯陀利亞旅館，是世界名人朝見的聖地，是上層貴族的高級寓所，是紐約的高級社交中心，也是許多人夢寐以求的地方。它有「雙親在上」：一個是亞斯陀利亞旅館公司，另一個是紐約不動產公司。若要買下它，不但要掌握股權，還要得到不動產公司的默許。

而傾慕亞斯陀利亞的不止一家，希爾頓碰上了強硬的競爭對手。但他認為時機已到，不能再等。在董事會仍沒有對購買亞斯陀利亞表態時，他決定用自己的錢先買下來。他請教了華爾街一位行家，在交易所的幫助下，他買下亞斯陀利亞公司的二十五萬股，每股十二美元。幾經周折，希爾頓最後以七百萬美元獲得了亞斯陀利亞的控股權，只剩下三百萬美元現款還沒繳清。

董事會見希爾頓已經下了決心，便同意希爾頓公司參加承購集團，好幾家大公司也答應為希爾頓提供資金。

一九四七年十月十二日，希爾頓終於買下了亞斯陀利亞。希爾頓從看上亞斯陀利亞這位「王后」到最後得到它，整整用了十八年的時間。他終於登上了美國旅館業的王座，成為真正的「旅館業大王」了。

在今天這個充滿機遇和挑戰的時代，任何時候，每一個企業和想有所成就的職場人士都不能滿足於現狀，否則，就如「逆水行舟，不進則退」。每個企業都必須時刻以成長為目標才能生存，要達到這個目標，公司員工必須與公司制定的長期規畫保持步調一致，而真正能做到一致的，只有那些主動進取的員工。

要想在社會上有一番作為，就必須具有積極主動的特質，這種積極主動不能僅僅局限於一時一事，你還必須把它變成自己的思維方式和行為習慣。只有時時處處表現出你的主動性，才能獲得機會的眷顧，並最終成就卓越。

◀機遇偏愛有準備的人

機遇的降臨，也許令很多人不可思議，以致使很多人認為它是命運的意志。但是，只要我們就每個人的一生作一番思考，就會發現，任何機遇的到來，都有其前因後果。「種瓜得瓜，種豆得豆」，機遇是從勤奮工作中得來，它鍾情於才能、勤奮和生活中的有心人。

機遇的產生和利用，都需要有其主、客觀條件。相對來說，主觀條件更為重要。

愛因斯坦曾說過：「機遇只偏愛有準備的頭腦。」這便是主觀條件。這裡的「準備」主要有兩方面的內容：一是知識的積累。沒有廣泛而博深的知識，要發現和捕捉機遇是不可能的。二是思維方法的準備，只具備知識而沒有現代思維方式，就看不到機遇，只好任憑它默默從你身邊溜走。相傳魯班被茅草劃破手指，從中得到啟示，發明了鋸；牛頓見蘋果落地，觸發了靈感，發現了萬有引力；倫琴在實驗時，從手骨圖像中，發現了 X 射線；Nike 鞋受人喜愛的原因，一部分歸功於採用了「格子鬆餅式」鞋底，使鞋子變得輕巧美觀。這項革新是鮑夫曼設計，他說：「那天我看見妻子的蛋奶烘餅烤模，想到鞋底也可以做成格子鬆餅模樣。」……這些人平時都既有知識的積累，又具備靈活的思維方式，否則，也會像李比希錯過發現新元素溴（Justus Freiherr von Liebig）一樣，抱憾終生。

從客觀條件講，機遇的產生和利用需要有良好的社會環境，如自由的科學研究氛圍，平等的擇業、工作機會，良好的家庭環境和教育程度等。例如，只有電腦快速發展和普及的現代社會，大批優秀軟體開發商才有用武之地。

頭腦靈活，才不會坐失良機。即使是碰上好運氣，但如果你思想沒有準備，頭腦不敏銳，或者粗心大意，結果都會使機遇喪失，錯過利用機遇而獲得成功的機會。在弗萊明（Sir Alexander Fleming）以前，就有其他科學家見過青黴素菌能抑制葡萄球菌的現象；在倫琴以前，已經有物理學家注意到 X 射線的存在；詹納（Edward Jenner）家鄉的不少人都知道感染過牛痘的人，不會生天花，特別是那些擠奶工，但是，由於他們不以為然，而坐失良機。

許多人都認為，能否獲得機會，主要是看運氣的好壞。固然，運氣的基本要素是偶然性，但它對於任何人都一視同仁。也就是說，所有的人有好運的可能性一樣多，在機會面前人人平等。關鍵在於有的人把握了有的人沒有把握。如果說好運和機會有什麼偏愛的話，那就是愛因斯坦所說的，它只「偏愛有準備的頭腦」。如果你為獲得機會作了準備，一旦條件成熟，好運也就自然而來，猶如水到渠成，瓜熟蒂落。

有一本書叫《如何經營自己》，對機遇作了如此分析：每個人，尤其是年輕人，差不多都相信人生的成敗全靠機遇。即使那些不十分相信機遇的人，也總是把「機遇不濟」的話掛在嘴上，而同時又把有成就的人解釋為「機遇好」。其實，只有專注於本身工作的人，內心充滿理想的人，才會遇到真正的機遇。如果終日怨天尤人，以混口飯吃的方式等待，機遇只會離他們越來越遠。

唯物辯證法認為，「偶然之中有必然」，不論是以前的富豪洛克菲勒、巴菲特、哈默(Armand Hammer)，還是今天的數位英雄比爾蓋茲、戴爾、楊致遠等，雖然他們所處的時代不同，其成功也確實有偶然因素，但更多的是他們在一樣的勤勞之外，還都有「時刻準備著」的頭腦，善於審時度勢、把握機遇的敏銳眼光和永不滿足的創新精神。正是這種敏銳的眼光和永不滿足的創新精神，小則是致富成功之道，大則是人類進步之魂！

成功的因素是複雜的，如果你有從一無所有的困境中奮起的勇氣，那麼就應該充滿自信，面對創業的不確定性和人生的失敗，毫不畏懼。因為，害怕失敗沒有任何用處，依靠勇氣和信念，下決心去做，自然會有無窮的精神力量。但是，如果不借助智慧的雙翅，不善於在波詭雲譎的社會裡敏銳捕捉改變自己一生的機會，而僅僅具有勇氣和信念，仍然不可能展翅飛翔。

◀面對機遇要善於把握

那些時常慨嘆時運不濟的人，最容易犯的錯誤就是，喜歡空發牢騷而不願意踏實做事，致使許多機會都白白溜走。

猶太人曾說過：人一生中，有三種東西不能使用過多，即做麵包的酵母、鹽、猶豫。酵母放多了麵包會酸；鹽放多了菜會苦；猶豫過多則會喪失各種成功的機會。大凡成大事者，無一不是面對機遇善於把握的人。

世界旅館大王、美國巨富威爾遜（Kemmons Wilson）在創業初期，全部家當只有一台分期付款「賒」來的爆米花機，價值五十美元。第二次世界大戰剛剛結束時，威爾遜做生意賺了點錢，便決定從事地皮生意。當時做這一行的人並不多，因為戰後人們都比較窮，買地皮修房子、建商店、蓋工廠的人很少，地皮的價格一直很低。聽說威爾遜要做這種不賺錢的買賣，親朋好友都反對。

但威爾遜卻堅持己見，他認為這些人的目光太短淺。雖然連年的戰爭使美國的經濟很不景氣，但美國是戰勝國，它的經濟很快會起飛，到那時買地皮的人一定會很多，地皮的價格一定會日益上漲，賺錢不會有問題。

看準了機遇，威爾遜立即用手頭的全部資金再加一部分貸款，買下了市郊一塊很大的地皮。這塊地由於地勢低窪，既不適宜耕種，也不適宜蓋房子，所以一直無人問津，可是威爾遜親自到那裡看了兩次以後，竟以低價買下了這塊雜草叢生、一片荒涼之地。

這一次，連很少過問生意的母親和妻子都出面干涉。可是威爾遜堅定認為，美國經濟很快就會繁榮，城市人口會越來越多，市區也將會不斷擴大，他買下的這塊地皮一定會成為黃金寶地。

事實正如威爾遜所料，三年之後，城市人口驟增，市區迅速發展，馬路一直修到了威爾遜那塊地的邊緣。這時大多數人才突然發現，此地的風景實在宜人，寬闊的密西西比河從旁邊蜿蜒而過，大河兩岸楊柳成蔭，是人們消夏避暑的好地方。於是，這塊地皮馬上身價倍增，許多商人都爭相高價購買，但威爾遜並不急於出手。

後來，威爾遜自己在這塊地皮上蓋起了一座汽車旅館，命名為「假日酒店」。假日酒店由於地理位置好，舒適方便，開業後遊客盈門，生意非常興隆。從那以後，威爾遜的假日酒店便像雨後春筍般出現在美國及世界其他地方，這位高瞻遠矚的「風水先生」獲得了巨大的成功。

美國金融大亨J．P摩根（John Pierpont Morgan）誕生於美國康乃狄克州哈特福的一個富商家庭。摩根家族於一六〇〇年前後，從英格蘭遷往美洲大陸。最初，摩根的祖父約瑟夫．摩根開了一家小小的咖啡館，積累了一定的資金後，又開了一家大旅館，既炒股票，又參與保險業。可以說，約瑟夫．摩根是靠膽識發家。一次，紐約發生大火，損失慘重。保險投資者驚慌失措，紛紛要求放棄自己的股份以求不再負擔火災保險費。約瑟夫橫下心買下了全部股份，然後，他把投保手續費大大提高。由於他還清了紐約大火賠償金，信譽倍增，儘管他增加了投保手續費，投保者還是紛至沓來。這次火災，反使約瑟夫淨賺十五萬美金。就是這些錢，奠定了摩根家族的基業。摩根的父親朱尼厄斯．斯賓塞．摩根（Junius Spencer Morgan I）則以開菜店起家，後來他與銀行家皮博迪（George Peabody）合夥，專門經營債券和股票生意。

跳脫輸家思維

人生贏家還是輸家，往往只有一念之差

生活在傳統的商人家族，受到特殊的家庭氛圍與商業薰陶，摩根年輕時便敢想敢做，頗富商業冒險和投機精神。一八五七年，摩根從哥廷根大學畢業，進入鄧肯商行工作。一次，他去古巴的哈瓦那，為商行採購魚蝦等海鮮歸來，途經紐奧良碼頭時，下船在碼頭一帶兜風，突然有一位陌生白人從後面拍了拍他的肩膀：「先生，想買咖啡嗎？我可以出半價。」

「半價？什麼咖啡？」摩根疑惑盯著陌生人。

陌生人馬上自我介紹說：「我是一艘巴西貨船船長，為一位美國商人運來一船咖啡，可是貨到了，那位美國商人卻已破產了。這船咖啡只好在此拋錨……先生！您如果買下，等於幫我一個大忙，我情願半價出售。但有一條，必須現金交易。」

摩根跟著巴西船長一起去看了看咖啡，成色還不錯——想到價錢如此便宜，摩根便毫不猶豫決定以鄧肯商行的名義買下這船咖啡。然後，他興致勃勃發電報給鄧肯，可鄧肯的回電是：「不准擅用公司名義！立即撤銷交易！」

摩根勃然大怒，深為鄧肯如此不重視送上門的賺錢機會而痛心疾首。但鄧肯商行畢竟不是他摩根家的，他也無可奈何。無奈之下，摩根只好求助於在倫敦的父親。朱尼厄斯回電同意他用自己倫敦公司的戶頭償還挪用鄧肯商行的欠款。摩根大為振奮，索性放手，在巴西船長的引薦之下，他又買下了其他船上的咖啡。

摩根初出茅廬，做下如此一樁大買賣，不能不說是冒險。但上帝偏偏對他情有獨鍾，就在他買下這批咖啡不久，巴西便出現了嚴寒天氣，一下子使咖啡大為減產。這樣，咖啡價格暴漲，

第七章 把握機遇，轉變命運

面對機遇要善於把握

摩根便順風大賺了一筆。

毋庸置疑，在機遇降臨的同時，往往也帶來一定的風險。對此，許多人雖然想抓住機遇，但又害怕遭遇風險，於是總是猶豫不決，左右為難，結果坐失良機。實際上，失去機遇才是最大的風險。對於機遇中隱含的風險，只要我們認真把握，完全可以避免，關鍵在於你敢不敢冒風險而獲得機遇。只有敢冒風險的人才有最大的機會贏得成功。古往今來，沒有任何一個成功者不曾經歷過風險。很簡單的道理，不經歷風雨，怎能見彩虹，不去冒風險，又怎能把握住人生的機遇呢？

機會稍縱即逝，猶如白駒過隙，當機會來臨，善於發現並立即抓住它，要比貌似謹慎的猶豫好得多，猶豫的結果只能錯過機遇，果斷出擊是改變命運的最好辦法。

生活中有很多人，也在準備打拚。但當機遇迎面而來時，他們猶豫、彷徨了：對別人而言也許是機遇，對我是不是？他們承受不了可能招致的失敗的打擊，退縮了！甚至總是埋怨：機遇為何總是偏愛他人？其實，在把握機遇的過程中，風險是難免的。即使看準的事，付諸行動時，也可能會招致失敗。但不付諸行動，則永遠不會成功！

古語云：「臨淵羨魚，不如退而結網。」那些時常慨嘆時運不濟的人，最容易犯的錯誤就是喜歡空發牢騷，而不願意踏實去做，致使許多機會都白白溜走。「馮唐易老，李廣難封」，珍惜時間，珍惜機遇，就是珍惜成功，珍惜自己。機遇不會等人，人們只有一步一腳印，踏踏實實爭取機遇，方能博得幸運女神的青睞。

◀錯誤也是一種機會

在一般人的眼裡，錯誤導致的是失敗與困境。所謂「一招走錯，滿盤皆輸」，一個錯誤可能導致你在困境中掙扎很久。

然而，犯錯誤彷彿又是人的一種天性，這個世界上絕對沒有不犯錯的人，但人們對待錯誤的態度不一樣，就導致了在抓住和創造機會結果方面大不一樣。

相傳康熙年間，安徽青年王致和赴京應試落第後，決定留在京城，一邊繼續攻讀，一邊學做豆腐謀生。可是，他畢竟是個年輕的讀書人，沒有經營豆腐生意的經驗。夏季的一天，他所做的豆腐還剩下不少，只好用小缸把豆腐切塊醃好。但日子一久，他竟把這缸豆腐忘了，等到秋涼時想起來了，醃豆腐已經變成了「臭豆腐」。

王致和十分惱火，正欲把這「臭氣熏天」的豆腐丟掉時，轉而一想，雖然臭了，但自己總還可以留著吃吧。於是，就忍著臭味吃了起來，然而，奇怪的是，臭豆腐聞起來雖有股臭味，吃起來卻非常香，味道鮮美。於是，王致和便拿著自己的臭豆腐去給朋友吃，好說歹說，別人才同意嘗一口，沒想到所有人在捂著鼻子嘗了以後，紛紛讚不絕口，一致公認此豆腐美味可口。

王致和借助這一錯誤，改行專門做臭豆腐，生意越做越大，而影響也越來越廣，最後，連慈禧太后也聞風前來，嘗一嘗這難得一見的臭豆腐，對其大為讚賞。

從此，王致和與他的臭豆腐身價倍增，不僅上了書，還被列為御膳菜譜。直到今天，外國人到了北京，都還點名要品嘗這所謂「一絕」的王致和臭豆腐。

因為一個小小的錯誤，王致和改變了自己的一生。事實上，與王致和相同經歷的人比比皆是，為什麼獨有王致和能夠看到，並抓住了這樣一個因為錯誤而產生的機會呢？原因至少有兩點：

一是王致和的細心。在他發現臭豆腐壞了以後，並沒有一氣之下丟掉，而是留下來並嘗了一口，結果發現臭豆腐居然如此「香」。

二是王致和獨具慧眼。事實上，雖然王致和的臭豆腐十分可口，但它仍就十分「臭」，而有許多人是完全接受不了這股臭味的，哪怕今天仍是如此，但王致和認為，自己能接受就一定會有人接受，所以一定會有市場，這也體現出王致和有敢於冒險的精神。

所以，錯誤本身雖然能夠產生機會，但這種機會是隱藏著的，只有細心和獨具慧眼的人才能從錯誤中發現機會，從而抓住機會。事實上，機會往往是一種稀缺、條件苛刻的社會資源，要得到它必須要付出相當的代價和成本，必須具備相應的足夠勝任的資格，而「將錯就錯」能夠在錯誤中找尋新的機會，無疑就是至關重要的一個關卡。

其實，一個人從來不犯錯不可能，特別是探索未知領域和發明創造，乃至生活的每一個細節中，關鍵在於要變壞事為好事。犯錯誤後能認真反省，能變錯誤為正確，這不僅是一個人的特質表現，也是一個人發掘創造才能的保證，因為抓住機會才有可能產生這種綜合效應。

錯誤往往是正確的先導，失敗是成功之母。而那些怕犯錯誤的謹小慎微者，很少能有創造奇蹟獲得成功的機會。

美國加利福尼亞州門羅公園「創造性思考」公司創辦人兼總經理羅傑．馮．伊區（Roger von Oech）在《如何激發創造力》中認為把犯錯誤列為禁錮開創精神的「心智枷鎖之一」，他說：「如果你不經常犯錯，你就無法發揮潛力。」

事實上，錯誤本身並不可怕，怕的是人們自認為錯誤的心理，一旦犯了錯誤就認定已經是錯誤了，自暴自棄不再努力。「浪子回頭金不換」，在你犯錯的時候，機會或許已經悄然來到你的身邊，只要分辨是非主動改變錯誤，才能抓住這來之不易的千金難得機會！

▲敢為人先的神話

敢為人先，創造了多少成功者的神話。但這種神話在實現以前，卻是如此讓人望而卻步。也正是這種機遇和危機共存的特點，才使一部分敢於冒險的人脫穎而出。

有的人總擔心失敗，他們總會找出很多合理化理由，來使自己不去冒險，最後，他們一事無成。有的人總害怕困難，將一些很有意義的事，推給了別人，但當別人成功後，他們又開始後悔，後悔當初不該……

世界上恐怕沒有人心甘情願冒風險，因為風險常常會是失敗的導火線。那麼是不是不冒風險，就一定會成功呢？也不是。做任何一件事，完成任何一種工作都不可能有百分之百的把握。即使在我們的日常生活中，也時常有風險，只是風險率低些罷了。

敢為人先的神話

風險可能會導致你失敗，但如果你能化險為夷，那麼你獲得的回報率將遠遠比不冒風險做事所取得的回報率高得多。

摩洛．路易士的非凡成就來自兩次成功的打拚，一次在他二十歲，另一次在他三十二歲。摩洛在十九歲時隨家人一起搬到紐約。他在一家廣告公司找到一份一週十四美元的差事。對當時的情景，摩洛是這樣回憶：「那時候我經常跑外勤，工作非常忙碌，成天像發瘋似的，時間也過得特別快。六點下班以後，我還到哥倫比亞大學上夜校部主修廣告。有時候，由於工作尚未做完，所以下課後，我還會從學校趕回辦公室繼續未完成的工作，從晚上十一點一直工作到第二天凌晨兩點。」

摩洛非常喜歡需要創意的設計工作，而他也的確做得有聲有色。二十歲時，摩洛放棄在廣告公司內頗有發展的工作與旁人夢寐以求的職位，決心自己創業，這便是他人生中的第一次打拚。他放棄收人穩定、前途似錦的工作，完全投身於未知的世界，從事創意的開發，結果成績令人滿意。

他的創意主要是說服各大百貨公司，透過 CBS 電視公司成為紐約交響樂節目的共同贊助人。在當時，這種性質的工作對人們來說相當陌生，所以做起來困難重重，幾乎所有人都認為他不可能成功。

摩洛十分賣力在各地說服，結果他做得相當成功：一方面，他的創意大受歡迎，與許多家百貨公司簽約；另外，他向 CBS 電台提出的策劃方案也順利被接受。眼看著就要步人最後的成功階段，但由於合約內某些細節未能達成，終告流產，他的夢想也隨之破滅。

但「塞翁失馬，焉知非福」，此事結束之後，一家公司馬上來挖角，聘請他為紐約辦事處新設銷售業務部門的負責人，並支付給他三倍於以往的薪水。於是，摩洛又再度活躍，他的潛力得以繼續發揮，此時他年方二十。

幾年之後，摩洛再度回到廣告業界工作，但這次不是從基層做起，而是直躍龍門——他擔任了承包華納影片公司業務的湯普生智囊公司的副總經理。

那個時代，電視尚未普及，與今日相比仍處於搖籃期。但摩洛和愛德皆看好它的遠景，認為電視必將快速發展，大有可為，故兩人便專心致力於這種傳播媒體的推廣。由他們公司所提供的多樣化綜藝節目，為 CBS 公司帶來空前的大成功。

這便是摩洛人生中的第二次打拚，但這次冒險並不完全是孤注一擲，他是看準後才堆上自己的「賭注」。最初兩年，他僅是純義務性在「街上乾杯」的節目中幫忙，沒想到竟使該節目大受歡迎，直至今日仍是最受歡迎的綜藝節目之一。從一九四八年開始到今天整整五十餘年的時間，它的播映從未間斷，這是在競爭激烈的電視界內非常難能可貴的現象。除了節目成功之外，他被 CBS 公司任命為所有喜劇、戲劇、綜藝節目的製作主任。

在那些敢為人先的人成功之後，當初徘徊觀望的人才會後悔莫及，而後蜂擁而上，搶奪幾口殘羹冷炙以慰轆轆饑腸。

我們說一件事情有風險，往往就意味著完成這件事困難比較大，不確定因素比較多，而保險係數比較小。就是因為有這些主、客觀原因，導致失敗的可能性比較大，因此，人們一般不願冒險。但是風險就如一座險灘，渡過了這座險灘，就會風平浪靜，就是勝利的喜悅。

當然，我們也不能盲目冒險，得講究科學規律，會預測事情發展的未來，並能降低風險率，這樣會減少損失，就是失敗了，也不會有太大的失望。冒險總比坐以待斃好，想成功就得有冒險精神！

第八章 目光長遠，成功之道

沒有長遠眼光的人，就像一個沒有目的地的行路人，永遠也到達不了終點。有一句西方諺語說：「如果你不知道你要到哪裡去，那通常你哪裡也去不了。」許多人之所以失敗，主要是因為他們沒有一個明確又長遠的目標，結果只能在人生的旅途上不斷徘徊。

◀成功從確立目標開始

一個人他的能力素養決定著他的現實成就，但是，每一個人都有一部分潛在的能力素養沒有得到開發，沒有被發掘出來，而且往往自己意識不到這一點。如果他的心靈裡充滿了美好的夢想，就能驅使自己為美夢而奮鬥，就能使他激發出潛能，超越從前的自我。因此，每個人都必須有目的地生活，而這樣做的時候，首先必須盡心盡力制定自己的奮鬥目標。

有這樣一個人，他在少年時代就曾確立過一百二十七個目標。他在一張叫〈一生的志願〉的表上規劃：「到尼羅河探險，登喜馬拉雅山；駕馭大象、駱駝；探險馬可．波羅和亞歷山大一世走過的路；主演一部《泰山》一樣的電影；駕駛飛機；讀完莎士比亞、柏拉圖及亞里斯多德的著作；譜一部樂曲；寫一本書；遊覽全世界每一個國家……」

第八章 目光長遠，成功之道

成功從確立目標開始

此人叫戈達德，填這張志願表時，他才十五歲。他把上述每一項志願都編上號，總計一百二十七個目標。

許多人一定會認為這純粹是少年的遊戲，當不得真。然而，令人驚嘆不已的是，戈達德長大後，一直都是圍繞著這一百二十七個目標奮鬥，到他五十九歲時，竟然已經實現了一百零六個目標！為此，他克服了許多艱難險阻，曾經有十九次是死裡逃生。他為此總結說：「這些經歷教我學會了百倍珍惜生命，凡是我能做到的我都想嘗試。」

當然，這並不意味著我們提倡每個人都像他們那樣制定幾十個，甚至上百個目標，但我們卻可以從他們的經歷中，悟出這樣一個道理，那就是成功之路是由目標鋪就的。有無明確的目標，人的精神狀態大不一樣。明確的奮鬥目標催人奮進，促使你千方百計去達到預定的目標；反之，目標不明確，你就會感到無所追求，無所事事，結果自然是一事無成，碌碌無為度過一生。

托馬斯．華生（Thomas Watson）原是一個小工廠的經理，但他不滿足於此，他決心建立起一個「國際商用機器公司」，並把這一目標擺在突出的位置上。經過努力，他不但建立了「國際商用機器公司」，而且將它發展成美國一家十分成功的企業。華生去世前，有人問他從什麼時候起把建立「國際商用機器公司」作為自己的目標，沃森回答說：「從一開始。」

確立並實現目標貴在「從一開始」。任何事情都有起始，即使像戈達德這樣目標很多的人，也要「從一開始」就確立目標，然後一個目標一個目標去實現。「萬事起頭難」，「從一開始」

跳脫輸家思維

人生贏家還是輸家，往往只有一念之差

就確立目標，決心才大，方向才明。

想獲得成功須首先確立明確的目標，這樣才能集中意志和精力朝著這個方向前進。有位著名的推銷大王，年輕時一無所有。為買一輛高級賽車，他將自己的照片貼在一張高級賽車畫片的旁邊，每天看幾次，鼓勵自己每天多打幾通推銷電話，後來不僅買到了高級賽車，而且成了著名的推銷員。從這裡可以看出，如果你有一個明確的追求目標，並朝目標堅持不懈努力，最終將會實現自己的願望。

有個中國人在日本、東南亞以至美國都有自己的大樓，作為貿易商在華僑當中是屈指可數的成功者。有人向那位華僑請教成為富翁的祕訣，那個華僑的回答是：制定目標，然後實現，除此以外，沒有其他的捷徑和妙方。這位富翁確定十倍、一百倍的財富成長目標，然後不惜用比別人大三倍到四倍的努力實現它。

美國的漢堡大王前任總裁柯柏先生在他的回憶錄中寫道，他事業的轉折點，是他覺悟到要成為「速食店」老闆的一剎那。那天他剛剛被提升到市場部第二把交椅的職位，並成為公司的主管之一。當他開著公司給他的嶄新的車子回家時，他意識到：這次升遷其實對他個人所企求的前途毫無意義。他的目標在於有一天能管理整個公司，但他目前的職位卻不是公司業務的主流，他對自己說：「我所見到的，不過是公司全貌的 15% 而已。」

他的公司以經營速食為主，把香噴噴的漢堡賣給顧客。為此，他毅然放棄了其他人欣羨的職位，義無反顧從事漢堡專賣，從頭做起，學習如何打點生意。一年之後，他被總部調回，當上了行銷部主任，沒多久，他又以傑出的行銷才華出任常務總經理的職位，成為總經理的唯一接班人。

強烈的成功欲望能激發一個人的能量與熱情，使其精力充沛投入到工作中。但美好的願望和辛勤的工作，尚不足以使一個人成功。人的能量與熱情如果得不到正確的引導，就會因行動的盲目而浪費。因此，成功的一個重要祕訣，就是要有明確的奮鬥目標。

哲學家艾默生說：「當一個人知道他的目標去向，這世界會為他開路。」

給自己一個夢想，一個目標，把它們深藏於心，每天不斷提醒自己目標一定會實現，並且為了這個目標，制定出詳細而周全的計畫，不時檢驗計畫的執行情況，你就一定能夠如願以償。

▲掌握一套「變位術」

一個人變與不變，不能一概而論，應當根據不同的情況而定。一個人竭盡全力去做一件事而沒有成功，並不意味著他做任何事情都無法成功。因為他可能選擇了不適合自己天性的職業，這就注定難以成功。莫里哀和伏爾泰都是失敗的律師，但前者成了傑出的文學家，而後者成了偉大的啟蒙思想家。因為他們施行了「變位術」。

世界上有半數的人從事著與自己的天性格格不入的職業，而做自己的天賦所不擅長的事情往往會徒勞無益，因此失敗的例子數不勝數。在職業生涯的選擇方面，要揚長避短。你的天賦所在就是你擅長的職業。席尼．史密斯（Sydney Smith）說：不管你天性擅長什麼，都要順其自然，永遠不要拋開自己天賦的優勢和才能。

勞勃．瓦特（Robert Alexander Watson-Watt）也說：「天才人物往往被一種無法抗拒的衝動吸引到一種職業上，而他本人就是為這種職業而存在。無論在他周圍存在多少困難，也無論他的前途多麼渺茫，但這種職業仍然是他按照自己的興趣和愛好，所追求的唯一一種職業。而一旦他在那個方面的努力不能維持他的生計時，當他發現自己非常貧窮卑微、窮困潦倒時，他或許就會像波恩斯一樣經常嘆息著回憶過去，並設想著如果自己以前從事另一種的職業，境遇將會比現在好多少。但儘管如此，他仍然會繼續堅持並執著追求他所鍾愛的事業。」

當每一個人都選擇了適合他的工作時，這就標誌著人類文明已經發展到了至高境界。只有找到了適合自己的位置時，人們才有可能獲得理想的成功。就像一個火車頭一樣，只有在鐵軌上它才是強大的，一旦脫離軌道，它就寸步難行。

當一個人認為上帝已經交給他一項特殊的工作時，只有他全心投入其中，才能得到幸福。當一個人在年輕時就找到了他夢想中的職業時，他是幸福的，但是，如果連這份夢想中的工作都不能勝任，那麼也就沒有其他任何工作能做得讓自己或別人感到滿意。因為永遠不停止追求夢想是一個人天生的傾向，除非他已經找到了真正屬於自己的位置，他內心的理想向會一直縈繞著他，並驅使他行動，直到他那天賜的才能都充分發揮，直到他回歸到真正適合他的港灣時才會罷休。

卡內基曾經這樣總結自己的教訓：「當我由密蘇里州的鄉下到紐約去的時候，考入了美國

第八章 目光長遠，成功之道

掌握一套「變位術」

戲劇學院，希望能做一個演員。我當時有一個自以為非常聰明的想法，一條到達成功的捷徑；這個想法非常簡單，也非常完美，所以我不懂得為什麼成千上萬雄心勃勃的人居然沒有發現這一點。這個想法是這樣的，我要去學當年那些有名的演員怎樣演戲，學會他們的優點，然後把每一個人的長處學下來，使自己成為一個集所有優點於一身的名演員。當時我是多麼愚蠢！多麼荒謬！我居然浪費了那麼多時間去模仿別人，最後終於明白，我一定得維持自己的本色，我不可能變成任何人。我對自己說，『你一定得維持你自己的本色，不論你的錯誤有多少，能力多麼有限，你也不可能變成別人。』於是我不再試著做其他所有人的綜合體，而捲起我的袖子，做了我原先就該做的那件事：我寫了一本關於公開演說的教科書，完全以我自己的觀察、經驗，以一個演說家和一個演說教師的身分來寫。」

卡內基取得了成功，是因為他終於明確了他自己的社會角色，及時調整自己的方向，從適合他自己的角度來從事社會活動。

威靈頓（Arthur Wellesley）曾經被他的母親認為是一個笨孩子。在伊頓公學時，他被大家稱為笨蛋、白癡，他在那裡被列入最差勁的學生行列，因為他什麼都不懂，所以人們認為他什麼都得從頭學起。在學校時，他沒有表現出任何天賦，也沒有表現出任何要參軍的意願。但是，在他的父母和老師的眼裡，他那勤奮和堅毅的性格特徵是對他缺陷的唯一補償。在四十六歲那年他戰勝了「戰無不勝」的拿破崙。

只有極少數人在沒有經歷挫折和痛苦的情況下，就能在任何工作或任何研究領域表現出偉

跳脫輸家思維

人生贏家還是輸家，往往只有一念之差

大的天賦與非凡的才能。而絕大多數人，即使按照他們內心的期望給予他們相應的職位，他們也很難在十五歲甚至二十歲之前確定他們一生的職業。每一個人都會在自己思維的入口徘徊不定，想要以自己擁有的天才來明確知曉自己適合哪種具體的工作，但這種天才其實不存在。

英國作家塞繆爾．斯邁爾斯（Samuel Smiles）曾從事一種完全不適合他的天性的職業，然而，他非常虔誠去做好這一工作，這些經歷對他日後的作家生涯起了很大的作用，而作家才是最適合他的職業。忠實對待你的本員工作和一切社會職責，滿懷著忠誠的責任心來對待我們的父母、老闆、我們自己，這些東西將會在適當的時刻，把大多數人帶到光明的道路上。

無論是林肯還是格蘭特，都不是從嬰兒時就有人主白宮的天才特徵或領導駕馭人的天賦。因此，沒有人會因為自己在搖籃裡沒有收到巨大的禮物饋贈而感到失望。我們的任務就是盡力做好每一件手頭的工作，並且按照自己內心的天賦所指引的方向抓住每一個重大的機會，從而使自己不斷進步。讓職責成為指路的明星，從這個意義上講，成功則是衡量人的工作能力和努力程度的王冠。

很多人在問：什麼是一生的職業？我一生所要從事的職業應該是什麼呢？

如果你的天賦和內心的理想要求你從事木工工作，那麼你就做一個木匠；如果你的天賦和內心要求你從事醫學工作，那麼你就做一個醫生。堅信自己的選擇並不懈努力，你就一定能夠成功。但是，如果你沒有任何內在的天賦，或者沒有一個明確的理想，那麼，你就應該在最適應你的方面和最好的機會上慎重做出選擇。不必懷疑這個世界是任由你去創造，真正的成功是

在於努力扮演好自己的角色、出色履行自己的職責，這一點是每一個人都能夠做到的。做一個一流的搬運工也要比做一個二流的其他角色強。

◀吃小虧占大便宜

生活中應該學會滿足，我們不能事事爭強，處處占上風，只有敢於吃小虧，才能把占大便宜的主動權握在手中。若不知足有時就連起碼的東西都得不到。

人往往很貪，這也想要，那也想要，捨不得放棄任何東西，這也是視角狹隘的表現。生活中，我們必須懂得有所選擇，有所捨棄。尤其是在困境中時，犧牲小的代價，就能換來整體的利益。

六十年代是日本經濟迅速發展的時代。那時世界能源的主要支柱是石油，因此作為石油的運輸工具——油船就顯得很重要，一股油船熱很快席卷了整個日本。

然而這時候，已經經營造船業多年的日本巨商坪內壽夫卻反其道而行之，不湊熱鬧，不顧董事會其他人員的反對，毅然決定放棄造船業，改投資汽車專用輪胎。坪內壽夫認為，既然是這麼熱門的行業，洶湧而來的人肯定很多，不久後必然會出現供大於求的局面，等到那時受重創，不如現在就趕快轉行。

果然，幾年後日本就因為造船業生產的產品供大於求，很多造船廠損失慘重。坪內壽夫獨特的眼光讓同業者敬佩。

事實也證明了坪內壽夫的決策是正確的。一九七〇年代初，日本汽車大受世界各地人們的青睞，坪內壽夫的生意扶搖直上。

想擴大生意，就應該把眼光放遠。不要因為眼前有利潤而緊抓不放，有得必有失，懂得放棄，才有更多的收獲。

傳統的人蔘補藥店，銷售目標都是一些中上層人士；但香港卻有一家花旗參店，一改傳統的做法，面向普通經濟層。這家花旗參店推出了「一元超值銷售」方法，吸引了廣大顧客，使市場占有率激增。

他們把原定價一百元左右的參類商品分拆開來，裝成一小包出售。每包只賣一元，每位顧客每次只能買一包。這樣，讓再窮的顧客也買得起高級的商品。而富有的顧客也願意這樣少量多次購買。很快，不同層次的人都成了這家店的忠實顧客。

後來，這家店又推出了一元一斤的蜜棗，一元一隻的當歸等等。漸漸，到這裡光顧的客戶經常要排十幾分鐘才能輪到自己交款。事實上，精明的顧客都會知道，一元商品都物超所值，店家都是虧本銷售。

而這家店的總銷售情況是，雖然那些「一元商品」虧本了，但帶動了其他商品的銷售。因為，絕大多數顧客不會只買「一元商品」。

做生意，不能太過分精明，不要什麼商品的錢都非賺不可，有時在某些地方吃點虧，會帶來更多的利潤。釣魚都要付出餌料，何況做生意！

第八章 目光長遠，成功之道

吃小虧占大便宜

做人更是如此。什麼都想要，卻又不能什麼都要，這樣活著豈不很累？不如乾脆放棄一些東西，你會得到更多。

戰國時，梁國與楚國相鄰。兩國一向有敵意，在邊境上各設界亭。兩邊的亭卒在各自的地界裡都種了西瓜。梁國的亭卒勤勞，鋤草澆水，瓜秧長勢很好；楚國的亭卒懶惰，不鋤不澆，瓜秧又瘦又弱，目不忍睹。

人比人，氣死人。看著對面梁國的瓜地，楚亭的人覺得失了面子，在一天晚上，趁月黑風高，偷跑過去將梁亭的瓜秧全都扯斷。梁亭的人第二天發現後，非常氣憤，報告給縣令宋就，說：「我們要以牙還牙，也把他們的瓜秧扯斷！」

宋就說：「楚亭的人這種行為當然不對，別人不對我們也不能因此就跟著學，那樣太小氣了。你們照我的吩咐去做，從今天開始，每天晚上去替他們的瓜秧澆水，讓他們的瓜秧也長得好，而且一定不要讓他們知道。」梁亭的人聽後覺得有理，就照辦了。

楚亭的人發現自己的瓜秧一天比一天欣欣向榮，仔細觀察，發現每晚梁亭的人都悄悄過來替他們澆水。楚國的縣令聽到亭卒的報告，感到十分慚愧又十分敬佩，於是上報楚王。楚王深感梁國人修睦邊鄰的誠心，特備重禮送給梁王以示歉意。結果這一對敵國成了友好鄰邦。生活中，人們如果願意吃些小虧，那麼以後也必會有大便宜可得。

就拿工作相處來說，人與人之間消除成見，彼此和睦的時候，雞毛蒜皮，大家可以付之一笑；而一旦有了成見，言者無心聽者有意，簡直會風聲鶴唳、草木皆兵。對方關門大力、講電話的聲音太大，往往都是惹你生氣的根源，因為你會把這些事通通看作是故意的。

同事相處，小小的誤會在所難免，但千萬別憑一時意氣吵鬧。爭吵一旦開始，以後就處處都是吵架，結果就會鬧得雞犬不寧。遇事忍一口氣，大事化小，小事化了。忍耐一時並不難，而且以後的好處是無窮的。

「吃小虧占大便宜」初聽起來似乎有些不道德、可如果同事之間互相謙讓，都捨得吃點小虧，維持了和睦的工作氛圍，又何樂而不為呢？在工作中，也應該學會吃點虧。

有一個年輕人大學剛畢業就進入出版社做編輯，他的文筆很好，但更可貴的是他的工作態度。

那時出版社正在進行一套叢書的編輯，每個人都很忙，但老闆沒有增加人手的打算，於是編輯部的人也被派到發行部、業務部幫忙，但整個編輯部只有那個年輕人接受老闆的指派，其他的都是去一兩次就抗議了。

他說：「吃虧就是占便宜嘛！」事實上也看不出他有什麼便宜可占，因為他要幫忙包書、送書，像個苦力一樣！他真是個可隨意指揮的員工，後來又去業務部，參與行銷的工作。此外，連取稿、跑印刷廠、郵寄……只要開口要求，他都樂意幫忙！「反正吃虧就是占便宜嘛！」他這麼說。

兩年過後，他自己成立了一家出版公司，做得還不錯。原來他是在吃虧的時候，把一家出版社的編輯、發行、行銷等工作都摸熟了。他真的是占了便宜啊！現在，他仍然抱著這樣的態度做事。對作者，他用吃虧來換取作者的信任；對員工，他用吃虧來換取他們的積極性；對印刷廠，他用吃虧來換取品質……由此看來，他這下真的占便宜！

吃虧就是占便宜！尤其是年輕人更應該記住這一點，這是你積累工作經驗，提高自己做事能力，擴大人際關係網路的最好辦法。

一個人只要願意吃點小虧，敢於吃小虧，不事事討便宜，日後必有大「便宜」可得，也必成「正果」。相反，要想「占大便宜」，則必須能夠吃小虧，敢於吃小虧，這甚至可以說是一種規律。那種習慣於處處占便宜的人，不願吃虧的人，到頭來反而會吃大虧。

◀放下架子求朋友

生活中，人難免會遇到困境，碰上自己解決不了的事，這時硬撐著對你來說毫無益處。如果你有可以幫助你的老朋友，就應該放下架子求助，你的境遇很可能就因此而改變。

韓冬所在的紡織廠改組了，他人到中年卻離職，這讓他很煩惱，兒子明年就要考大學，只靠妻子那點薪水怎麼供得起兒子呢？何況他現在已經不年輕，再找工作也不容易了。看著丈夫消沉的樣子，妻子倒給他想出了個主意：「我問你，你不是說你有個姓李的『麻吉』在建築公司當老闆嗎？你問問他，看能不能有個工作！」韓冬卻有點猶豫：「唉，人家現在是大老闆了，出入坐賓士，哪記得我，再說我們十多年沒聯繫了，有事找上門，誰幫你呀！」但妻子卻覺得可行，韓冬只好帶著禮品去求李某了。一進門，韓冬就覺得很尷尬，李某倒還算客氣，讓自己的小兒子出來叫叔叔。看著李某十來歲的兒子，韓冬感慨說：「時間過得真快啊，一晃二十多年過去了，我們像他這麼大的時候，天天在巷口堆沙子，就像是昨天的事情！」李某也嘆了口氣，跟著點點頭，然後他誠懇看韓冬說：「我們雖然很多年沒見了，可小時候的情分卻忘不了，我知道你不會無緣無故上門，有什麼事你就說吧，能幫上忙我絕無二話。」韓冬把自己的難處說了一下。李某點點頭，「這樣吧，你先回去等，我盡快答覆！」第二天，韓冬就接到了李某的電話，「過來吧，為你安排了個辦公室的工作，先做做看！」

韓冬和老朋友有了很大距離，也很多年沒見了，但看著往日的情分，老朋友還是幫他辦了事。現實生活中，我們也常遇到這樣的情況：你的朋友富貴發達了，有意或無意疏遠了你，而這時你卻偏偏迫於無奈，要求他幫忙辦事。很多人覺得張不開嘴，其實這是錯誤的想法。因為求這樣的朋友，要比求陌生人容易得多，至少你們有過交情。那麼，怎樣跟發達了的老朋友打交道呢，下面介紹幾種技巧。

1.選好見面禮

既然有老交情，帶點禮物上門非常自然，也是情感的體現。禮物不在多少，它有把這多年沒有交往的空缺一下子填補。

當然，禮物不同，見面時的說法也不同，若是老朋友的嗜好之物，就說是「特意帶的，我知道你最喜歡這東西」；若是土產，就說是「帶給孩子嘗嘗」；若是錢，那就得說是「給孩子買衣服或買書」之類。走進了門便有了開口求老朋友辦事的機會了。

2.以情感人聊過去

因為回憶過去，就喚起了對方沉睡多年的交情，這交情才是對方肯為你辦事的基礎。當然，回憶過去閒聊往事也有個妥當不妥當的問題。當年朱元璋當上了皇帝後，先後有兩個少時舊友來找他求官做，一個坦白，引起了他出身的尷尬，被殺了頭；而另一個說話委婉、隱諱的朋友，被朱元璋委以高官。

與朋友及家人閒聊過去，如果是當著他的孩子和老婆，也要盡量少提對方的尷尬事，這樣可能會傷害對方在家庭中的權威，引起對你的反感，而達不到目的。

3.以言相激扭轉敗局

長時間沒有來往突然登門，對方便心知肚明你有事要求於他。他若不願幫忙，一進門就顯得非常冷淡。當你把事提出的時候，他會表現出含含糊糊的拒絕態度。這時，你就得把「死馬當成活馬醫了」。「以言相激」不失為一種扭轉對方態度、繼續深入的好方法。

比如，你可以說：我知道你能幫我，我才來找你的，否則，我也不能大老遠的跑到你這裡。「我想你有能力幫我，再說這事也不是什麼違背原則的事。」當然，以言相激也要掌握分寸，若是對方真的無能力辦此事，我們也不能太苛求人家，讓人家為難，不能說出絕情絕義的話來傷害對方。只有你了解了對方確實有「多一事不如少一事」的心態時，才可以以言相激，逼他去辦。如果他真的幫你去辦事，不管有沒有成功，事後你都應該道謝，這樣會顯得你有情有義。

4.誘之以利談合作

如果事情難度大，或者對方是一個見錢眼開的人，即使幫你，也會留下一個天大的人情。這樣，你不妨以合作的態度找他，對他誘之以利。如果你把實情道出，說這是自己的事，事成之後給他多少多少好處，對方可能會礙於舊交之面不好接受。所以，你可以撒一個小謊，說這事是別人託你辦，事後可以怎麼怎麼樣，這樣對方就會很坦然接受，你也可以顯得不卑不亢，事後也避免留下還不完的人情債。

一些「得道」的朋友似乎看起來高不可攀，然而他們也是你寶貴的人際資源，所以，必要時還是要提醒自己，放下架子，厚臉皮，多與這類朋友培養好關係，也許就是因為一個偶然的機會。

◀時機未成熟時要挺住

劉邦和項羽在稱雄爭霸、建功立業時，在「挺」上見出高下，決出雌雄。這是一種「忍」功的較量，誰能夠「挺住」，誰就得天下，稱雄於世；誰若剛愎自用，小肚雞腸，誰就失去天下，一敗塗地。宋代著名大文學家蘇東坡在評論楚漢之爭時就曾說：漢高祖劉邦所以能勝，楚霸王項羽所以失敗，關鍵在於能忍不能忍。項羽不能忍，白白浪費百戰百勝的勇猛；劉邦能忍，養精蓄銳，等待時機，直攻項羽弊端，最後奪取勝利。劉邦可以成大業，是他懂得忍下人之言，忍個人享樂，忍一時失敗，忍個人意氣；而項羽氣大，什麼都難忍難容，不懂得「小不忍則亂大謀」的道理。大業未成身先死，可悲可嘆！

楚漢戰爭之前，高陽人酈食其拜見劉邦，獻計獻策，一進門看見劉邦坐在床邊洗腳，便不高興說：「假如你要消滅無道暴君，就不應該坐著接見長者。」劉邦聽了斥責後，不但沒有勃然大怒，而是趕快起身，整裝致歉，請酈食其坐上座，虛心求教，並按酈食其的意見攻打陳留，將秦積聚的糧食弄到手。劉邦圍困宛城時，被困在城裡的陳恢溜出來見劉邦，告訴他圍城與攻城，不如對城內的官吏勸降封官，這樣就可以化敵為友、放心西進，先入咸陽為王。劉邦採納了他的意見，使宛城不攻自破。

與劉邦容忍的態度相反，項羽則剛愎自用、自以為是。一個有識之士建議項羽在關中建都以成霸業，項羽不聽，那人出來發牢騷道：「人們說『楚人是沐猴而冠』，果然！」結果項羽知道了，大怒，立即將那人殺掉；楚軍進攻咸陽時到了新安，只因投降的秦軍有些議論，項羽就起殺心，一夜之間把二十多萬秦兵全部活埋，從此殘暴名聞天下。他怨恨田榮，因此不封他，而立齊相田都為王，致使田榮反叛。他甚至連身邊最忠實的范增也懷疑不用，結果錯過了鴻門宴殺劉邦的機會，最後氣走范增，成了孤家寡人。

劉邦也不是不食人間煙火的聖人，劉邦在沛縣鄉里做亭長時，好酒好色。當劉邦軍進了咸陽，將士們紛紛爭著搶著去找皇宮的倉庫，掠奪金銀財寶時，劉邦自己也曾被阿房宮的富麗堂皇和美貌的宮女弄得眼花撩亂，有些止步不前；但在部下樊噲「沛公要打天下還是要當富翁」的提醒下，立時醒悟，忍住了貪圖享樂的念頭，吩咐將士封了倉庫和宮殿，帶著將士仍舊回到

跳脫輸家思維

人生贏家還是輸家，往往只有一念之差

灞上的軍營，並約法三章，對百姓秋毫無犯，這就使他贏得了民心，得到了百姓的支持。

而項羽一進咸陽，就殺了秦王子嬰，燒了阿房宮，收取了秦宮的金銀財寶，擄取宮娥美女，據為己有，並帶回關東，相比之下，他怎能不失人心呢？

楚漢戰爭中，劉邦的實力遠不如項羽，當項羽聽說劉邦已先入關後，怒火衝天，決心要將劉邦的兵力消滅。當時項羽四十萬兵馬駐紮在鴻門，劉邦十萬兵馬駐紮在灞上，雙方只相隔四十里，兵力懸殊，劉邦危在旦夕。在這種情況下，劉邦能做到「得時則行，失時則蟠」。先是請張良陪同去見項羽的叔叔項伯，再三表白自己沒有反對項羽的意思，並與之結成兒女親家，請項伯在項羽面前說句好話。然後，第二天一清早，又帶著張良、樊噲和一百多個隨從，拿著禮物到鴻門去拜見項羽，低聲下氣賠禮道歉，化解了項羽的怒氣，緩和了與項羽的關係。表面上看，劉邦忍氣吞聲，項羽賺足了面子，實際上劉邦以小忍換來自己和軍隊的安全，贏得了發展和壯大力量的時間。甚至是當自己胸部受了重傷時，劉邦也能忍著傷痛在楚軍陣前故意弓著腰，摸摸腳，罵道：「賊人射中了我的腳趾」，以麻痺敵人，回到自己大營後又忍著傷痛巡視軍營，來穩定軍心。他對不利條件的隱忍，對暫時失敗的堅忍，反映了他對敵鬥爭的謀略，也體現了他巨大的心理承受力，這是成就大業者必備的一種心理素養。

人非聖賢，誰都無法擺脫七情六欲，離不開柴米油鹽，即使遁入空門，「跳出三界外，不在五行中」也還要「出家人以寬大為懷，善哉！善哉！」不離口，所以，要成就大業，就得分清輕重緩急，大小遠近，該捨的就得忍痛割愛，該忍的就得從長計議，從而實現理想宏願，成就大事，創建大業。

◀莫逞一時口舌之快

在人際交往當中，常常可以看到一些爭吵原是出於某一件雞毛蒜皮的事，但由於一方逞一時口舌之快，說了帶情緒的話，傷害了對方的自尊心，而另一方也不願意做省油的燈，受羞後也勃然大怒，反唇相譏，從而導致雙方你來我往，把口水仗打得如火如荼，甚至大打出手，小事變成了大事，釀成禍端。

「煩死了，煩死了！」一大早就聽劉寧不停抱怨，一位同事皺眉頭，不高興嘀咕：「本來心情很好，被你一吵也煩了。」

劉寧現在是公司的行政助理，平時事務繁雜有些煩，可誰叫她是公司的管家呢，事無巨細，不找她找誰？

其實，劉寧性格開朗外向，工作認真負責。雖說牢騷滿腹，該做的事情一點也不曾怠慢。設備維護、辦公用品購買、交通費、買機票、訂客房……劉寧整天忙得暈頭轉向，恨不得長出八隻手。再加上為人熱情，中午懶得下樓吃飯的人，還請她幫忙叫外賣。

剛交完電話費，財務部的李曉來領膠水，劉寧不高興：「昨天不是剛來過嗎？怎麼就你事情多，今天這個明天那個？」抽屜用力一拉，翻出一瓶膠水，往桌子上一丟，「以後東西一起領！」李曉有些尷尬，又不好說什麼，忙賠笑臉：「你看你，每次找人家報銷都叫親愛的，一有點事找你，馬上就擺臉色。」

大家正笑著呢，銷售部的王娜衝進來，原來印表機卡紙了。劉寧臉上立刻晴轉多雲，不耐煩揮揮手：「知道了，煩死了！和你說一百遍了，先報修。」單子一丟，「填一下，我去看看。」劉寧邊往外走邊嘟囔：「人都死光了，什麼事情都找我！」對面的小張氣壞了：「這什麼話啊？我又招惹你了？」

態度雖然不好，可整個公司的正常運轉真是離不開劉寧。雖然有時候被她搶白，下不了台，也沒有人說什麼。怎麼說呢？她不是應該做的都盡心盡力做好了嗎？可是那些「討厭」、「煩死了」、「不是說過了嗎」……實在是讓人不舒服。特別是同辦公室的人，劉寧一叫，他們頭都痛了。「拜託，你不知道什麼叫情緒汙染嗎？」這是大家的一致反應。

年末的時候，公司民意選舉傑出員工，大家雖然都覺得這種活動老套可笑，暗地裡卻都希望自己能榜上有名。獎金倒是小事，誰不希望自己的工作得到肯定呢？主管認為非劉寧莫屬，可一看投票結果，五十多張選票，劉寧只得十張。

有人私下說：「劉寧不錯，就是嘴巴太討厭了。」

劉寧很委屈：我累死累活，卻沒有人體諒……

什麼叫吃力不討好？像劉寧這樣，工作都做好了，為逞一時之快，抱怨上幾句，結果前功盡棄。冷語傷人，說者無心，聽者有意。所以，既然做了就心甘情願些吧，抱怨是無濟於事的，相反還會埋沒你的功勞。

愛逞一時口舌之快者，大多數心浮氣躁，又習慣指責他人。在他們的心靈世界裡根本就沒有「忍」字，只要不順心，見事罵事，見人罵人，為的是排遣胸中的憂煩，僅此而已。但他們根本就沒有想到，自己焦躁的情緒得到宣泄，被罵者的心裡感受如何呢？

當然，逞一時口舌之快者也並不都像如上所說的那種可怕之人，平常社會活動中，正常人也時有來這麼一兩下，但此「快」字必也是一閃而過，接下來的便是「不快」了。舉個淺顯的例子。當你在超市排隊付款時，隊伍前進的速度非常緩慢，前面有一個老太太「霸」在收銀台前，用了很長時間數收銀員找給她的零錢，你一面心疼浪費掉的時間，一面強耐著性子等了好久，最後終於按捺不住罵了一聲。就這麼衝動的一句話，你立刻後悔臉紅。

這就像圍觀、看熱鬧者的心情，也是一種生活方式。比如A公司起訴B公司侵犯其智慧財產權，看熱鬧的也分好幾派。有希望A公司輸的，有希望A公司贏的。最終A公司放棄起訴，雙方和平解決問題。可惜那些愛看熱鬧的人由於沒熱鬧可看了，那種莫名的快感也就沒了。

逞一時口舌之快者，心理上也有圍觀、看熱鬧者的意味，他嘴發癢了，你不讓他宣泄，那張嘴豈不更癢？然而俗話說，己所不欲，勿施於人，很多事情靠自己找快感的謾罵和攻擊是解決不了問題的，只會把事情弄得更糟。

一個人要想懂得說話技巧，一定善於察言觀色，絕不會逞口舌之快，嚴重傷害別人的自尊，這種涵養工夫，說來容易，做起來就不簡單了。

◀善辯為銀，沉默是金

當人們向你發泄憤怒時，不是覺得自尊心受了傷害，就是在向你顯示威嚴。不論別人的怒氣多麼大，使他平靜的最好方法是：沉默，認真傾聽，表示你能理解他。

一個人想處理掉工廠裡的一批舊機器，他打定主意，在出售這批機器的時候，一定不能低於五十萬美元。在談判的時候，有一個買主針對這台機器的各種問題，滔滔不絕講了很多缺點和不足。但是這個工廠的主人一言不發，一直聽著那個人口若懸河的言辭，到了最後，那位買主再沒有說話的力氣了，突然一句：「我看你這批機器我最多只能給你八十萬美元，再多的話我們可真是不要了。」於是，這個老闆整整多賺了三十萬美元。

長時間的沉默會給人造成極大的心理壓力。因為人生性是排斥黑暗和沉默，沉默使人感到沒有依靠，有的時候真的可以讓人為之瘋狂，所以人常常會沉不住氣。

在與人交往中，沉默能夠給你帶來好處，在一些場合沉默能夠避免失言。當別人要發泄憤怒和不滿的時候，你千萬不要中途插嘴，否則會把事情鬧得更大，最好的解決辦法是讓他去說，然後你趁機從他的話中找出說服他的方法。

沉默不等於袖手旁觀，沉默更出自於尊重。沉默意味著你是為了支持他，但不是為了包辦代替。沉默會產生更完美的和諧，帶來更好的結果。說話要把握好分寸，我們應該相信沉默與實話具有同樣的表現力，就像音樂中的音符和休止符一樣重要。

有一個好鬥的女孩子，一天，她的矛頭指向了一個平日只是默默工作，話並不多的女孩子，誰知那位女孩只是默默笑著，一句話沒說，只偶爾回一句：「啊？」最後，好鬥的那個女孩主動鳴金收兵，但也已氣得滿臉通紅，一句話也說不出來。過了半年，這位好鬥的女孩子也主動辭職了。

有的人一定會說，那個沉默的女孩子修養實在太好了，其實不是這樣，而是那位女孩子聽力不大好，雖然理解別人的話不至於有困難，但總是要慢半拍，而當她仔細聆聽你話語並思索你話語的意思時，臉上會出現無辜、茫然的表情。你對她發作那麼久，那麼費力，她回應你的卻是這種表情和「啊？」的不解的聲音，難怪別人鬥不下去只好收兵了。面對沉默，所有的語言力量都消失了。

許多心理戰場的高手，經常利用「沉默」這一策略來擊敗對手。他們可以製造沉默，也有方法打破沉默，他們往往以此達到目的。沉默並不是簡單指一味不說話，而是一種成竹在胸、沉著冷靜的姿態，尤其在神態上表現出一種運籌帷幄、決勝千里的自信，以此來逼迫對方沉不住氣，先亮出底牌。如果你神態沮喪，只能自討苦吃了。沉默只是人們表達力量的一種技巧，而不是本身就具有優勢力量。

電話公司的推銷員被一家旅店的老闆批評了一頓，推銷員一言不發，靜靜傾聽，讓老闆發洩個夠。老闆把抱怨電話公司的話說完後，推銷員發現了電話公司的服務有不周之處，推銷員針對該問題發表了意見，老闆拍著他的肩膀說：「你是個好人，我抱怨的只是混蛋電話公司。」

跳脫輸家思維

人生贏家還是輸家，往往只有一念之差

推銷員說：「我很理解您的心情，如果您不說您的問題已經解決了，我不好意思回去。」

「好了，」他說：「看在你的面子上，我同意，今後我再也不寫信到你們公司去，行嗎？」

老闆很守信，再也沒寫信到電話公司，電話公司也改善了服務。

一般來講，人們就算錯了，也不會輕易向別人承認錯誤，想讓人們認錯需要花一番心思，若是那些較有地位的人就更不肯認錯了。

如果你急於證明他的觀點是錯的，那麼你就做了件蠢事，只會使他們的態度更強硬。如果你對他們表示出應有的同情，再指出他們有可能犯的錯誤，你就比較容易使他們尊重你的意見了。

商業談判並無祕密可言，只要懂得專心聽對方發表意見，即已占據了相當優勢，因為天下最叫人迷醉的亦莫過於這種專注傾聽。但是我們大多數人卻忘記了這個簡單而又實用的道理。我常看到一些商人不惜重金在黃金地段租下昂貴的店面，裝飾得豪華富麗，擺設得琳瑯滿目，叫人目不暇給。

然而，他們卻不懂得請一些真正能耐著性子聽取顧客講話的店員，來促進其銷售工作。許多店員動不動就打斷顧客的話，而獨自吹噓，自然惹人生厭，到頭來再也不會有生意上門。

世上許多人之所以不能給人留下良好的印象，正是因為他們不能耐心做一個很好的聽眾。許多大人物都曾說過，他們喜歡的是肯耐心聽話的人，而不是那些爭著要發表意見的人。而聽人說話這門藝術卻不是一蹴而就，真正懂它的人畢竟是少之又少。如果你想讓人討厭你，在背後說你壞話，甚至嚴重鄙視你，最簡單的方法就是：

——永遠別聽他人的傾訴；

——滔滔不絕講自己的事；

——時不時伺機打斷別人的話，改由自己來發表意見。

千萬要記得一件事，不論跟你談話的人是誰，他對自身問題關心的程度，絕對超出他對你的問題的百倍以上，他本身的牙痛可能比世界上發生的一場致千萬人於死地的饑荒更讓他焦慮。只要能隨時想到這一點，下次你再跟別人談話保證能得到一個滿意的收場。所以，如果要別人喜歡你，原則是：首先做個好聽眾，並隨時鼓勵對方談談他自己的事。

「靜者心多妙，超然思不群」。沉不住氣的人在冷靜的人面前最容易失敗，因為急躁的心情已經占據了他們的心靈，他們沒有時間考慮自己的處境和地位，更不會坐下來認真思索有效的對策。在最常見的討價還價中，他們總是不等對方發言，就迫不及待提出建議價格，最後讓別人鑽了自己的漏洞。行走於社會，你會有許多與別人相持不下的機會，那麼，謹記下邊的忠告：利用「沉默」這一策略，方能使自己處於主動地位，改變被動的逆局。

◀好高騖遠是成功的大敵

我們鼓勵大膽行動，但不主張盲目行動，行動之前應該正確評估自己的能力，給自己確立可行的目標，才能取得成功，過於高估自己、好高騖遠只會讓你在現實裡撞得頭破血流。

跳脫輸家思維

人生贏家還是輸家，往往只有一念之差

海口的一條魚逆流而上，牠的泳技很精湛，因而游得很精彩，一會兒衝過淺灘，一會兒劃過激流，牠穿過了湖泊中的層層漁網，也躲過無數水鳥的追逐。牠不停游，最後穿過山澗，擠過石隙，游上了高原。然而，牠還來不及發出一聲歡呼，瞬間凍成了冰。

若干年後，一群登山者在高原的冰塊中發現了牠，它還保持著游動的姿勢。有人認出這是海口的魚。一個年輕人感嘆說：這是一條勇敢的魚，牠逆行了那麼遠那麼長。另一個年輕人卻為之嘆息，說這的確是一條勇敢的魚，然而它只有偉大的精神，卻沒有偉大的方向，牠極端逆向的追求，最後得到的只能是死亡。勇氣固然重要，但凡事應該量力而行。

世界上大多數人都是平凡人，但大多數平凡人都希望自己成為不平凡的人。夢想成功、夢想才華獲得賞識、能力獲得肯定、擁有名譽、地位、財富。不過，遺憾的是真正能做到的人總是少數。因為，他們都經意或不經意陷進了好高騖遠的泥潭裡。

好高騖遠者往往是把自己的理想設計得高不可攀，而根本不知道應該把理想與自己的實際力量在一定範圍內聯繫。

有些人做事情從來不考慮自己是否力所能及，於是做出了不切實際的決定，不是遭到失敗就是做荒謬可笑的事情。

人生雖有許多種力量，但實力是建設人生的最重要的手段和最基本的力量。在奔赴成功的艱辛路途中，我們絕不能好高騖遠，我們需要的只有實力，只有實力才能對人生的事業與理想起到幫助和推動作用。

第八章 目光長遠，成功之道

好高鶩遠是成功的大敵

劉九生靠做木梳起家，劉九生高中畢業時正趕上父親因不慎失足而摔成了殘疾，為了照顧家庭他放棄了聯考回到家裡。年輕氣盛的劉九生不安心一輩子過這種死水般的生活，他夢想有朝一日能夠發家致富，創一番大事業。為此，劉九生曾做過多種生意，但總未能成功。劉九生的父親有一手做木梳的手藝，勸他做木梳，可劉九生認為一個大男人做小木梳有什麼出息，不願意學。

有一天，劉九生正坐在牆角嘆氣時，父親走過來，心平氣和對他說：「孩子，是我對不起你，耽誤了你考大學。但三百六十行，行行出狀元。如果你能把木梳做好，也可以發財啊，你如果願意學，我明天就教你。」第二天，劉九生就跟父親做木梳。他專心致志學，幾天就學會了，但每天只能做幾把木梳，他們家住的地方比較偏僻，拿到集市上賣，價格很低，慢慢的劉九生有點灰心。但有一天，他到城裡，發現比家鄉集市上要貴，於是，他便挨家挨戶收購木梳，做起了木梳的批發生意。他很快就賺了五六萬元錢，看到村裡人手工做木梳靠的是傳統的方法，生產速度慢，有時貨源還短缺，他萌生了建一個木梳廠的想法。

工廠建起來了，他又四處尋找通路，一天，劉九生突然接到一家公司總經理打來的電話，說想經銷他的一些貨，但不知木梳品質好壞，劉九生放下電話，就直奔那家公司。當劉九生走進這家公司時，正好碰上這家公司的員工下班，他的心猛一沉，以為總經理可能早就下班了！正當他有點灰心喪氣時，忽然發現一個夾著公文包的人從公司走了出來，他懷著碰碰運氣的心情上前去問道：「請問經理的辦公室在哪裡？」沒想到那個人就是那位總經理。他看到劉九生

跳脫輸家思維

人生贏家還是輸家，往往只有一念之差

如此勤勉，十分感動，緊緊握住劉九生的手說：「你的精神感動了我，我相信你的梳子品質也是最好的。」這一筆生意給劉九生帶來了上萬元的利潤。

劉九生就是這樣，踏踏實實地，憑著用心和刻苦，走上了事業成功的道路。劉九生的經歷告訴大家，要成功首先要量力而行，許多人好高騖遠，終其一生也一事無成，因為他的精力主要耗損在焦躁的期盼之中，對要做的事情並未真正投入必要的精力，看上去很忙實際上是「泡沫現象」。

因此，如果你好高騖遠，那就犯了一個大錯誤。你心性要強、目標遠大固然不錯，但目標好像靶子，必須在你的有效射程之內才有意義。如果目標太偏離實際，反而無益於你的進步。

好高騖遠者首要的失誤在於不切實際，既脫離現實，又脫離自身，總是這也看不慣，那也看不慣。或者以為周圍的一切都與他為難，或者不屑於周圍一切，終日牢騷滿腹，認為這也不合理，那也有失公允。不能正視自身，沒有自知之明，是他們的突出特徵。其實每個人都該想想自己有多大的本事，有多少能耐，不要沾沾自喜於過去某方面的那一點點成績，要知道自己有什麼缺陷，不要以己之所長去比人之所短。

脫離了現實便只能生活在虛幻之中，脫離了自身便只能見到一個無限誇大的變形金剛。沒有堅實的基礎，只有空中樓閣、海市蜃樓，沒有切實可行的方案和措施，只有空洞的胡思亂想，這是好高騖遠人生悲劇的前奏。

好高騖遠者打心眼裡瞧不起每天圍繞在身邊的那些小事，不屑於做它，這是形成好高騖遠

第八章 目光長遠，成功之道

好高騖遠是成功的大敵

者人生悲劇的根本性原因。

小事瞧不起不願做，而大事想做卻做不來，或者輪不到他做，最後終於一事無成。眼看著別人碩果累累，他空有抱怨，空有妒忌。要想渡過人生的危難，戰勝人生的種種挫折，成就一番事業，就要及早打下一個良好的基礎，要量力而行，要從最細小、最微不足道的地方做起，從最卑微的事情起步。

第九章 改變思維，創造生機

世上不如意事十有八九，通往成功的道路本就荊棘叢生。要想獲得成功，我們就必須在面對困境的時候解放思想、打破常規、善於創新、另闢蹊徑，只有以突破性的思維來改變命運，改善自身的處境，我們才能離成功越來越近。也只有這樣，我們才可能化腐朽為神奇，在似乎絕望的困境中尋找到希望，創造出新的生機，突破困境的桎梏，把獨木橋走成陽關道。

◀鬥智不鬥力

人生歷程，道路漫漫。很多時候也就是自己與自己鬥智，面對挫折時應多動腦，籌劃良策妙計，事情才能逆轉，向好的方向發展和靠攏。

同時，我們要學會用減法生活，刪除一些不必要的東西，在不斷求索中想辦法提高自己的修養。在人生旅途中，我們會面臨許多的關係到我們命運抉擇，既有陽光雨露燦爛，也有風雨兼程坎坷風霜。

面對順境時，我們既要不狂妄自大，也要經常自省，不可懈怠，用清醒頭腦決策勇往直前。遭遇困境時，更應該冷靜三思，鼓足勇氣，迎接挑戰。唯有如此，才會走出困境，看到成功曙

第九章 改變思維，創造生機

鬥智不鬥力

光。要明白一個人活著就是要與艱難周旋，與坎坷鬥智。有些時候不是敗在別人手下，更多時候是我們自己打敗自己。

所以說，面對坎坷和困難，需要是平和穩重的心態，積極向上的激情，才能具備昂揚鬥志。不服輸，不言敗，勇於競爭，才能演繹出美妙的人生篇章。更多時候就是我們於坎坷命運鬥智，一步一個階梯走向成功顛峰方向。

同樣，貫穿每個人一生的職業生涯過程中，職場上的戰爭不僅比商品，比服務，更比智慧，不少廠商在商品行銷方面都絞盡腦汁，力爭出新、出奇、出彩，職場戰爭在某種程度上就是智慧的較量。

二十世紀初，美國年輕推銷員金·吉列（King Camp Gillette）發明了安全刮鬍刀，投放市場後十分熱銷。由此，他創辦了金·吉列刮鬍刀公司。當金·吉列在市場上大紅大紫時，蓋斯曼公司沒有像其他競爭者那樣一心想搶在金·吉列公司的前頭，而是不動聲色尾隨其後，祕密進行大量而周密的市場調查，收集金·吉列刮鬍刀的弱點。

十七年後，蓋斯曼公司推出一種兩面使用、鋒利安全的刀片，它既能安在蓋斯曼公司生產的刀架上使用，又能安在金·吉列公司的刀架上使用。這種刀片進入市場後，很受顧客歡迎，而金·吉列的老用戶，也紛紛改用蓋斯曼產品。惱羞成怒的金·吉列公司連忙推出雙面刀片。然而蓋斯曼公司立刻避開刀片上刀架，推出既能使用蓋斯曼公司的刀片，又能使用金·吉列公司新推出刀片的刀架。財大氣粗的金·吉列公司推翻了原來的刮鬍刀整個設計，研製出刀架通用型、刀片雙面刃的刮鬍刀，企圖壓垮蓋斯曼這個後生，誰知蓋斯曼又研製出刀架重量輕、雙面不銹鋼刀片的刮鬍刀。

蓋斯曼公司三發重重的悶炮，發發打中金．吉列公司的後腦勺，在十多年的較量中，金．吉列公司刮鬍刀的全球市場占有率從初期的90%下降到不足25%，而75%的市場則被以蓋斯曼為代表的後來居上者瓜分。

柯達公司自一八八八年推出柯達第一號照相機以來，產品不斷創新，到一九六三年研製成大眾化自動相機，在世界獨領風騷。然而，柯達公司在新產品帶來滾滾財源之際，出人意料宣布放棄獨占自動相機專利，同意所有廠商自動仿製，且不收分文轉讓費。其他廠商認為機會難得，紛紛仿製自動相機。

其實，柯達公司尚在人們對它的做法困惑不解時，就已料到世界相機市場必將隨著專利權保護期的結束迅速擴大，從而導致兩個結果：一是照相機市場競爭空前激烈，生產照相機無大利可圖，而「柯達」樹大招風必成眾矢之的，待到「敵軍圍困萬千重」之時，很可能遭受「滑鐵盧」的敗績；二是照相機市場大發展，必然會拉動下游產品，膠卷的需求量急遽增多。於是，柯達公司先人一招，使出妙計：捨此逐彼，把競爭者引到照相機陣地上混戰，而自己則在別人無暇顧及之際，悄悄移師膠卷這塊「處女地」，集中力量，全方位系統開發感光產品，終於使柯達膠卷覆蓋全球市場。有人估計，柯達公司僅「柯達」膠卷商標的價值就值三十五億美元。而當初對柯達公司恩賜照相機專利感激不盡的大大小小公司，恨之不能，怨之不得。

「攻人以謀不用力，用兵鬥智不鬥勇。」用謀略來取得超常效果。從理論上講，競爭謀略的作用就在於充分發揮企業各要素功能，優化經營方向，合理分配資源，以取得在同等條件下的超常效果。這種作用是透過人的思維能力，巧設謀略實現，並能為企業帶來超常的利潤。所以要想轉變困境，必須要努力學習，增加智慧；伐謀可以兵不血刃，無往不勝。

現在是和諧社會時期，每個人可以說根本談不上真正的戰鬥。但是，社會競爭是一場沒有硝煙的戰爭，這種戰爭往往更加可怕。所以，要想在社會上有自己的一席之地，「鬥智不鬥力」也不失為一種高明的處世策略。

◀換一種思維方式

反向思維是不隨潮流的形式，雖然有點冒險，但卻常常能有起死回生、反敗為勝的作用。

在一次大學生籃球錦標賽上，老對手A隊和B隊相遇，當比賽只剩下五秒鐘時，A隊以兩分優勢領先，一般說來已穩操勝券，但是，那次錦標賽採用的是循環制，A隊必須贏球超過五分才能取勝。可要用僅剩下的五秒鐘再贏三分絕非易事。

這時，A隊的教練突然請求暫停。當時許多人認為A隊大勢已去，被淘汰不可避免，該隊教練即使有回天之力，也很難力挽狂瀾。然而等到暫停結束比賽繼續進行時，球場上出現了一件令眾人意想不到的事情：只見A隊拿球的隊員突然運球向自家籃下跑去，並迅速起跳投籃，球應聲入籃。這時，全場觀眾目瞪口呆，而全場比賽結束的時間到了。但是，當裁判員宣布雙方打成平局需要延長賽時，大家才恍然大悟。A隊這一出人意料之舉，為自己創造了一次起死回生的機會，延長賽的結果是A隊贏了八分。

如果A隊堅持以常規打完全場比賽，是絕對無法獲得勝利，而往自家籃下投球這一招，真是出奇制勝。

反其道而行之的做法，是一種獨特做事方法的體現，它既是一種創新，又是一種對常規的破壞。當然，這種「破壞」不表現在對人情和風氣習慣上，而是表現在能落實到具體事物上的常規思維上。新的思路往往能在常規事物之外找到突破口，當然這也需要人的清醒判斷和某種可遇不可求的機遇。

一般來說，人如果隨波逐流爭搶，往往會出現千軍萬馬過「獨木橋」的情況，所以在特定時期，特殊條件下，限於自身的實力，採用反向思維方式，以期獲得成功亦不失為一條妙招。

美國有一家大百貨公司，門口的廣告牌上寫著：無貨不備，如有缺貨，願罰十萬。一個法國人很想得到這十萬元，便去見經理，開口就說：「潛水艇在什麼地方？」經理領他到十八樓，當真有一艘潛水艇。法國人又說：「我還要看看飛船。」經理又領他到十樓，果然有一艘飛船。法國人不肯罷休，又問道：「可有肚臍長在腳下面的人？」他以為這一問，經理一定被難住，經理也的確抓耳撓腮無言以對。這時，旁邊的一位店員應道：「我倒立給這位客人看看！」

人們都已經熟悉了逆向思維這種方式，但到了實際情況下，特別是一些特殊情況下，人們還是習慣於常規思維。因此，很多實際可以解決的問題，也就被人們看成無法做到、難以解決

第九章 改變思維，創造生機

換一種思維方式

的問題。

一九一二年，有一位歐洲的神父到中國山東傳教，他看到當地人民的生活非常困苦，引發了他的惻隱之心，他苦思良策想改善教友們的生活。

有一天，神父走過一戶人家，看見婦人在門口梳頭，有些頭髮掉落在地上。這一幕觸發了他的靈感。

神父想起了他的家鄉——歐洲，工業革命後工廠紛紛設立，廠內的女工操作時都必須佩戴髮網，這麼一來，不但可避免頭髮捲入機器中，而且也可做裝飾品。如果把婦女們掉落的頭髮收集起來，然後編織成髮網銷往歐洲，豈不是可以改善教友們的生活嗎？

於是，神父就告訴婦女們，在梳頭時，可把落髮收集起來。另一方面，他告訴商人，拿針線與洋火，與婦女們交換零碎的頭髮，並教會商人把頭髮編織成髮網，外銷歐洲。

再看下面一則故事：

日本北海道冬季嚴寒，積雪的時期長達四個月。積雪對農作物而言，固然有防蟲與防寒等好處，但積雪期間太久的話會影響農民播種的時間。

鏟除殘雪得花大錢，等陽光融雪，天公又常不作美。因此，農民只好撒泥土來融解積雪，但泥土太重，融雪的效果也不好。所以，幾十年來積雪的問題一直困擾著北海道的農民。

有一天，一個老農夫試著把爐中掏出的黑灰撒在積雪上，沒想到效果非常好，一舉解決了數十年的難題。

黑灰不但較泥土易於搬動，而且吸熱程度高，融雪的效果數倍於泥土，再說掏出黑灰等於把火爐消除乾淨，真是一舉三得。

落髮與黑灰原來都是無用的廢物，經過神父與農夫的動腦之後，都變成極有用之物。

某大鞋廠的老闆派兩名銷售經理到非洲考察新鞋銷售的市場潛能，兩人回國後先後向老闆報告，甲經理興趣索然，「非洲人不穿鞋子，因此市場沒有開發的價值，我們不必去了。」

乙經理則另有一種說法，興致勃勃指出：「非洲大多數的人都還沒有買鞋子。顯示這個市場潛力無窮，應趕快開發，搶得商機。」結果乙經理受到重用，甲經理不久後離職。

所以，職場中人為了職業生涯的發展與提高自己的生活品質，就應該不斷充實自己、擴大視野，在日常生活中培養健康、合理與貼切的思考模式，作為自己行動的指標。

換一種思維方式，把問題倒過來看，不但能使你在困境中找到峰迴路轉的契機，也能使你找到生活上的快樂。

◀另闢蹊徑，打破常規

生活中有的人有主見，有個性，思路新穎，絕不盲從別人，這種人往往比較容易獲得成功，獨到的眼光和見解就是他們成功的祕訣。不墨守成規、有獨特的思路，這不僅是做事成功的保證，也是我們做人處世不可缺少的精神。

閻某是一名酒廠的推銷員，正是因為他富有創新意識，所以能夠在推銷的職位上做出不俗的成績。有一次，他參加一場酒類博覽會，因為參展的酒廠很多，酒的品種也很多，一時間參加酒會展覽的人們也不知道要買哪一種酒了。而他們廠生產的酒雖然是運用傳統工藝精心釀製的佳品，但從包裝外觀和廣告宣傳上都很難讓經銷商認可。就這樣，時間一點一點過去，酒展馬上就要結束了，閻某開始焦急起來。

這時他突然靈機一動，拿著一瓶酒走到人多的地方，裝作不小心，突然把酒瓶掉在了地上。酒瓶摔碎了，人們把目光都集中到了這裡。同時，酒的香氣也散發出來，人們都被這奇妙的香氣所吸引，馬上紛紛過來詢問這是什麼酒，閻某馬上開始忙碌，向人們介紹他們酒廠的產品。就在剩下的時間裡，他不但把帶去的酒全賣出去，還接到了大量訂單。

可見，只有超越常規的思維才能夠做出驚人之舉。

有一名青年居住在山上，以賣山上的石頭為生。他發現山上的石頭總是奇形怪狀，賣重量不如賣造型，就把石頭拉到城裡的鳥市去賣。幾年後，他蓋起了瓦房。後來這裡不許開山，只許種樹，於是成了果園。因為這兒的梨汁多肉脆，所以每到秋天都來很多的客商。就在村上的人為鴨梨帶來的小康日子歡呼雀躍時，曾賣過石頭的青年賣掉果樹，開始種柳樹。因為他發現，來這兒的客商不愁挑不到好梨子，只愁買不到盛梨子的筐。

幾年後，他在城裡買了房。後來，一條鐵路從這兒貫穿南北。小村對外開放，果農也由單一的賣果開始加工果品及市場開發。就在一些人開始集資建廠的時候，還是那個青年，砌了堵三公尺高、幾百公尺長的牆。這堵牆面向鐵路，背依翠柳，兩旁是一望無際的萬畝梨園。坐車

跳脫輸家思維

人生贏家還是輸家，往往只有一念之差

經過這兒的人在欣賞盛開的梨花時，會突然看到四個大字：可口可樂。據說這是五百里山川中唯一的一個廣告，那堵牆的主人憑這堵牆，第一個走出小村落，因為他每年有四萬元的額外收入。

一九九〇年代末，日本豐田公司亞洲區代表山田信一來華考察，當他坐火車路過這個小山村時，聽到這個故事，被主人公罕見的商業頭腦所震驚，當即決定下車尋找此人。當山田信一終於找到的時候，他正在自己的店門口與對門的店主吵架，因為他店裡的一套西裝標價八百元的時候，同樣的西裝對門標價七百五十元，他標價七百五十元的時候，對門就標價七百元。一月下來，他僅賣出八套西裝，而對門卻批發出八百套。山田信一看到這種情形，非常失望，以為被講故事的人欺騙了；但當他弄清真相之後，立即決定以百萬年薪聘請他，因為對門的那個店也是他的。

這個青年確實有他的不凡之處，他總能想到別人想不到的事，大家賣石頭賣的是重量，他卻賣造型；村民一窩蜂去種果樹，他卻改種柳樹，更不要說他利用圍牆做廣告，自己搶自己生意的絕妙點子了。如果說他比別人多了點什麼的話，那多的就是創新思維。超越常規的思維令他永遠走在人前，成為一個成功的人。

我們在思考問題，總是在繞著常見的思路打轉，很難從中掙脫，結果總是在踏著別人的腳步前進。

一位名人曾說過這樣一句話：「構成我們學習最大障礙的是已知的東西，而不是未知的東

西。」

英格蘭有一位漂亮女人，大選期間有人企圖利用她的美色來拉攏一位代表投票。為了選舉的公正，必須盡快找到這位美人，及早制止她的行動。但由於地址不詳，擔任這一任務的菲利普上校經過二十四小時的努力，仍未掌握她的蹤跡，急得坐臥不安。

這時，卡爾文上尉來訪菲利普上校，當即表示願意幫忙。上尉轉身上街，找到一家大花店，讓老闆選一些鮮花，並讓其幫助送給那位女人。老闆一聽美女的名字，把鮮花包裝好後，舉筆在紙上寫下了這個女人的地址，上尉輕而易舉獲悉了這個女人的地址。上校用二十四小時未能找到的地址，上尉只用半個小時就解決了。

顯然，上校用的辦法是慣常的戶籍查詢、尋訪等方法，故而費時費力而難見成效。上尉用的是創造者的思維，他的思路是：美女—知名—鮮花—花店，即美女受人愛戴，識之者眾多，送花者如雲，花店常光顧其門，熟知其地址。上尉思維的「終端目標」是美女的地址，那麼，誰知道她的地址呢？顯然是常光顧其門者——在公共人員中，送花人應是首選，因為美女總是與鮮花聯繫在一起。

這裡的關鍵是找到一個仲介點——鮮花，這是上尉的高明之處。利用仲介點拉近與目標的距離，這是破除習慣的重要路徑。

不論什麼難題，如果按照習慣的模式去解決，肯定只能得到習慣的答案，但如果你能獨闢蹊徑，找出問題的關鍵，便會豁然貫通。

跳脫輸家思維

人生贏家還是輸家，往往只有一念之差

一位商人走進一家銀行的貸款部。

「請問先生有什麼事嗎？」貸款部經理一邊問，一邊打量著來人的穿著：華貴的衣服、閃亮的皮鞋、昂貴的勞力士手錶，還有鍍金的領帶夾。

「我想借些錢。」

「借多少？」

「一美元。」

「一美元？」

「不錯，可以嗎？」

「當然可以，只要有擔保，再多點也無妨。」

「好吧，這些擔保可以嗎？」

商人說著，從他的皮包裡取出一堆股票、國債等等，放在經理的寫字台上。「夠了嗎？總共五十萬美元。」

「當然，當然！不過，你真的只要借一美元嗎？」

「是的。」說著，商人接過了一美元。

「年息為百分之六。只要您付出百分之六的利息，一年後歸還，我們就可以把這些股票還給你。」

「謝謝。」

第九章 改變思維，創造生機

另闢蹊徑，打破常規

商人說完，準備離開銀行。

一直在旁邊冷眼觀看的銀行經理怎麼也不明白擁有五十萬美元的人，會來銀行借一美元。他問商人說：

「我實在弄不清楚，你擁有五十萬美元，為什麼只借一美元呢？要是你想借三十或四十萬美元的話，我們也會很樂意的……」

「請不必為我操心。只是我來貴行之前，問過了幾家金庫，他們保險箱的租金都很昂貴，所以嘛，我就準備在貴行寄存這些股票。租金實在太便宜了，一年只需花六美分。」

貴重物品的寄存按常理應放在金庫的保險箱裡，對許多人來說，這是唯一的選擇。但就有這樣的一個人沒有囿於常理，而是另闢蹊徑，找到將證券等鎖進銀行保險箱的辦法。從可靠、保險的角度來看，兩者確實是沒有什麼區別的，除了收費不同。

其實我們每個人都有創新思維，都有另闢蹊徑的能力，只不過由於我們拘泥於已學過的知識，所以總是在某個範圍內按照已知的規律進行判斷和推理，結果很難有什麼突破，這也正是大多數人只能碌碌無為的原因。

思維就像一堵牆，留給我們發揮的餘地很有限。如果堅持朝前走就難免碰壁，但如果我們能轉個方向，試著向旁邊跨幾步，說不定就能找到一條通往成功的捷徑。

◀直路不通繞彎路

世間的路分為直路和彎路兩種，毫無疑問，人們都願意走直路，因為直路平坦，離目標又近。相反，沒有人願意去繞彎路，因為彎路曲折艱險。但很多時候直路未必好走，繞道而行，迂回前進卻可以讓你更快速到達目的地。

如果把一隻蜻蜓放飛在一個房間裡，牠會拚命飛向玻璃窗，但每次都碰到玻璃上，在上面掙扎好久恢復神志後，牠會在房間裡繞上一圈，然後仍然朝玻璃窗上飛去，當然，牠還是「碰壁而回」。

其實，旁邊的門是開著的，只因那邊看起來沒有這邊亮，而追求光明是多數生物的天性，所以蜻蜓根本就不會朝門飛。牠們不管遭受怎樣的失敗或挫折，總還是堅決尋求光明的方向。而當我們看見碰壁而回的蜻蜓的時候，應該從中悟出這樣一個道理：有時，我們為了達到目的，選擇另一個看來較為遙遠、較為無望的方向反而會更快如願以償；相反，只盯著一條路走下去，則會永遠在嘗試與失敗之間兜圈。

百折不回的精神雖然可嘉，但如果看得見目標，而卻是一片陡峭的山壁，沒有可以攀援的路徑時，我們最好是換一個方向，繞道而行。為了達到目標，暫時走一條與理想相背馳的路，有時正是智慧的表現。

曉明失業後，一直找不到一份理想的工作。一天，他在漫不經心翻閱報紙時，一則廣告躍入他的眼簾，廣告上標明著「英雄不問出處」六個大字。那是一家報社應徵編輯、記者的廣告！

什麼叫「英雄不問出處」？曉明的理解是不管你學歷高低，只要你有真本事，這裡就有你的舞台，這裡就是你的舞台。看到這個廣告後曉明十分高興，因為雖然學歷不高，但是他發表過三十多萬字的各種體裁的作品，曉明心想自己正是他們所說的「英雄」。

於是，曉明滿懷信心前去報名。可是負責接待的同志接過他的作品複印件後又向他要學歷證書。曉明不解：「不是英雄不問出處嗎？」那位同志很奇怪看了他一眼，然後朝他後面喊「下一位」，就再也不理睬他了，曉明只得掃興而歸。

曉明的朋友知道這件事後，便勸他還是去洗學歷。可曉明偏不信這個邪，他發誓非進那家報社不可。從那以後，曉明開始大量向那家報社投稿，絲毫不計較稿費的高低。由於這家報社新開了不少副刊，曉明悉心加以研究後，抓住其特點專門為他們量身訂做，所以他的作品幾乎篇篇被採用，甚至還創造過這樣的「奇蹟」：有一次，他們的副刊總共只採用了七篇稿子，其中四篇是曉明的「大作」，只是署名不一樣。

於是曉明的作品被這家報社的編輯競相爭搶，常常是剛應付完文學版的差事，雜文版的差事又來了。有時候他的創作速度稍慢一點，那些編輯就會心急火燎打電話催稿。

有一天，這家報社的一名編輯找到他，透露了他們即將擴版急需人才的消息，希望他能前去應徵。曉明對他說自己學歷不高，那位編輯表示相信曉明的水準，並說只要他想去，他就跟主管提。

第二天，那位編輯就打電話來，向他轉達了主管的意思：如果他願意，現在就可以去上班。

從上面這個故事，我們可以從中得到了一個很重要的啟示，當你不能透過直接的方式達到目的時，為什麼不選擇另一條迂回曲折的道路呢？儘管它看起來可能要比較複雜和麻煩。

不要逞匹夫之勇，圖一時之快而碰壁而歸，你完全可以像曉明一樣運用你的智慧和耐心，不妨暫時屈就你所不喜歡的職業，你可以暫時應付一下你所討厭或輕視的人，你可以暫時走進一個黑暗的山洞，只要你不忘記從它的另一端鑽出來，只要你時刻知道這一切都僅僅是手段，而不是你的終極目標，你就不用灰心和難過，也不用在乎周圍的人怎樣批評或嘲笑你。

我們時常必須把目標放在背後，而耐心披荊斬棘、鋪路修橋，我們時常必須嘗試去走很多條看來非常晦暗無望的道路之後，才發現距離目標越來越近。因此，只要我們記住自己理想的方向，就算多繞幾個圈也不算錯誤。

有一位留學法國的資工博士畢業後在法國找工作，結果接連碰壁，許多家公司都將這位博士拒之門外。這樣高的學歷，這樣吃香的科系，為什麼找不到一份工作呢？萬般無奈之下，這位博士決定換一種方法試試。

他收起了所有的學位證明，以最低的身分去求職。不久他就被一家電腦公司錄用，做一名最基層的打字人員。這是一份稍有學歷的人就不願去做的工作，而這位博士卻兢兢業業、一絲不苟。沒過多久，他的上司就發現了他的出眾才華：他居然能看出程式中的錯誤，這絕非一般打字人員所能比。這時他亮出了自己的學士證明，老闆於是為他調換了一個與大學畢業生相稱

第九章 改變思維，創造生機

直路不通繞彎路

的工作。過了一段時間，老闆又發現他在新職位上游刃有餘，還能提出不少有價值的建議，這比一般大學生高明，這時他才亮出自己的碩士身分，老闆又提拔了他。

有了前兩次的經驗，老闆也比較注意觀察他，發現他還是比碩士有水準，對專業知識的廣度與深度都非常人可及，就再次找他談話。這時他才拿出博士學位證明，並敘述了自己這樣做的原因。此時老闆才恍然大悟，並毫不猶豫重用他，因為老闆對他的學識、能力和敬業精神早已了解。

人生如攀登，為了登上山頂，需要避開懸崖，避開峭壁，迂回前進，這樣看似乎與原來的目標背道而行，可實際上仍然是通向山頂，而且還節省了許多的時間。

繞路而行對解決一些問題通常很有效。比如當你用一種方法思考一個問題和一件事情，如果遇到思路堵塞時，不妨另用他法，換個角度思索、重做，也許你就會茅塞頓開，豁然開朗，有種「山重水複疑無路，柳暗花明又一村」的感覺。

當我們在生活中遇到無路可走的情況時，回過頭來，繞道而行便可以找到一條新路了。所以，世上只有死路，沒有絕路，而我們之所以會往往感到面對「絕路」，那是因為我們思路狹隘，缺乏了「繞道」意識。

懂得繞道而行的人，往往最先到達目的地。因為他們善於想人所未想，做人所未做，在人們的眼力之外，另外看到一條路。

◀換個思路走向成功

思考問題時我們應當讓自己的頭腦更靈活，一條路走不通並不意味著失敗，很多時候只要換個思路就能讓你走向成功。

可能很多人都看過這樣一則笑話：美國航太總署曾經為圓珠筆在太空不能順暢使用而苦惱，提供巨資請專家研發新設計；兩年過去了，該科學研究進展緩慢，於是航太總署向社會懸賞，徵求此種「便利筆」。不料，很快來了一個青年，他向驚訝的官員們出示自己的「研究成果」——一枝鉛筆。其實這個笑話告訴了我們一個道理：如果換個思路、換個角度看問題，你可能就會從失敗邁向成功。

有一家生產牙膏的公司，產品優良，包裝精美，深受廣大消費者的喜愛，每年營業額蒸蒸日上。紀錄顯示，前十年每年的營業成長率為百分之十五到百分之二十，不過，隨後的幾年裡業績卻停滯下來，每個月維持同樣的數字。總裁便召開全國高層會議，商討對策。

會議中，有名年輕經理站起來，對總裁說：「我手中有張紙，紙裡有一條建議，若您要使用我的建議，必須另付我十萬元！」

總裁聽了很生氣：「我每個月都支付你薪水，另有分紅、獎勵，現在叫你來開會討論，你還要另外要求十萬元，是不是太過分了？」

「總裁先生，請別誤會。若我的建議行不通，您可以將它丟棄，一分錢也不必付。」年輕經理解釋說。

「好！」總裁接過那張紙後，看完馬上簽了一張十萬元支票給那位年輕經理。那張紙上只寫了一句話：將現有的牙膏管口的直徑擴大一毫米，總裁馬上下令更換新的包裝。

試想，每天早上每個消費者擠出比原來粗一毫米的牙膏，每天牙膏的消費量將多出多少呢？這個決定使該公司隨後一年的營業額增加加百分之二十五，當總裁要求增加產品銷量時，絕大多數高管一定是在考慮怎樣才能擴大市場份額，怎樣才能把產品推廣到更多地區，一些可能連怎樣在廣告方面做文章都想到了，但這些都是老生常談，只有那位年輕的經理換了個思路：增加老顧客的消費量，不是同樣能達到增加銷售的目的嗎？而且這個方法更簡單、更有效。靈活的思路對一個人的成功是非常必要的。

一八四六年，有一名猶太人叫李維．史特勞斯（Levi Strauss）的少年由於不滿德國當局對猶太人的控制，孤身一人遠渡重洋到了美國，李維的哥哥在紐約謀生，他便也到了紐約。

李維到紐約後，先是跟哥哥學習經營布匹生意。由於語言不通，他先學買賣的英語詞彙，一週之後便能獨立接待顧客。每天他都推著小車到紐約的近郊沿街叫賣推銷布匹。如此日復一日，李維在這簡單的生活中度過三個年頭後，他已感到厭煩了。

一八五〇年，美國掀起了淘金熱，人們紛紛背井離鄉，前往西部淘金。李維被不斷傳來的發現大金礦的消息強烈吸引著，他心神不定，無意工作，最後決定到西部去碰碰運氣，他對哥哥說：「我想另謀生路，等我發財之後再見吧。」於是，他加入滾滾的淘金大軍，隻身一人到了舊金山。

到舊金山之後，結果卻令李維非常失望。因為，他發現有金可挖的地方都已被別人占據，等待他的只是殘杯冷炙，他想靠淘金發財已不太可能了。李維認為既然挖不到地下的黃金，就應該想想辦法，看看能不能賺點錢。於是，李維重操舊業，在舊金山開了一家商店，專門經銷日常用品以及露營的帳篷和作馬車棚的帆布。但此舉也沒實現李維發財的夢想，因為生意清淡，沒有幾個人光顧他的商店。

有一天，有一名淘金者來到李維的商店買褲子。來人買了新褲子之後，就換上新褲子，把舊褲子丟到一邊。李維看那條舊褲子還很新的，覺得很奇怪，就問他為什麼把舊褲子丟掉。淘金者說舊褲子整體上雖然還比較新，但褲袋早已破得不能用了，而他們淘金者為了方便，把淘得的金砂都裝在褲袋裡，所以褲袋破了褲子就沒什麼價值了，只好丟掉。後來，淘金者說：「我看用你的帆布做短褲很好，礦工們現在穿的短褲全是用棉布做的，不耐磨。用帆布做的短褲肯定既結實又耐磨，買的人肯定很多。」這幾句話對慘淡經營的李維來說，猶如是點金石，他立即用帆布加工了一批褲子投放市場。

李維取得了巨大的成功，淘金者紛紛前來搶購李維的褲子，他冷清的店面驟然變得熱鬧。沒過多長時間，李維便開了一家服裝加工廠，專門生產帆布做的礦工工作服。隨著業務的發展，他的哥哥也從紐約前來合夥經營。

李維兄弟的企業不斷壯大。有一名叫雅克．諾伯的人寫信給李維，聲稱自己能使他們做的

第九章 改變思維，創造生機

換個思路走向成功

褲子錦上添花。他的點子是：在褲子的腰部、臀部的口袋上釘上幾顆銅釘、鐵釦，這樣可使褲子美觀，而且別具一格，區別於普通的工裝褲。李維兄弟覺得主意不錯，就花錢買下了這個「點子」。

從此，李維兄弟做的褲子不僅深受淘金者的歡迎，更受到了廣大青年人的垂青，他們做的褲子供不應求，生產規模越來越大。後來，李維兄弟又進一步改進了褲子的樣式，設計更加緊身，改用法國生產的布，釦子改用銅與鋅的合金……從而最終形成了牛仔褲的獨特樣式，牛仔褲慢慢從美國向全球傳播開來，李維兄弟也隨之積累了大量財富。

現在，李維兄弟雖然早已作古，但他們開創的李維公司卻已成為世界上最大的成衣製造企業，年營業額超過三十億美元。李維雖然沒有淘到地下的黃金，但他卻抓住機會，發掘了地上最大的「金礦」。

人生總是面臨種種選擇，當一種選擇讓自己陷入困境時，就要發揮聰明才智，把握時機，及時改弦易轍，千萬別鑽牛角尖，在一棵樹上吊死。在這個世界上，從來沒有絕對的失敗，有時候只要調整一下思路，轉換一個視角，失敗就會變成成功。

很多人相信，如果失敗了，就應該趕快換一個陣地奮鬥，如果按照這種觀點，李維．史特勞斯就應該把帆布鎖進倉庫裡，或廉價拍賣，但幸好李維沒有這麼做。他沒有放棄帆布，並且積極尋找解決問題的辦法，終於從淘金工人的話裡獲得啟示：將帆布改成帆布褲，因此獲得了成功，失敗與成功相隔的並不遠，有時也許只有半步距離。所以如果遭遇到了失敗，千萬不要輕易認輸，更不要急於走開，只要保持冷靜，勇於打破思維的習慣，積極尋找對策，成功一定很快就會到來。

一個聰明的人，不會總在一個層次上固定思考，他們知道很多事情都是多面，如果你在一個方向碰了壁，那也不要緊，換個角度你就會走向成功。

◀思維獨特可化腐朽為神奇

一個渴望成功的人應當具有見別人之未見、行別人之未行的精神，成功離不開別具一格的創意，離不開獨闢蹊徑的能力和思路獨特，只有思維獨特你才能早日成功，如果只懂得隨波逐流做事，那你注定要落後於人。

一位猶太父親問兒子：「一磅銅可以賣多少錢？」兒子回答說：「四美元！」父親搖了搖頭：「對於猶太人來說，一磅銅不應該只值四美元。把它做成門把，我們可以獲得四十美元，做成鑰匙可以賣到四百美元！我的孩子，你要記住，只要你有眼光，廢物也可以變成寶物！」這個孩子牢牢記住了父親的話。

若干年後，這個孩子成為了曼哈頓的一名商人，而且是一名非常出色的商人。有一年廣場的自由女神像被拆除了，銅塊、木頭堆滿了整個廣場，誰來處理這些垃圾呢？市政廳非常頭痛，猶太商人聽說這件事後，主動請求處理這些東西。當地商人都在暗地裡笑他：這麼一堆垃圾有什麼用呢？何況美國要求垃圾必須分類處理，一不小心就有可能觸犯市規，這個傻瓜簡直是自討苦吃！

但幾週後，這群商人從幸災樂禍中變成了妒恨交加，那麼猶太商人究竟做了什麼呢？他把銅塊收集起來鑄成了一個個微型自由女神像，再用木塊鑲了底座，把它們當成紀念品出售，一個星期就被搶購一空。就連廣場上的塵土都沒有浪費，商人把它們裝進一個個小袋子裡，當作花盆土賣進花市，總而言之，這堆一文錢沒花就得來的垃圾，讓商人大賺了一筆。傍晚商人打電話給在外地療養的父親：「爸爸，還記得您以前告訴我每磅銅可以賣到四百美元嗎？」「是的，我的孩子，怎麼了？」「爸爸，我把每磅銅賣了四千美元！」

沾滿塵土的碎銅和木頭，在大多數人看來就是垃圾，或許那些銅可以賣廢品，但那些塵土和木頭收拾起來很費力，看來這實在是一筆賠本生意。當眾多商人都認為這是一堆廢物和負擔時，猶太商人卻用自己非同尋常的眼光發現了其中的商機，這位商人的非凡之處，不在於他物盡其用的功力，而在於發現機會和可能性的眼光。這種眼光不是隨便就能擁有，它必然要以一種與眾不同的思路，而更深層次的來源則應是一種獨特的智慧。

美國德克薩斯州的賓客桑斯貨運公司為了擴大知名度，曾經在廣告宣傳上煞費苦心，但是效果不佳。因為貨運這種枯燥無味的內容對於娛樂第一、消費第一的美國平常百姓來說簡直就是對牛彈琴。無奈之下，他們找到了新聞界的一位朋友，請他出謀劃策。這位新聞人士說，廣告內容的設計最好能與美國人的日常生活相關。於是，他們想到了結婚，這是普通人最感興趣的事情之一。後來，公司與當地著名報紙協商，在一篇關於本地夫婦旅遊結婚的報導的頂欄處做了這樣一個廣告：「他們在貨車上度蜜月，相愛四萬五千公里。」廣告登出的第二天，立刻就在讀者中傳開了這樣一個話題：「誰想出來的主意？新婚夫婦在貨車上面度蜜月？」「還有誰，就是那個賓客桑斯貨運公司！」從此，這家公司聞名遐邇，效益斐然。

在美國的第五十四屆總統大選中，由於佛羅里達州的計票程序引起雙方爭議，導致遲遲沒有選出新總統。原計劃發行新千年總統紀念幣的公司面對總統難產的危機，靈機一動，化危機為商機，利用早已經準備好了的布希雕版像，搶先發行四千枚銀幣。銀幣為純銀鑄造，直徑三寸半，不分正反面，一面是小布希（George Walker Bush）的肖像，一面是高爾（Al Gore）的肖像，每枚訂購價七十九美元。結果，短短幾日紀念銀幣就被訂購一空，該公司利用總統難產大賺了一筆。

看來有頭腦的人，都會從人們視為廢物的東西和危險領域的地方發現機會創造價值。從理論上來說，化腐朽為神奇從來都是費力費神卻成功率不高的事。然而在實際生活中，環境卻為這些有勇氣、有眼光，能把雞肋做成大餐的人提供豐厚的回報。也許人們會認為，他們得到回報完全是由於一種不經意的靈機一動，是一種偶然的幸運。可是，這種不經意的靈機一動中究竟蘊藏了怎樣的聰明和智慧呢？

盲目隨波逐流、長時間形成的思維習慣和心理習慣束縛人們的大腦，因此，能夠換一種思路，不隨波逐流的做人做事，無論如何都難能可貴。我們倡導換一種思路，就是要解除盡可能多的人的束縛，以期有更多的「靈機一動」。

第九章 改變思維，創造生機

思維獨特可化腐朽為神奇

法國著名美容品製造商伊夫．聖羅蘭（Yves Saint Laurent）靠經營花卉發家，從一九六〇年開始生產美容化妝品，到如今他在全世界的分店已逾千家，他的產品在世界各地深受人們的喜愛。

伊夫．聖羅蘭原先對花卉抱有極大的興趣，經營著一家花卉店，一個偶然的機會，他從一位醫生那裡得到了一種專治痔瘡的特效藥膏祕方。

他對這個祕方產生了濃厚的興趣。他想：能不能使花卉的香味深入一種藥膏，使之成為芬芳撲鼻的香脂呢？說做就做，憑著濃厚的興趣和對於花卉的充分了解，不久之後，伊夫．聖羅蘭果然研製出一種香味獨特的植物香脂。他十分興奮，於是便帶上他的產品去挨家挨戶推銷，取得了意想不到的結果，幾百瓶試製品一下就賣得一乾二淨。

由此，伊夫．聖羅蘭想到了利用花卉和植物來製造化妝品。他認為，利用花卉原有的香味來製造化妝品，能給人以自然清新的感覺，而且原材料來源廣泛，所能變換的香型種類也非常多，前途一定會大好。

他開始遊說美容品製造商實施他的計畫。但在當時，人們對於利用植物來製造化妝品是抱否定態度。幾乎每個製造商都沒有聽完伊夫．聖羅蘭的建議便搖搖頭、揮揮手，對他下了逐客令。但是伊夫．聖羅蘭堅信自己的新穎想法沒錯，於是，他向銀行貸款建起了自己的工廠。

一九六〇年，聖羅蘭的第一批花卉美容霜推出，開始小批量生產。結果在市面上引起轟動，在極短的時間內就順利賣出了七十多萬瓶美容霜，這對於聖羅蘭來說，實在是個巨大的鼓舞。

伊夫．聖羅蘭利用花卉來製造美容品，可以說是一次大膽的嘗試，那麼，他利用郵購的方式來推銷產品，便可以說是一種創舉了。

伊夫．聖羅蘭開創了自己的公司之後，曾在報刊上刊登過廣告，不過效果不太好，金錢花費較大，而反應也並不強烈。有一天，他突然有了一個想法，在廣告上附上郵購優惠單，那麼一定會引起許多人的注意。

於是，他在雜誌上刊登了一則廣告，上面附載了郵購優惠單，結果其中百分之四十以上的郵購優惠單都有寄回來，伊夫．聖羅蘭成功了。一時間，他這種獨特的郵購方式使他的美容品源源不斷賣出去。

一九六九年，伊夫．聖羅蘭擴建了他的工廠，並且在巴黎的奧斯曼大道上設了一個專賣店，開始大量生產和銷售化妝品。

伊夫．聖羅蘭別出機巧，另闢蹊徑，打破常規，積極創新，利用花卉製造美容產品，而且採取當時聞所未聞的郵購方式，從而使他取得了不同凡響的成績。

做任何事情絕不能只因循守舊，墨守成規只會導致事業的失敗。如果只是踩著前人制定好的路線，跟在別人背後慢慢前行，絕不可能闖出一片屬於自己的天地。

◀積極創新，適時求變

有些人有可能一開始方向就是錯誤的，他們注定不會成大事。南轅北轍、背道而馳固然不行，方向稍有偏差，也會「失之毫釐，謬之千里」。還有一種可能是當初他們的方向是正確的，但後來環境發生了變化，而他們不能適時調整方向，結果只能失敗。

杜邦（DuPont）家族就懂得這個道理，他們懂得隨機應變。「我們必須適時改變公司的生產內容和方式，必要的時候要捨得付出大代價以求創新。只有如此，才能保證杜邦永遠以新面貌參與日益激烈的市場競爭。」這是一位杜邦權威對他的家族和整個杜邦公司的訓誡。事實正是如此，世界上很少有幾家公司能在為了創新求變而開展的研究工作上，比杜邦花費更多的資金。

每天，在威爾明頓附近的杜邦實驗研究中心，忙碌的景象猶如蜂窩，數以千計的科學家和助手總是忙於為杜邦研發成本更低廉的新產品。數以千萬計美元的科學研究投入，終於換來了層出不窮的新發明：高級瓷漆、合成纖維、氯丁橡膠以及革新輪胎和人造橡膠。這裡還產生了使市場發生大變革的防潮玻璃紙，以及塑膠新時代的象徵—甲基丙烯酸。也正是在這裡，研發出使杜邦賺最多的產品——尼龍。

那是在一九三五年，杜邦公司以高薪將哈佛大學化學教師華萊士．休姆．卡羅瑟斯（Wallace Hume Carothers）博士聘入杜邦。此時卡羅瑟斯正著手研發一種人造纖維，它具有堅韌、牢固、有彈性、防水及耐高溫等特性。不久卡羅瑟斯走進杜邦經理室時說，「我為你製出人造合成纖維啦！」杜邦的總裁拉摩特祝賀卡羅瑟斯博士取得成功的同時，微笑著說：「杜邦永遠都需要像博士這樣善於創新的人。繼續努力吧，博士，我們需要更能賺錢的產品。」

跳脫輸家思維

人生贏家還是輸家，往往只有一念之差

於是，卡羅瑟斯用了杜邦兩千七百萬美元的資本，又用了他自己九年潛心研究的心血，研發出更能適應杜邦商業需要的新產品——尼龍。世界博覽會上，杜邦公司尼龍襪初次露面，就立刻引起了巨大的轟動。

一名真正的企業家不僅要有經營管理的才能，更需要有一種遠見卓識的商業預見能力。正如杜邦公司第六任總裁皮埃爾（Pierre DuPont）所言「如果看不到腳尖以前的東西，下一步就要跌倒了。」的確，在日趨激烈的商業競爭中，如果沒有敏銳的眼光，不能作出比較切合實際的預見，那企業就很難發展下去。

第一次世界大戰使杜邦公司很快撈了一大筆，然而，杜邦並沒有滿足於暫時的超額利潤。早在大戰初期，皮埃爾就已意識到天下沒有不散的筵席，戰神阿瑞斯總有一天要收兵，不再撒下「黃金之雨」，於是他開始使公司的經營多樣化，一方面他緊盯金融界，一心要打入新的市場，開闢新領域；另一方面他必須為杜邦公司開闢一塊有著扎實根基的新領域。幾經斟酌，皮埃爾選定了化學工業作為杜邦新的發展方向，他要將杜邦變成一個史無前例的龐大化學帝國。

「我們不能在求變創新的同時把企業引向死胡同，我們的創新變革必須有相當充分的依據。」皮埃爾如此說，事實上他的選擇也正印證了這一點。杜邦之所以將軍火生產轉向了化學工業，一則因為化學工業與軍工生產關係密切，轉產容易，不必作出重大的放棄行為，而且將來一旦烽火再起，再回頭生產軍火也很方便，不需太大變動；二則其他產業大多被各財團瓜分完畢，唯有化學工業比較薄弱，且潛力極大。事實上，杜邦家族第二代由於經營化工用品而發跡的家史，就證明了這一轉變極為成功。

也許是杜邦家族財大氣粗的緣故吧，杜邦公司求變創新的主要途徑便是不惜重金，但求購得。杜邦不僅要買新產品的生產方法，還要買產品的專利權，甚至連新產品的發明者也一並買回為杜邦效力。一九二〇年杜邦與法國人簽訂了第一項協議，以百分之六十的投資額與法國最大的黏膠人造絲製造商|人造紡織品商行合辦杜邦纖維絲公司，並在北美購得專利權。在法國技術人員指導下，杜邦家族在紐約建立了第一家人造絲廠。人造絲的出現，引起了從發明軋棉機以來紡織工業最大的一次技術革命，導致了一九二四年以後棉紡織業的衰落。杜邦公司又趕緊買進法國人的全部產權，以微小的代價，購得了美國國家資源委員會在一九三七年列為二十世紀六大突出技術成就中的一項，它與電話、汽車、飛機、電影和無線電事業居於同等重要的地位。接著，杜邦公司如法炮製，將玻璃紙、攝影膠卷、合成氨的產權買回美國，一個真正的化學帝國建立起來了。

當第二次世界大戰的烏雲在歐洲雲集的時候，杜邦公司的又一次適時求變，大刀闊斧轉向軍火工業，大轉換速度之快足以令人瞠目結舌。一年之間，杜邦公司召集了三百個火藥專家，將龐大的化學帝國變成了世界上最大的軍火工業基地。

杜邦在生產內容和方式上的創新及前面講過的形象改變，是杜邦家族半個多世紀以來得以保持輝煌的關鍵，否則，他們一家早在人們的罵聲中敗落了。

可見，創新並非高不可攀，只要我們能改變過去的思維模式，動腦筋，用心去想，就會有新的思路，新的解決問題的辦法。創新是一個企業生存與發展壯大的關鍵，同樣，創新也是一個人成功的關鍵。

所以，作為一個在社會上打拼的人要學會在工作中創新，積極探索新路，想出新招數，破解各種難題，真正做到想做事、敢做事、能做事。把想做的事情做成、做好，做出實效，是檢驗我們工作的最好標準。為此，要不斷提高破解難題的能力，善於把握各項工作的內在規律，看準工作的突破口和抓手。在日常工作中想新招，出新點，改進工作的方法，講求工作實效，只有這樣工作才有源源不斷的活力，才能取得意想不到的成績。

◀取天下之聰明，以生我之聰明

中國著名畫家張大千的兄長張善子，早年學畫虎，因功底不深，張善子畫得不好，結果畫虎不成反類「貓」。於是，張善子一度被人取笑為「張貓貓」。然而張善子聽到別人的恥笑並不氣惱，為了借助別人的智慧，摸索畫虎的技巧，他索性將所畫的一張張「貓」當眾展示，任觀眾評說，而張善子則躲在屏風後面將眾人的意見一一記下，藉此不斷提高畫技。由於巧妙採集他人的智慧並大膽創意，張善子後來終於成了名副其實的畫虎大師。

中國明清時代的學者方以智，是較早意識到「集智」重要性的有識之士。他認為自己很幸運生活在古人之後，因此可以把前人或眾人的智慧集中起來，從中找到通向成功的途徑。方以智的兒子方中通則更明確把「集智」稱之為「擇善」——「取其精華」。方中通說：「聚古今之議論，以生我之議論；取天下之聰明，以生我之聰明，此之為擇善。」這裡，一個「取」字，一個「生」字，非常形象表達了「集智」創意的優勢。

在利用創造性思維追求成功的過程中，採取「集智」的方法非常有用。美國實業家羅賓．維勒就是一個特別善於「集智」的人，這也是他獲得巨大成功的重要原因。他說：「我成大事的祕訣很簡單，那就是永遠做一個不向現實妥協，而刻意創新的叛逆者。」

當短皮靴在美國成為一種流行時尚的時候，每個從事皮靴業的商家都趨之若鶩，搶著製造短皮靴供應各個百貨，認為趕著這個潮流走省力很多。羅賓當時經營著一家小規模皮鞋工廠，只有十幾個雇工。他深知自己的工廠規模小，要賺到大筆的錢確非易事。自己薄弱的資本、微小的規模，根本不足以和強大的同行抗衡。而如何在市場競爭中獲得主動權，爭取有利地位呢？

當時羅賓有兩條道路可以選擇：一是在皮鞋的材質上，盡量提高鞋材成本，使自己工廠的皮鞋在品質上勝人一籌。然而，走這條道路在白熱化的市場競爭中很困難，因為自己的產品本來就比別人少得多，成本自然就比別人高了。如果再提高成本，那麼獲利有減無增。顯然，這條道路行不通；二是著手皮鞋款式改革，以新領先。羅賓認為這個方法不失妥當，只要自己能夠翻出新花樣、新款式，不斷變換、不斷創新，招招占人之先，就可以打開一條出路，如果自己創造設計的新款式為顧客所鍾愛，那麼利潤就會滾滾而來。

經過一番深思熟慮，羅賓決定走第二條道路。他立即召開了一個皮鞋款式改革會議，要求工廠的十幾個工人各竭其能設計新款式鞋樣。

為了激發工人的創新積極性，羅賓規定了一個獎勵辦法：凡是所設計的新款鞋樣被工廠採用的設計者，可立即獲得一千美元的獎金；所設計的鞋樣透過改良可以被採用的，設計者可獲五百美元獎金；即使設計的鞋樣不能被採用，只要其設計別出心裁，均可獲一百美元的獎金。為此，他專門設立了一個設計委員會，由五名熟練的造鞋工人任委員，每個委員每月額外支取報酬一百美元。

這樣一來，這家袖珍皮鞋工廠裡，馬上掀起了一陣皮鞋款式設計熱潮，不到一個月，設計委員會就收到四十多種設計草樣，採用了其中三種款式較別致的鞋樣。羅賓立即召集全體大會，頒發了獎金給這三名設計者。羅賓的皮鞋工廠就根據這三個新款式來試行生產了。

第一次出品是每種新款式各製皮鞋一千雙，立即將其送往各大城市推銷。顧客見到這些款式新穎的皮鞋，立即掀起了一種購買熱潮。兩星期後，羅賓的皮鞋工廠收到兩千七百多份數量龐大的訂單，這使得羅賓終日忙於出入各大百貨簽約。

因為訂貨的公司多，羅賓的皮鞋工廠逐漸拓展，三年之後，他已經擁有十八間規模龐大的皮鞋工廠。

不久，危機又出現了，皮鞋工廠一多，做皮鞋的技工便顯得供不應求了。最令羅賓頭痛的情形是，別的皮鞋工廠盡可能把薪水提高，挽留自己的工人，即便羅賓出重資，也難以把其他工廠的工人拉出來。缺乏工人對羅賓來說是一道致命的難題，因為他接到了不少訂單，如無法

第九章 改變思維，創造生機

取天下之聰明，以生我之聰明

給買主及時供貨，將意味著他得賠償巨額的違約金。

羅賓憂心忡忡，他又召集十八家皮鞋工廠的工人開了一次會議。他始終相信，集思廣益，可以解決一切棘手的問題。

羅賓把沒有工人可雇用的難題訴諸大家，要求大家各盡其力尋找解決途徑，並且重新宣布了以前那個動腦筋有獎的辦法。

會場一片沉默，與會者都陷入思考之中。過了一會兒，有一名工人舉起右手請求發言，羅賓嘉許之後，他站起來怯生生說：「羅賓先生，我以為雇請不到工人無關緊要，我們可用機器製造皮鞋。」

羅賓還來不及表示意見，就有人嘲笑那個小工：「孩子，用什麼機器造鞋呀？你是不是可以造一種這樣的機器呢？」那小工人窘得滿面通紅，惴惴不安坐下。

羅賓卻走到他身邊，請他站起來，然後挽著他的手走到主席台上，朗聲說道：「諸位，這孩子沒有說錯，雖然他還沒有造出一種造皮鞋的機器，但他這個思路卻很重要，大有用處，只要我們圍繞這個思路想辦法，問題就會迎刃而解。」

「我們永遠不能安於現狀，思維不要局限於桎梏中，這才是我們能夠不斷創造的動力。現在，我宣布這個孩子可獲得五百美元的獎金。」

經過四個多月的研究和實驗，羅賓的皮鞋工廠的大量工作就已被機器取而代之了。

任何人都不可能樣樣精通，不可能事事會做，尤其在創造性思維方面，不管你有多麼聰明，總有你想不到的地方。善成大事者，則善於聽取別人的意見，收集別人的智慧，集思廣益，以此獲得解決問題的最佳方法。正如古人所云：「下君之策盡己之能，中君之策盡人之力，上君之策盡人之智。」

第十章 外圓內方，無往不勝

人生就是一場非贏即輸的博弈，也是一場險惡異常的人性搏鬥。為人處世中，我們既要有自己一套原則，又要學會在遍布謊言的人性叢林中明哲保身。處理不好，輕則吃虧上當，重則任人宰割。外圓內方並非老於世故、老謀深算者的處世哲學，而是面對挫折與困境積蓄力量的沉默。人生在世運用好「方圓」之理，必能無往不勝，所向披靡。

◀恥於言利非善性

會哭的孩子有糖吃，爭利是應該的。在世人眼裡，老實似乎就是「吃虧」、「受氣」的代名詞。他們彷彿是一群失去自我利益的人，並且似乎永遠把自己的某些應得利益拱手讓人。他們可能會由此而感嘆命運不濟或是社會不公正，然而，塑造自己的弱者形象、鑄就自己的慘淡人生的不是別人，正是他們自己。

在同等條件下。有兩個人工作都勤懇認真。但在分房時，一個「有苦難言」，對公司只提了一次要求。雖然自己結婚五年了，可一家三口人仍然擠在一間破舊的平房裡；但另一位卻三天兩頭找老闆訴苦，結果被優先考慮，而他的那位老實的同事卻只能眼巴巴看著別人住進了寬

跳脫輸家思維

人生贏家還是輸家，往往只有一念之差

敞明亮的新房，難道他不明白其中的奧妙嗎？

當人們談論究竟為什麼工作的時候，可能有很多不同的回答，例如為國家貢獻，確實有這種情況。但是，大多數人都不能否認自己也是為利益工作，例如金錢、福利、職務、榮譽等等，否則就顯得太虛偽了。在當今社會中，為利益而工作非常正常。尤其現在私人企業林立，在與老闆相處的過程中要學會爭利，有許多老實人就是因為不會爭利而「吃虧」。

《聖經》中有則故事：有位先生升天後要進入天堂享受榮華富貴，就排隊領取進入天堂的通行證。後面的人來了直接插在他前面，他卻保持沉默，絲毫沒有任何反抗或不滿。等了若干年，他仍排在隊的末尾，沒有領到通行證。

這個故事對人深有啟發，在利益面前，不要逆來順受，也不要過分謙讓，要大膽要求自己應當得到的利益。

一般不會爭利有兩種表現。一種是不敢爭利。甚至連應該得到的也不敢開口，既怕同事議論，又怕給老闆留下壞印象。大有君子不言利的味道；一種是過分計較，利不分大小，有則爭之，天天跟著老闆後講價錢、要好處。

你認為向老闆要求利益，就肯定會與老闆發生衝突，給自己找麻煩，影響兩者的關係，什麼都不敢提，結果常常是一事無成。做好本員工作是分內的事，要求自己應該得到的東西也合情合理，付出越多應該得到的就越多。

只要你能為老闆做出成績，向老闆要求你應該得到的利益，他也會滿心歡喜。若你無所作

為，不管在利益面前表現得多麼好，老闆也不會欣賞你。向主管要求利益大有學問，關鍵是要把握好分寸。具體做法如下：

1. 在執行重大任務以前，爭取主管的承諾

現實表明，主管在交辦重要任務時常常利用承諾作為一種激勵手段，對下屬而言這既是壓力又是動力，對主管而言心理上也感到踏實、穩定，他堅信「重賞之下必有勇夫」。如果主管在交代任務時忘記了承諾，或不好做出承諾，你應該提前要求你應該得到的，這不是什麼趁火打劫，主管也較容易接受。

尤其是牽涉經濟利益和好處的一些事情，主管也深明其中的利害，把這樣的任務交給你去辦他能不存疑心嗎？比如你或許能在其中撈點回饋、做點手腳、收取禮品等等，主管都能算到，如果你接受任務時不聲不響非常痛快，主管往往會認為「你這麼高興接受了，存心不良。」所以最好有話說在當面，有要求提在前面，不要打「馬後炮」。

2. 要求利益要把握好「度」，要學會見機行事

在向主管提要求不會把握分寸，往往要求很高，引起主管的反感，招致奚落。所以我們需要做到以下幾點：

(1)不爭小利。不為蠅頭小利傷心動氣，略顯寬廣胸懷、大將風度，在主管心目中形成「甘於吃虧」、「會吃虧」的好印象，在小利上堅持忍讓為先。

(2)按「值」論價，等價交換。最簡單的例子，如你拉到十萬元贊助費或為公司獲利一百萬元，你要按事先談好的「提成」比例索取報酬，不能提高要求，也不要讓主管削減獎勵。

(3)誇大困難，允許主管打折扣。「漫天要價，就地還錢」也是對付一些喜歡打折扣的主管方法。有時你把困難說小了，主管可能記功小，給的好處也少。因此，要學會充分「發掘」困難，善於向主管表露困難，要求利益時可以放大些，比你實際想得到的多一些，給主管一些「餘地」，不給他造成你「想要多少就給多少」的想法。所以，誇大困難和要求實在是一種必要的處事策略，關鍵問題是要把握住關鍵時機和重要關口。

我們生活在一個由各種利益交織構造而成的世界裡。人類社會之所以有存在的必要，就在於人們之間相互需要，有著利益上的相互需求。換句話說，一個人要想在這個社會中生存並且活得很好，就必須要進行利益的追求和交換。利益問題，是我們每個人都無法迴避的，它向我們展示了生活最初始也是最樸素的一面。在現實生活中，一切能夠帶來物質或精神滿足的東西，比如金錢、地位、名譽，都可以歸入利益之列。

你可能都有這樣一種感覺：自己的同學、朋友幾年不見，聊起天來眼裡多半都是這個當官了，那個成了專家，這時候最刺激人。一些平時「只會耕作」的老實人，不由黯然神傷，頓生感慨……

「醜話說在前頭」，在接受任務時談好報酬更易讓人接受。爭利把握好度，既不爭小利，不計較小得失，又不得過分爭利。當然，折扣的方法有時也很奏效。

因為觀念錯誤，行動無力，使人在看待利益時便有思維上的障礙，往往漠視和醜化利益行為；在爭取利益時又存在著行動上的障礙，不懂獲取利益的方法，只能眼睜睜看著利益溜走。想不開的當然會生氣、抱怨，而想得開的也不過是以精神勝利、道德優越聊以自我安慰。其實，爭取利益並不是壞事，毫無原則放棄正當利益也決非是善行；懂得利益的本質和利益的獲取，不僅有利於個人的發展，也能推動社會進步。

◀輕信別人就是在傷害自己

「知人知面不知心」，輕信別人的人是奸詐之徒眼中的肥羊。常會受傷害、被暗算，使自己陷入悲慘境地。因此，我們一定要對自己負責，不要輕信別人。

郭廠長出差的時候，在火車上遇見一位「港商」，二人一見如故，互換了名片。這位港商舉手投足之間都顯示著一種貴族氣質，這使郭廠長對其身分毫不懷疑。恰巧二人的目的地相同，港商又對郭廠長的產品非常感興趣，似有合作意向，郭廠長便與之同住一間旅館。吃飯、出行幾乎都在一起。這一天，郭廠長與一客戶談成了一筆生意，取出大筆現金放在包裡。午飯後與港商在自己屋裡聊天，不久郭廠長起身去洗手間，回來時出了一身冷汗：港商和那個裝滿錢的皮包都不見了！郭廠長趕緊報警，幾天後案子破了，罪犯被抓獲後才知道，原來他並不是什麼港商，而是一個職業騙子。這讓郭廠長對自己輕易相信他人、交出自己底細的做法痛悔不已。

人心難測，像郭廠長這樣因輕信別人而上當受騙的事在生活中也時有發生。老祖宗告誡我們：逢人只說三分話，未可全拋一片心。習慣於在待人處世方面輕信別人的人，很難不吃虧上當。所以在這一點上，我們有必要吸取教訓，改掉輕信別人的處世習慣。

袁了凡是明朝人，他年幼時喪父，母親叫他放棄讀書求取功名而改習醫術，這樣可以濟世救人，袁了凡聽從了母親的話。有一天，他在寺廟裡碰到一位仙風道骨的老人。老人慈祥對他說：「你是做官的『命』，明年就可以科舉及第，為什麼不讀書了？」

於是袁了凡把母親叫他放棄功名，改習醫術的事告訴了這位老人，他同時請教老人為什麼會這樣說。老人回答：「我姓孔，得到了邵先生所精通的皇極數真傳。我見你是有緣人，想把這皇極數傳授給你。」

於是袁了凡把孔先生請到家中，請他為自己推算一下。這位孔先生算了一些事情，結果都十分靈驗。因此，袁了凡便相信孔先生所說自己應該是有功名的，於是又去讀書。

後來，袁了凡又請孔先生替他推算具體的前程。老先生說：「你做童生的時候，縣考得第十四名，府考得第七十一名，提學考應當得第九名。」

果然，一年之後，袁了凡三次考試中所得的名次跟孔先生所推算的一模一樣。

孔先生又替袁了凡推算終身的吉兇。「你應當做貢生，等到出了貢後，應被選為四川一知縣，上任三年半後便告退。你會活到五十三歲，可惜沒有子嗣。」

第十章 外圓內方，無往不勝

輕信別人就是在傷害自己

不久，袁了凡真如孔先生所說成了貢生，在南都進學一年。這時，他覺得一切已經在「命」裡注定，何必再努力，所以整天靜坐不動，不說話也不思考，凡是文字一律不看。一年之後，他要到國子監讀書，臨行前，先到棲霞山拜會雲谷禪師。

雲谷禪師問道：「我看你靜坐了三日，卻沒有起過一個亂念頭，這是什麼原因？」

袁了凡回答：「孔先生替我算過命了，我的命數已經定了，榮辱生命都有定數，不能改變，想也沒有用，自然沒有亂念頭。」

雲谷禪師笑道：「平常人不能沒有胡思亂想的心，因此被陰陽束縛住，也即是被所謂的命數束縛，相信命道。然而極善的人可以變苦成樂，貧賤短命變成富貴長壽。反過來，極惡的人可以變福成禍，富貴長壽變成貧賤短命。你先前的二十年都被孔先生算定沒有把『數』轉動過分毫，所以你是凡夫。」

雲谷禪師再引經據典闡述他的觀點，使袁了凡開始相信「命」是可以改變的。只要由內心做起，把自己不良的習慣改掉，增加福德，自然可以改「命」。

雲谷禪師便教他用功改過的方法，記下每一天的功與過，讓他知道每天的所作所為有什麼可以改進。

一年之後禮部科考，孔先生算他考第三，結果他考第一。這時袁了凡更篤信雲谷禪師的話了，更加努力改過和行善積德，努力改正壞習慣。當袁了凡將自己的不良習慣逐漸改過後，袁了凡不僅在五十三歲時沒有死，孔先生算定他「命」中無子嗣，結果他也得到一個兒子。

如果袁了凡一味相信算命先生的話，那他五十三歲以後的事情就沒有了。所以我們一定要改正輕信別人的習慣，如果你輕信別人話，就會按照別人的話去做，而事實說不定恰好相反。

在處世中，即使是一個最簡單的事情也得深思熟慮，人性複雜，你若輕信別人，一下子把心掏出來，那麼就很可能會受傷。

所以在處世中，要戒掉輕信別人的習慣，無論說話或行為，都要有所保留，不可一廂情願。所以，聰明的人輕易不交心，這樣做或許有點世故，但對於保護自我來說卻很有效。

◀不可全拋一片心

聰明人對於任何事情，在任何時候都會為自己留一條後路。

有一天，老虎問綿羊自己是否很臭，綿羊說：「是的。」於是老虎就把牠的腦袋咬掉了。老虎又問狼，狼回答說：「不臭。」但老虎又把狼撕成了碎塊。最後，老虎把狐狸叫來問，狐狸說：「我感冒得很重，聞不出來。」結果狐狸活了下來。

可見，說話太誠實了不行，而盡說好話奉承的也遭殃，而只說三分話的是恰到好處。

孔子曰：「不得其人而言謂之失言。」和對方不是深交，你也暢所欲言，海闊天空無所不談，那就有些顯得自己沒有修養，首先你所說的話別人不一定感興趣，第二就算別人有興趣也不一定喜歡聽你說，所以，逢人只說三分話不是不可說，而是不必說不該說，當然也不是狡猾和不誠實了。

第十章 外圓內方，無往不勝

不可全拋一片心

有時只說三分話，也是一種職業道德。醫生不把患者的絕症告訴本人，避免病人精神受創。銀行員工對於存款人的姓名和款額必須保密等等。有時忘記遵守只說三分話的戒條，闖大禍能讓你深受其苦，一輩子也忘不掉。就像故事中的那隻羊，一句話便斷送了性命。

古人認為，君子應忍言慎語，又說：「多言取厭、輕言取侮。」這都是在告訴我們一個道理：禍從口出。所以，在日常生活中，我們一定要注意糾正自己不知輕重的說話習慣，免得因一言之失惹來禍端。

語言是交流思想感情的工具，但是語言能成事，也能壞事，語言可以帶來尊榮，也能招來禍患和恥辱。

春秋時，宋軍與魯軍戰於乘丘。魯侯用箭射傷了將軍宋萬，並活捉了他。宋國後來透過外交手段要回了宋萬，宋公挖苦宋萬說：「我原來是很尊敬你，可是你卻成了魯國的囚徒，我今後不再尊敬你了。」宋萬聽後懷恨在心，於第二年尋機殺死了宋公。宋公逞一時之興，隨意挖苦人，招來了殺身之禍。

由宋公的言多必失，我們可以看出言語關係到個人的榮辱、事情的成敗和國家的安危，因此我們應忍言慎語。

對你的敵人要言語小心，這是基於謹慎的原則；對於其他人要言語小心，這是為了尊嚴的緣故。一句話出口容易，但卻不可能將它收回。談話時就好像在立遺囑：言語越少，糾紛越少。在不得要領的事情方面，講話也要像面臨較重要的事清一樣。

跳脫輸家思維

人生贏家還是輸家，往往只有一念之差

說話不知輕重的人，另一個毛病就是喜歡隨便說話，無論是不是該說的張嘴就說。事實上，不是什麼話都可以對人言，說話之前，心裡要有個算盤。害人之心不可有，防人之心不可無，一旦中了小人的圈套為其利用，後悔就來不及了！

每個人都有自己的祕密，都有一些不願為人知的事情。同事之間，哪怕感情不錯，也不要隨便把你的事情、你的祕密告訴對方，這是一個不容忽視的問題。

你的祕密可能是私事，也可能與公司的事有關，如果你無意之中跟同事說，很快這些祕密就不再是祕密了。它會成為公司上下人人皆知的故事。這樣，對你極為不利，至少會讓同事多多少少對你產生一點「疑問」，而對你的形象造成傷害。

還有，你的祕密一旦告訴的是一個別有用心的人，他雖然不可能在公司傳播，但在關鍵時刻他會拿出你的祕密作為武器回擊你，使你在競爭中失敗。因為一般說來個人的祕密大多是一些不甚體面、不甚光彩，甚至是有很大汙點的事情。這個把柄若讓人抓住，你的競爭力就會大大被削弱。

杜建是某唱片公司的業務員，他因工作認真、勤於思考、業績良好被公司確定為中層後備幹部候選人。只因他無意間透露了一個屬於自己的祕密而被競爭對手擊敗，終於沒有被重用。杜建和同事丁濤私交甚好，常在一起喝酒聊天。一個週末，他備了一些酒菜約了丁濤在宿舍裡共飲。兩人酒越喝越多，話越說越多，微醉的杜建向丁濤說了一件從沒有對人說過的事。

「我高中畢業後沒考上大學，有一段時間沒事做，心情不好。有一次和幾個兄弟喝了些酒，

回家時看見路邊停著一輛摩托車，一見四周無人，一個朋友撬開鎖，由我把車給開走了。後來，那朋友偷竊時被逮住，送到了派出所，供出了我。結果我被判刑，刑滿後我四處找工作，處處沒人要。沒辦法，經朋友介紹我才來到廣州。不管怎麼說，現在得珍惜。」

杜建在公司三年後，公司根據他的表現和業績，把他和丁濤確定為業務部副經理候選人。總經理找他談話時，他表示一定加倍努力，不辜負主管的厚望。

誰知道，沒過兩天，公司人事部突然宣布丁濤為業務部副經理，杜建調出業務部另行安排工作職位。

事後，杜建才從人事部了解到是丁濤從中搞鬼。原來，在候選人名單確定後，丁濤便找到總經理，向總經理談了杜建曾被判刑坐牢的事。不難想像，一個曾經犯過法的人，老闆怎麼會重用呢？儘管你現在表現得不錯，可歷史上那個汙點怎麼也不會擦洗乾淨。

知道真相後，杜建又氣又恨又無奈，只得接受調遣，去了別的不怎麼重要的部門。

故事中的杜建說話就有點太不知輕重了，既然是祕密，那麼就無論如何也不能對同事講。你不講，保住屬於自己的隱私沒有什麼壞處，如果你講跟別人說，情況就不一樣了，說不定什麼時候別人會以此為把柄攻擊你，使你有口難辯。

孔子說：君子欲訥於言而敏於行。在人生的道路上，要活得安寧愉快，就要忍言慎語，以言取禍的例子從古至今比比皆是，所以習慣於說話不知輕重的人，一定要引以為戒，時時慎言，以免招惹是非。

說話和兵法也有共同的地方，兵法講究天時、地利、人和，說話也一樣看什麼人、什麼地方、什麼時間，不是合適的不必說。遇到合適的人，不是說話的時間只能隨便聊兩句，遇到合適的人，而且時間也允許，但是地方不妥也不能大開座談會。沒遇上談得來的人地方又不對，說三分話都已經太多了，倒是碰上有趣的談話對象，如果只說三分反而正好引起對方的注意，再加上環境好時間好，那七分就有發揮的餘地。所以什麼事情恰如其分最好。

所以在說話上應該遵守三種限制，一是人，二是時，三是地。一是見什麼人說什麼話，二是什麼時候說什麼話，三是在什麼地方說什麼話。把三種限制放在一起考慮，說話時才能保證只說三分話，而避免言多必失的不必要的麻煩。應該在說話的同時應該聯想到水的精神，隨著地形的改變而更改流向。在不同的環境裡有不同的應對措施，與實際做事結合，遵守「天時、地利、人和」的原則，恰到好處的三分話就可以使你在與人的交談中隨心所欲事半功倍。

◀樂觀圓融面對世態

風一吹便低俯的草，其實是飽經風霜，透過無數次考驗的堅韌的草。人生何嘗不是如此，低頭彎腰，保護自己，強硬只能夭折更快。現實生活中，很多人都會碰到不盡如人意的事情。需要你對人暫時退卻，這樣的時候，你必須面對現實。要知道，敢於碰硬，不失為一種壯舉；可是，硬要拿雞蛋去與石頭鬥，只能算是無謂的犧牲。這樣的時候，就需要用另一種方法來迎接生活。這就是適時低頭，以樂觀圓融的心態面對世態。

第十章 外圓內方，無往不勝

樂觀圓融面對世態

有一次，富蘭克林去拜訪一位前輩。那個時候，他還是一個年輕人，得意洋洋，當他昂首挺胸，邁著大步走進房間時，不料重重撞在了門框上，痛得他直揉。前輩迎上來笑著說，是不是很痛呀？這將是你今天來訪的最大收獲。

最終事實證明，這位前輩的教導是及時的，也是成功的，這可從富蘭克林的自身得到驗證。一是他之後成為著名的政治家和傑出的科學家，二是他曾經告誡人們：缺乏謙虛就等於是缺少見識。我們有理由把這句話作為富蘭克林的檢討書，與此同時也是促使他成功的座右銘。從這段小故事中我們能夠得到這樣的啟示：學會低頭首先是學會謙虛，謙受益，滿招損，以樂觀圓融的心態面對世態是為人之道。自古以來，這樣的例子比比皆是。

戰國時代的范雎本是魏國人，後來他到了秦國。他向秦昭王獻上遠交近攻的策略，深為昭王所賞識，於是把他升為宰相。但是他所推薦的鄭安平與趙國作戰失敗。這件事使范雎意志消沉。按秦國的法律，只要被推薦的人出了紕漏，推薦的人也要受到連坐的處分。但是秦昭王並沒有問罪范雎，這使得他心情更加沉重。

有一次，秦昭王嘆氣道：「現在內無良相，外無勇將，秦國的前途實在令人焦慮呀！」

秦昭王的意思原為刺激范雎，要他振作起來再為國家效力。可是范雎心中另有所想，因而誤會了秦王的意思，感到十分恐懼。恰好這時有個叫蔡澤的辯士來拜訪他。對他說道：「四季的變化周而復始；春天完成了滋生萬物的任務後就讓位給夏；夏天結束養育萬物的責任後就讓位給秋；秋天完成成熟的任務後，就讓位給冬；冬天把萬物收藏起來，又讓位給春天……這便是四季的循環法則。如今你的地位，在一人之下萬人之上，日子一久，恐有不測，應該把它讓給別人，才是明哲保身之道。」

范睢聽後，大受啟發，便立刻引退，並且推薦蔡澤繼任宰相。這不僅保全了自己的富貴，而且也表現出他大度無私的精神風貌。

後來，蔡澤就宰相位，為秦國的強大作出了重要貢獻。當他聽到有人責難他後，也毫不猶豫捨棄了宰相的寶座，而做了范睢第二。可見聰明的智者都不會貪圖富貴安逸，在適當的時候，他們都會主動退出舞台，以保全自身。

很多人經過十幾年的學校教育，可以說是滿腹經綸，胸懷壯志。然而書本知識與社會實踐存在一定的差異，在工作中遇到諸多與書本理論相衝突的地方不可避免，甚至是用理論無法解釋和解決的問題。同樣的，一個人加入一家新公司、謀到一個新的工作職位，很多過去工作中的經驗不可能完全適應新的要求。因此，要學會以低姿態工作，保持低調，學會低頭，以樂觀圓融的心態面。

俗話說：「山不厭高，水不厭深，學然後知不足」。作為受過高等教育的人，走進社會的時候就更應該要懂得謙虛，因為一知半解的人多不謙虛，見多識廣的人才能做到知行合一。工作當中面對那麼多的強手，他們理論基礎深厚，經驗豐富，你初來乍到諸事不精能不謙虛嗎？謙虛的態度易於被主管、同事所接納，易於得到別人的指點以及幫助，從而你自己進步的也會更快。學會低頭，並且還要學會自查，自己的水準高到什麼程度，自己的能力有多大，自己有什麼長處和短處，都要了解的清清楚楚。

老子說：「知人者智，知己者明」，一個人首先要正確看待自己，然後才會正確看待別人和所有的事物，特別需要反觀自己，查找不足，這樣才可以戒除妄自尊大、高傲自滿的毛病，也才能朝著既定的目標積極進取，永遠都不停留，直到成功。

◀真誠為人才能方圓涉世

做人涉及到人生觀、價值觀，涉及到社會以及個人對做人的基本要求。社會對人的基本要求是透過社會規範表現的；個人對自己做人的基本準則是透過人生觀、價值觀與法紀觀念及行為來反映。社會規範主要表現為法律和道德。科技越發達，社會就會越來越進步，人們之間的交往就越頻繁，人和人之間的相互依賴就越顯著，就越需要合作，因而國家、社會對人們的法制觀念以及道德意識的要求就越高。

一個只有知識沒有道德、沒有誠信的人，是一個不健全的人，是非常可悲的。生活在現代的人應該是一個和諧發展的人，一個真真正正健全的人。

一個總想占盡便宜的人，不能有大成就、大作為。

島村芳雄是日本非常有名氣的富商，他在短短幾年內飛快致富，人們問他：「您在短短幾年的時間內成為富商的祕訣是什麼？」

島村芳雄說：「誠信，我是從日元的誠信開始。」

跳脫輸家思維

人生贏家還是輸家，往往只有一念之差

島村先生本來只不過是一個做小規模批發生意的普通商人，他做了幾年之後，發現了身旁的生意人都因誠信博得了同行的尊敬，慢慢體會到誠信在商業交往中的作用，於是就想出一個贏得信譽的好辦法。

本地漁民非常多，麻繩是他們不可缺少的生產工具，如果可以做麻繩生意，那麼肯定會在很短的時間內致富，於是他就決定做批發麻繩的生意。他先從一家生產麻繩的廠商進麻繩，每一根麻繩的進價是五日元，照理說加上運輸費、保管費、搬運費，每根麻繩賣出去的價格肯定要高於五日元。可是島村卻又以每根麻繩五日元的價格賣給了東京一帶的工廠和零售商，他自己一分錢也沒有賺到，倒是賠上了一大筆錢。一年之後，人們都知道有一個「做賠本買賣」的商人，這個人叫「島村芳雄」，於是，訂貨單像雪片一樣飛進島村的手。

聰明的島村找到生產麻繩的廠商，說：「以前的幾年裡，我從你們廠購買了大量的麻繩，並且銷路一直都非常好；但是我都是以進價賣出去的，所以賠上了很多的錢，如果我繼續這樣做的話，我想再過幾天我就會破產的。

廠方看了島村開出的貨單之後，果然是原價銷售，考慮到現在向島村訂貨的客戶非常多，於是就決定讓利，以每根麻繩四塊半日元的價格賣給島村。

島村又來到他的客戶那裡，很誠實說：「從前我為了擴大自己的影響，原價出售麻繩，如今我的錢已經都賠得快沒有了，再這樣下去，我就要關門停業了。我剛從麻繩廠回來，他們決定每根麻繩讓給我零點五日元，你們是不是商量一下，也給我加一點。」

客戶看了進貨單，知道島村所說的話一點也沒有錯，決定以每根五點五日元的價格買島村的麻繩。

因為島村誠實，總明明白白跟大家和客戶說自己在中間賺了多少錢，博得了很多人的信任，人們都願意和他在一起做生意。

講誠信，反欺詐，反虛假，這是一個永遠都不會改變的主題，應該是社會中的每個人處世的準則。

誠實是做人的基本要求。「言必信，行必果」，遵守信用，履行諾言，是一個人和他人交往的前提。尊重個性，為個性發展提供條件，這是教育的一個基本原則。但尊重個性，並非尊重自私，個性發展，也並不是想做什麼就做什麼，必須要在一個規範許可的範圍中。超越規範許可的自由，並非是一種真正的自由。生活中的每個人都要求絕對自由，也就沒有任何自由可言。

一個人失去了信用，就無法和他人相處下去，與他人一起合作。不守信用的人，是不值得同情的。同情不守信用的人，實際上就是自甘遭受欺詐。

◀溫和的聲調是化解爭論的良藥

有人對一位公司董事長頗反感，他在一次公司職員聚會上，突然問董事長：「先生，你剛才那麼得意，是不是因為當了公司董事長？」

跳脫輸家思維

人生贏家還是輸家，往往只有一念之差

這位董事長立刻回答說：「是的，我得意是因為我當了董事長，這樣我就可以實現從前的夢想，親一親董事長夫人的芳容。」

董事長敏捷接過對方取笑自己的目標，讓它對準自己，於是他獲得了一片笑聲，連那位發難的人也忍不住笑了。

許多著名人物，特別是演員，都以取笑自己來達到雙方完美的溝通。他們利用一般認為並不好看的外貌特徵來開自己的玩笑。有一位發胖的女演員，拿自己的體態開玩笑說：「我不敢穿上白色泳衣去海邊游泳。我一去，飛過上空的美國空軍一定會大為緊張，以為他們發現了古巴。」

我們不妨這樣做假設：你開車和別人相撞了，對方的車只是「小傷」，甚至說根本不算傷，你不想吃虧，準備要和對方理論一番，可對方車上下來四個彪形大漢，個個橫眉怒目，把你圍住向你索賠，眼見四周荒僻，也沒有公共電話，更不可能會有人向你伸出援手，請問，你要不要吃「賠錢了事」這個虧呢？

你當然可以不吃，如果你能把他們給「說」退，或是能把他們給「打」退，而且自己又不能受傷！

如果你不能說又不能打，由此看來也是「賠錢了事」了。你說他們蠻橫無理也罷，欺人太甚也罷，但你應該清楚的明白，在人性叢林裡，是不太說「理」這個字的！優勝劣汰，適者生存，哪有什麼理可說呢？因此，眼前虧不吃，換來的可能是挨一頓打或者是人家把你的車子給

砸了。報警？人都快被打死了，還報警？報警不一定會有用啊！

由此看來，「好漢要吃眼前虧」的目的，是以吃「眼前虧」來把其他的利益給換走，是為了生存和實現高遠的目標，如果因為不吃眼前虧而蒙受巨大的損失，甚至命都丟了，哪還能談得上未來和理想？

可是有不少人一碰到眼前虧，會為了所謂的「面子」和「尊嚴」，甚至為了所謂的「正義」與「公理」，和對方拼個你死我活的，有些人因此而一敗塗地，有些人因此而獲得「慘勝」，卻元氣大傷！

笑自己的觀念、遭遇、缺點乃至失誤，有時候還要笑笑自己的狼狽處境。每一個邁進政界的人得有隨時挨人「打」的心理準備，如果缺乏笑自己的反饋功能，那麼他最好還是做自己的老本行。

人們沒有理由不喜歡這樣的人。如果今後他們拿我們開玩笑時，我們只能同他們一起哈哈大笑，而沒有半點怨言。

笑自己的長相，或笑自己做得不太漂亮的事情，會使你變得較有人性。如果你碰巧長得英俊或美麗，要感謝祖先的賞賜，同時也不妨讓人輕鬆一下，試著找找自己的缺點。如果你真的沒有什麼有趣味的缺點，就虛構一個，缺點通常不難找到。

敢於嘲笑自己的缺點，正是擁有自信的表現，可以說，幽默是一個人方圓做人、圓滿做事的一個相當有用的「硬體」。

天堂是人造的，一個人在漫漫的人生之旅中，要打拚，要奮鬥，要竭盡全力鞠躬盡瘁。但是，在忙碌的工作之餘，絕不能失去人生的趣味。對於父母，我們要盡一份孝心；對於妻子，我們要多一些愛意；對於子女，我們要多一些呵護。因為世間萬物，情最珍貴。一個人，如果他父母安康，再加上有一份踏踏實實的工作，即使你只是一介草民，每日粗茶淡飯，你已然是生活在天堂。

天堂是人造的，人生總難免風霜雨雪，但只要你不氣餒、不停留，幸福就會降臨在你身邊。

◀難得糊塗處世高

難得糊塗是一種了不起的處世智慧，身處困境時它可以明哲保身。掌握了這種處世手段，你就可以避開各種禍端。

不大不小的官最難當，對此李科長深有體會：下屬常常出包，上司又時不時交代些「不可能的任務」，要在這夾縫中生存還真不容易，幸好李科長有一樣法寶：裝糊塗。一天，副局長打電話給他：「有件事想請你幫忙。我的侄子現在在家沒工作，聽說某國小缺老師，我這侄子教小學還是沒問題，你看看能不能幫忙？」李科長知道副局長的侄子是一個小混混，家裡花錢送他上大學，可還沒畢業就被勸退了。即使他程度夠，這樣做也不符合規矩，可副局長拜託的事又不能一口回絕。該怎麼辦呢！李科長思考了一下痛快回答：「行啊！我聽說令侄是大學畢業，只要條件符合事情就好辦，我跟校長打聲招呼，您把令侄的履歷、畢業證準備好送過去就

第十章 外圓內方，無往不勝

難得糊塗處世高

行了，我不過是做個順水人情！」他明知副局長的侄子沒畢業，卻裝作不知道，嘴裡一下畢業證書，一下條件符合，讓副局長有點手忙腳亂，他囁嚅了幾句，然後說：「這事不著急，我還沒和他商量呢！誰知他願不願意當老師！」副局長掛了電話，再也沒跟李科長提過幫侄子找工作的事！

李科長的這招實在是高明，透過賣傻既沒得罪人，又不必做違心的事。生活中，很多人都習慣於表現得精明過人，這種習慣對於處世來說反而經常被動，如果你能夠把自己的聰明藏起來，表現得糊塗一點，那麼無論遇到怎樣複雜的情況你都可以輕鬆應付。

第二次世界大戰中，美國小羅徹福特領導的一個小組，中途島之戰前成功破解了日本人的密碼，得到了日軍海上作戰部署的確切情報，並進行作戰準備。

誰知，就在這個節骨眼上，嗅覺靈敏的一美國新聞記者得到了這一絕密情報，竟然不知天高地厚作為獨家新聞，在芝加哥一家報紙上登出來。這樣一來，隨時都可能引起日本人的警覺而更換密碼和調整作戰部署。

發生了如此嚴重泄露國家戰時情報的事件，作為美國總統羅斯福卻對此置若罔聞，既沒有責成追查，也沒有興師問罪，更沒有因此而調整軍事部署，而是裝作一概不知的糊塗樣子。結果事情很快就煙消雲散了，就像什麼事也沒發生一樣，根本沒有引起日本情報部門的重視。在中途島戰役中，美軍靠「糊塗」得到了大便宜。所以，處世時還是學學扮糊塗比較好，一個人如果表現得過於精明，將一事無成，許多時候裝得遲鈍點、傻一點糊塗一點，往往比過於敏感更有利。

富有經驗的人都知道，待人處世中與上司打交道最不容易，因為上司操縱著你的命運，弄不好，你的前途就完了。所以與上司交往最好的技巧就是「裝糊塗」。這也就是說，自己心裡明白卻假裝糊塗，不認真計較。

同樣，作為領導者，也應該培養自己裝糊塗的習慣。有不少的領導者對於下屬的一些小是小非的問題最感興趣，最愛打聽，也最愛處理。他們不知道，下屬在領導者面前普遍存在著一種壓抑感和被動感。他們的缺點錯誤，在他們身上發生的不光彩的事情，最怕領導者知道。他們的一些問題被主管知道了，雖然本來是小事，但他們不知道領導者當不當小事看。

所以，對那些雞毛蒜皮的小事，要運用糊塗的辦法，懶得聽，懶得看，就是請你也不要去。如果聽見了就裝作耳聾，沒聽見；看見了，就裝眼瞎，沒看見。而且要真心當作一點不知道那樣泰然處之，在嘴巴上真正當作一點不知道那樣從不談及。

對於那些因風俗習慣引起的一些問題，或者婦女們、青年人、老年人之間發生的一些無傷大雅、無關大局的問題，領導者最好不過問，知道了也應裝不知道。如果下屬已經發現你知道了，不能採用「裝不知」的辦法了，則可以採取「裝不懂」的辦法來應付，搖搖手，說聲：「這個我不懂。」並不再追問。

三百六十行，行行有「行話」，許多人中間互相有「暗話」，某些「行話」、「暗話」，下屬最忌領導者知道，因為這些是用來互相取笑、互相笑罵。對於這樣的「行話」、「暗話」，

第十章 外圓內方，無往不勝

難得糊塗處世高

就是你聽到了，又知道了其中的意思，也要裝不懂，即使自己被罵上兩句也要裝傻，甚至還傻笑幾聲。這樣彼此間會有熱鬧而有趣的氣氛。如果認真分析，嚴肅教育，倒會使大家索然，一點好處也沒有。在這類問題上，裝聾賣傻，並不失聲望。

糊塗的技巧是一種成功之道，當然這是指小事清的小糊塗。如果一切皆明白於心，恐怕會心生煩亂，干擾工作。其實，巧妙裝糊塗更是一種真聰明，顯示出智慧，不但為各種繁雜的事情塗上潤滑，使得其順利運轉，也能在生活中充滿笑聲，輕鬆愉快；相反，老實認真只會導致木呆刻板，甚至使事情陷入僵局。

比如，一次偶然的機會，你發現已婚的上司竟與某女同事有婚外情。其實，事情並不複雜，你只需裝聾扮啞，也就是說一切裝作不知，三緘其口就行了。恰巧，你約了朋友在某餐廳吃晚餐，當你踏入餐廳，卻赫然見到他倆，你可扮作一派鎮靜，先環視一下四周，若你的朋友未到，事情就好辦得多，就當作沒看到人，離開那裡，在門外等你的朋友。即使朋友已坐在餐桌前，你也可走上前，當作有急事找他，與他一起離開那地方，再詳細解釋。

第二天返回辦公室，對於昨天的「偶遇」一定要若無其事，只埋頭文件堆。就是有同事私談有關兩人之事，還是絕口不提為妙。有時候知道的事情太多並不是件好事，尤其是上司的隱私千萬不能透露，否則就要大禍臨頭了。如果能夠假裝糊塗及時替上司掩飾其「痛處」，則有可能被對方引為知己，得到意想不到的回報。

這裡的糊塗是裝糊塗，而非真傻，而且你也不能遇事就裝癡，否則你就會被人們看成是一條真正的糊塗蟲了。

◀借人之力成就自己

「三個臭皮匠，勝過一個諸葛亮」，各有各的優勢和長處，所以一定要善於發現別人的優勢和長處，借人之力，成己之事。

一個人不能單憑自己的力量完成所有的任務，戰勝所有的困難，解決所有的問題。須知借人之力方可成事。善於借助他人的力量，既是一種技巧，更是一種智慧。

現代社會經濟迅速發展，各行業各部門之間的競爭非常殘酷。單靠一個人的能力很難取得事業成功。因此，必須借用別人的力量，才能取得事業的成就和創造燦爛的人生。

二〇〇〇年，張果喜入選美國《富比士》雜誌的富豪榜，他就是善於借別人的力量為自己辦事的高手。

張果喜看準了佛龕在日本市場的潛力，就聚集公司員王分析、達成共識，使產品在日本市場一炮走紅，成為日本佛龕市場的老大。

公司為了經營的需要，在日本委託了代理銷售商，但一些富有眼光的日本商人看到經營這種佛龕有大利可圖，為了賺到更多的錢。就想繞過代理商這一關，直接從果喜實業集團公司進貨。

張果喜仔細考慮了這件事情。

第十章 外圓內方，無往不勝

借人之力成就自己

從眼前利益來講，從廠方直接訂貨，就減少了許多中間環節，有利於廠方的銷售，然而卻破壞了與代理商之間的關係，同時佛龕在韓國和臺灣也有相當大的生產能力，代理商如果背向自己，與韓國或臺灣生產廠商掛鉤，豈不影響本公司的利益嗎？

張果喜果斷回絕了那些要求直接訂貨的日本朋友，並且把情況轉告給代理商，向代理商表示，公司在日本的業務全部由代理商處理，公司不透過其他管道向日本出口佛龕。

代理商聽後，很受感動，在佛龕的推銷和宣傳方面下了很大的功夫，並且在日本市場打出了「天下木雕第一家」的金字招牌，從而使張果喜公司的佛龕在日本市場上站穩腳跟。

一個人縱然是天才，也不是全能。一個人要想完成自己的事業，就必須要利用自己的才智，借助他人的能力和才幹。這就要求在事業的征途中，恰當選擇人才。

王石是萬科公司的董事長兼總經理，也是一位善借他人之力的智者。他在經營萬科的過程中，多次向社會應徵賢才。

L君原是萬科公司的一名職員，可不知什麼原因，忽然不辭而別，被聘到一家酒店做業務經理。

王石在公司與L君一起工作的時候，發覺L君很有才幹，且上下左右的關係也處理得非常融洽，這樣揮手而去，很是可惜。而且自己在有些方面的不足，L君又恰恰有這些方面的長處，兩下取長補短，不是更好嗎？

於是王石左思右想，終於說服了L君重新加入了萬科公司，而且當年在L君的配合下，齊心協力，為公司賺了幾百萬元，使得公司營業額超過兩億多人民幣。

萬科成功的奧祕當然不只是借用人才之力一個原因，但是善於借用人才之力，顯然是其第一的重要因素。

現代社會已經進入了資訊時代，掌握了資訊，就等於掌握了市場、掌握了主動。資訊閉塞，就可能使人貽誤戰機、遺憾終生。

廣泛結交朋友，借助他人獲取自己所需的資訊，也是取得事業成功的重要手段。

某市為了促進當地經濟發展，特意每月舉行一次廠長經理交流會。在交流會上，各廠長經理相互探討交流企業的管理經驗，研究學習科學的管理方法，相互學習企業的經營之道，同類企業慢慢形成集團式公司，在集團公司內又相互交流資訊，幫助打開市場，結果在一年內，全市工業產量猛增，稅是往年的兩倍多。

在現代社會，借力這種手段已被政治、經濟、文化以及外交等領域廣泛運用，而且大有日趨擴展之勢。對於人際交往，它不失為一種提高自身形象，擴大自己影響的策略和技巧。被社會承認，是人的正當追求，對社會進步也有積極意義，而借助名人提高自己的社會知名度，就是被社會所承認的方式之一。

借別人的力量為自己辦事的最好方法，是感情投資與真誠合作。借力並不是醜惡的東西，而是各取所需導致。一個人，無論在工作、事業、愛情和消閒哪方面，都離不開這種人與人之間的相互利用。因為各人的能力有限，以及人際關係有所不同，所以必須相互利用。借他人之力，讓別人為自己辦事，正是一個人高明的地方。

一個人在社會中，如果沒有他人的幫助，他的境況會十分糟糕。普通人如此，成就大事業的人更是如此。如果失去了他人的幫助，不能利用他人之力，任何事業都無從談起。借人之力，利用他人為自己服務，以讓自己能夠高居人上，這是一個人很難能可貴的地方。尤其對自己所欠缺的東西，更要多方巧借。

善於借助別人的力量，善於利用別人的智慧，廣泛接受別人的意見，多和不同的人聊聊自己的構想，多傾聽別人的想法，多觀察周遭事物，多靜下心思考周遭發生的一些現象，將讓你受益匪淺。

電子書購買

爽讀 APP

國家圖書館出版品預行編目資料

創造對策，勝者心態：跳脫輸家思維！人生贏家還是輸家，往往只有一念之差 / 鄭一群 著 . -- 第一版 . -- 臺北市：沐燁文化事業有限公司 , 2024.07

面； 公分

POD 版

ISBN 978-626-7372-71-5(平裝)

1.CST: 自我實現 2.CST: 生活指導 3.CST: 成功法

177.2 113008680

創造對策，勝者心態：跳脫輸家思維！人生贏家還是輸家，往往只有一念之差

臉書

作　　者：鄭一群

發 行 人：黃振庭

出 版 者：沐燁文化事業有限公司

發 行 者：沐燁文化事業有限公司

E-mail：sonbookservice@gmail.com

粉 絲 頁：https://www.facebook.com/sonbookss/

網　　址：https://sonbook.net/

地　　址：台北市中正區重慶南路一段 61 號 8 樓

8F., No.61, Sec. 1, Chongqing S. Rd., Zhongzheng Dist., Taipei City 100, Taiwan

電　　話：(02) 2370-3310　　傳　　真：(02) 2388-1990

印　　刷：京峯數位服務有限公司

律師顧問：廣華律師事務所 張珮琦律師

定　　價：350 元

發行日期：2024 年 07 月第一版

◎本書以 POD 印製